网络经济与企业经营研究

许茂伟　吴　莹　唐靖雯　著

中华工商联合出版社

图书在版编目（CIP）数据

网络经济与企业经营研究 / 许茂伟, 吴莹, 唐靖雯著. -- 北京 : 中华工商联合出版社, 2022.6（2024.4重印）
ISBN 978-7-5158-3494-8

Ⅰ. ①网… Ⅱ. ①许… ②吴… ③唐… Ⅲ. ①网络经济－研究②企业经营管理－研究 Ⅳ. ①F49②F272.3

中国版本图书馆CIP数据核字(2022)第108053号

书　　名：网络经济与企业经营研究

作　　者：许茂伟　吴莹　唐靖雯　著
出 品 人：书海之舟
图书策划：米　秦
责任编辑：于建廷
绘　　图：杨　红
装帧设计：书海之舟
责任审读：李　佳
责任印制：陶　莹
出版发行：中华工商联合出版社有限责任公司
印　　刷：北京世纪海辉印刷有限公司
版　　次：2022年6月第1版
印　　次：2024年4月第2次印刷
开　　本：787×1092　1/16
字　　数：360千字
印　　张：20
书　　号：ISBN 978-7-5158-3494-8
定　　价：88.00元

前 言

计算机技术的发展和互联网的普及，逐渐改变了市场整体的发展环境、经济的运行规律和企业的竞争特点，要想在网络经济时代的激烈竞争中脱颖而出，企业需要改变其生产组织方式，调整其经营管理战略决策。现代企业要更快更好地适应网络经济时代发展的要求、更快地提高企业的竞争优势，就要通过加强企业生产管理、更新管理思想等方式不断为企业的发展提供良好的基础。

网络经济在给世界经济带来发展契机的同时，也在促使企业管理思维发生转变。网络经济之所以能够促使管理产生全方位的变革，主要是因为计算机网络拥有崭新而强大的功能。互联网与经济的联合，其强大的功能在经济利益的驱动之下不断拓展，应用的领域日益广泛。就目前的状况而言，管理的变革主要是管理方式的变革。

本书从网络经济基础介绍入手，针对网络经济与财务管理、网络经济与人力资源管理、网络经济与营销管理进行了分析研究；另外对网络经济电子商务与企业经营、网络经济条件下的企业战略转型做了一定的介绍；还对网络经济下的多元治理与网络经济的市场监管提出了一些建议；旨在摸索出一条适合网络经济与企业经营工作的科学道路，帮助其工作者在应用中少走弯路，运用科学方法，提高效率。

本书由洛阳理工学院许茂伟、河南牧业经济学院旅游学院吴莹、洛阳理工学院经济与管理学院唐靖雯著。具体撰写分工如下：许茂伟负责第一章至第三章的撰写(共计15万字），吴莹负责第四章至第六章的撰写（共计11.6万字），唐靖雯负责第七章至第九章的撰写（共计9.4万字）。许茂伟负责全书的统稿和修改。

撰写本书过程中，参考和借鉴了一些知名学者和专家的观点及论著，在此向他们表示深深的感谢。由于水平和时间所限，书中难免会出现不足之处，希望各位读者和专家能够提出宝贵意见，以待进一步修改，使之更加完善。

目 录

第一章 网络经济理论基础 001

第一节 网络经济的产生与运行 001

第二节 网络经济的含义和特征 009

第三节 网络经济的相关理论 021

第四节 网络经济下的市场结构变化 031

第二章 网络经济与财务管理 035

第一节 网络财务管理概述 035

第二节 网络财务管理的理论 048

第三节 网络财务管理的应用 060

第三章 网络经济与人力资源管理 079

第一节 网络经济下人力资源管理模式的优化 079

第二节 网络经济下人力资源招聘管理 084

第三节 网络经济下人力资源培训管理 090

第四章 网络经济与营销管理 111

第一节 网络营销概述 111

第二节 网络营销的理论基础 116

第三节 网络营销的策略和方法 123

第五章 网络经济电子商务与企业经营 151

第一节 电子商务企业概述 151

第二节 电子商务的交易模式 156

第三节 企业开展电子商务的融资方式 169

第四节 企业开展电子商务的经营模式 181

第六章　网络经济条件下的企业战略转型……191
第一节　企业战略转型理论概述……191
第二节　网络经济对企业发展的影响……199
第三节　网络经济下企业战略转型要求……205
第四节　网络经济条件下企业战略成功转型对策212
第七章　网络经济下的多元治理……217
第一节　网络经济下的企业治理理论……217
第四节　网络经济下的企业治理内容……229
第五节　网络经济下的企业竞合……238
第八章　网络经济的市场监管……247
第一节　监管机构……247
第二节　网络交易平台……266
第三节　网络经营者……271
第四节　监管信息平台……273
第五节　市场主体监管效率及改进……274
第九章　网络经济与企业税收法律制度的完善……279
第一节　网络经济对税收理论与税收实务的挑战279
第二节　网络经济课税对象概述与界定……286
第三节　网络经济涉税者权利的法律保护……292
第四节　网络交易税收法律体系的建立与完善..302
参考文献……310

第一章 网络经济理论基础

第一节 网络经济的产生与运行

一、网络经济的产生与运行

网络经济最初是随着美国新经济的产生而发展起来的。从二十世纪末期起，美国经济开始出现持续的高增长、高就业和低通胀的发展态势，其经济运行和经济发展的新特点区别于传统经济，这种新经济引起了全世界的关注。

按照英国学者维克托·基根的分析，网络经济的产生需要三个支柱：一是数字化革命，即完全以重新安排 0 和 1 这两个数字组合为基础，开启一个新的经济时代，从根本上改变了信息存在的基本方式；二是全球电话网主干线使用光导纤维，使信息传输容量和信息传输速度发生革命性的变化；三是计算成本的大幅下降，使用软件可以直接从网上选取，而资料存取也在网络上进行，同时计算机成本的降低使网络终端迅速普及到了一般消费者。然而基根的分析只指出了网络经济产生的可能性，他并没有说明网络经济兴起的必然性。从下面几个方面可以看出网络经济产生的必然条件。

（一）网络产业的形成是网络经济产生的重要基础

作为网络经济产生和发展的重要基础，网络产业主要由一些新

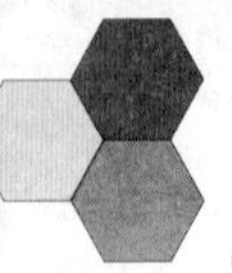

兴的企业所构成，包括：① IEP（Internet Equipment Provider），即互联网设备供应商，主要提供互联网的设备，如路由器、服务器等网络设备，包括作为上网设备的个人计算机，如思科、英特尔。② IAP（Internet Access Provider），是互联网接入供应商，也称为ISP，是用自己的服务器、交换器和软件为个人用户与互联网连接提供服务的企业，如美国在线、中国电信等。③ ITP（Internet Technology Provider），即互联网技术服务商或ASP（Application Solution Provider）应用解决方案供应商，它们是向接入互联网的用户提供硬件技术、软件技术及服务技术的企业，包括提供操作平台的微软和提供网络翻译软件的金山公司等。④ ICP（Internet Content Provider），即互联网内容提供商，是网上信息和内容的集成者和提供者，如新浪等门户网站和搜索引擎。⑤ EC（Electronic Commerce），即电子商务企业，是运用互联网进行经营的企业，它们之中的佼佼者有网上书店亚马孙、拍卖网站 eBay 等。由此可见，大量新兴的企业形成了一个新的网络产业，而这一新的网络产业又构成了网络经济兴起和发展的重要经济基础。

（二）信息技术的蜂聚式创新是网络经济产生的根本原因

熊彼德认为，创新活动总是集聚在一定的时期里出现，他称之为创新的“蜂聚”。近些年来，科学技术的发展正是表现出这样一种创新“蜂聚”，人类所取得的科技成果比过去两千年的总和还要多，呈现出知识爆炸的现象，科技创新的速度日益加快，同时科技成果商品化的周期大大缩短。在十九世纪，从电的发明到应用时隔 282 年，电磁波通信时隔 26 年，而集成电路仅仅用了 7 年的时间就得到了应用，激光器只用了 1 年。

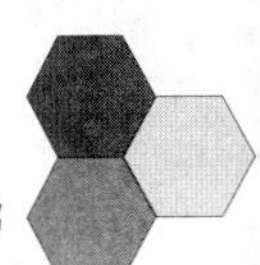

在近年来的科技创新中，产生于二十世纪八十年代和九十年代的信息技术和网络技术的蜂聚式创新是最为突出的。信息技术的蜂聚式创新为美国带来了计算机的普及，因而八十年代在美国被称为“PC 时代”；而网络技术的蜂聚式创新则为美国乃至全球带来了互联网的广泛应用，因此从 90 年代开始的“互联网时代”引发了全球化的网络经济浪潮。创新形成的网络技术在国民经济发展中具有：①先导作用，通过网络技术的广泛应用可以实现对整个国民经济技术基础的改造，带动国民经济结构的高度化发展；②置换作用，网络信息资源能实现对传统物质资源的替代和置换，从而改变传统的经济增长方式；③软化作用，即随着网络信息技术的普及，智力、人力、管理、信息等软投入增加，产业结构不断软化；④优化作用，网络信息技术将优化资源的配置，提高经济效益；⑤增值作用，即网络技术对国民经济的增长将产生巨大的促进作用，是经济增长的“倍增器”。

（三）经济全球化是网络经济产生的客观需要

经济全球化实际上是一场世界范围内的产业结构调整。跨国公司的发展迫切需要在扩大企业规模的同时降低沟通和协调成本，以使企业的运营效率进一步得到提高。同时，在迅速发展的国际化生产、国际化经营及国际贸易、国际投资和国际金融的推动下，资源配置的全球化趋势越来越明显，这客观上要求企业与分布在全球的各国合作伙伴或者是分支机构之间实现紧密的联系和实时的互动。而互联网作为信息媒介正好消除了时间和空间所形成的距离和隔阂，使无障碍沟通和及时响应成为可能，通过信息的分享和集成提高了跨地域的组织间的协作水平，扩大了市场的范围，提高了资源配置的效率。因此，互联网被跨国公司广泛应用于生产经营中，网络经济也由此

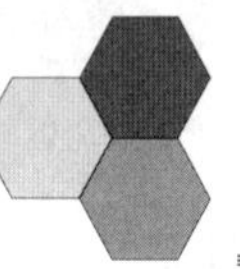

得到了发展。

（四）电子商务的交易优势是网络经济产生的效率因素

经合组织（ECD）同时给电子商务界做了广义和狭义的定义。广义的定义包括电子基金转移和信用卡业务、支持电子商务的基础设施和企业对企业的电子商务（B to B）。而狭义的定义是指企业与顾客之间通过电子支付的商务（B to C）。电子商务最早在二十世纪六十年代以EDI（电子数据交换）的形式出现在美国，七十年代的电子商务主要是将电子基金转移的电信技术用于金融领域，但直到九十年代因特网的出现，才有了更完整意义上的电子商务。

基于互联网的电子商务是网络经济中的重要组成部分，从B2C到B2B、C2C，电子商务的模式不断发展和变化，所带来的成本节约和高效率成为企业选择电子商务的主要原因。以文件传输为例，40页的文件在两国间转移，邮寄至少需要5天和7.5美元，而电子邮件只需要2分钟和20美分。网上的电子商务同样也显示出比传统电子商务更高的优势，西尔斯公司的EDI系统每小时的费用是150美元，而以互联网为基础的新网络的成本每小时只有1美元。如此巨大的成本差距形成了巨大的利润缺口，这必然吸引企业应用电子商务、发展网络经济，以提高企业运营效率。当然，除了降低交易成本和提高交易效率这两个交易优势以外，电子商务还能缩短生产周期、减少中间环节、减少库存、增加商机，等等。总之，由于电子商务所存在的交易优势，网络经济的产生成为企业追求效率的必然选择。

（五）风险投资为网络经济的产生提供了资本动力

风险投资是由职业金融家投入新兴的、迅速发展的、有巨大竞争潜力的企业中的一种权益资本。网络经济的产生离不开风险投资，因为网络经济产生于网络信息技术的蜂聚式创新，而技术创新成果

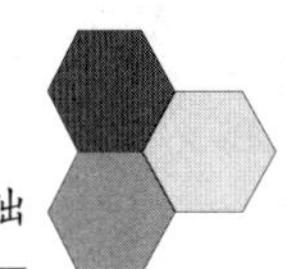

的转化需要风险资本的大力支持。所以，风险投资是网络经济发展所必需的资本动力。

具体而言，风险投资促进网络经济产生和发展是通过一个有效的动力机制来完成的，这一动力机制包括：①技术选择机制。网络技术创新往往面临着巨人的风险，可能招致完全的失败。而风险投资通过评估，风险投资家剔除了不良的项目，降低了技术转化失败的风险。②利润发现机制。成功的风险投资项目的回报率常常是整个社会平均投资回报率的10倍以上。这样一来，风险投资通过技术（项目）选择往往能发现传统投资方式下可能发现不了的产业利润。③创新激励机制。风险资本通过独特的组织形式和分配方式，能形成对技术创新的有效激励。④风险回避机制。风险资本基金能通过很大的公司投资组合来控制风险。可以说，通过风险资本在不同产业间的投资组合，实质上是降低了网络经济内在的系统风险。⑤管理监督机制。风险投资家对新创企业的帮助除了提供资金以外，还以主动参与经营的方式，用经验、知识、信息和人际关系网络帮助企业提高管理水平和开拓市场，能在很大程度上帮助企业成长。

二、网络经济的发展与运行

（一）网络经济的发展

全球网络经济的形成与发展，从总体上看大约可分为以下五个阶段。

1. 普通大众转变为网民

普通大众转变为网民阶段产生的因素有网络接入的便利化、上网软件的易用性、网络服务的吸引力、消费习惯的改变等。

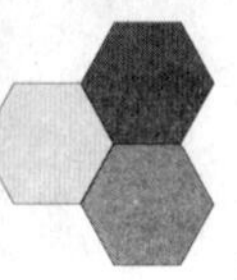

2. 网民总体数量偏少

网络服务主要集中在网络门户、内容和电子邮件的交互式交往方面，广告商和交易商开始加入，此阶段网络服务的特点是高度的免费性。

3. 网民数量与消费初具规模

随着社会信息化程度的加快，网络传输层次逐渐高速宽带化。接入设备进一步廉价化和易用性，信息家电崛起，网民数量与消费初具规模。专项电子商务（网络股票交易、网络直销、网络拍卖）开始发展，传统产业与信息技术快速结合，与传统产业相关的信息服务加快发展。这主要表现在原有的产业界限被打破，电信业、网络业、硬件与软件业、出版业、有线电视业，甚至娱乐业等都构成新的融合，旧有的产业运作模式被摧毁。互联网由于有效地降低了资产的成本，提高了运作效率和管理速度，与客户建立了更紧密的关系而成为新商业模式的核心。企业管理业务流程重组和企业重组中以信息流替代物流和资金流，通过信息流动更有效地配置资源，减少中间环节，达到企业与用户之间直接快速地融合。

4. 网民已经成为网络社会的主人

电子服务普遍化，传统产业的价值迅速向网络服务集中，网络服务从专项服务走向全面性的服务，开始取代传统的管理、销售和制造等模式，网络经济高速成长。

5. 网络经济成为主流经济

著名的网络公司将全球资源通过全球化的网络吸收到自己的手里，而在网络通路方面基本上是按需分配了，网络经济将成为社会产业结构中的主流。

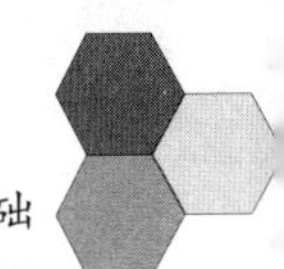

（二）网络经济的运行

网络经济的特征引发了一系列的经济发展变化，修正了传统的经济学理论，形成了网络经济学的基本运行规律。

1. 强外部性

外部性是一个经济主体的行为对另外一个经济主体产生正或负的影响，而这种影响双方均无须向对方付出代价。给另一个经济主体带来正的影响或好处的，为正的外部性，又称外部经济性；给另外一个经济主体带来负的影响或损害的，为负的外部性，又称外部不经济。

使用具有外部性的产品或服务的消费者形成一个网络。当其他消费者加入这个网络时，就会获得额外的价值。经济学家把拥有这种特性的产品称为网络产品；把拥有这种特性的市场称为网络市场；把这种因为消费行为产生的价值溢出效应称为网络外部性。网络经济具有极强的网络外部性效应，广泛存在的网络对市场参与者行为产生影响。在网络中，使用越是普及，越多用户使用的产品就越有价值，实质表现为需求方规模经济。

2. 锁定

网络条件下，一种系统的使用需要投入较大的学习成本，使用后对系统产生了依赖性，若改变系统，需要大量的转移成本或者称为转换成本，这种现象就叫锁定。转换成本是指用户从一个网络向另一个网络转换时所承担的所有费用。转换成本和锁定是信息经济中普遍存在的一种规律。在网络效应的作用下，形成巨大的转换成本，从而使用户陷入锁定效应而很难从一个系统转换到另一个系统。转换成本和锁定是必须面对的重要问题。如果用户采用网络的投资较大，则用户难于从一个网络中退出而转换到另一个网络，故用户被锁定

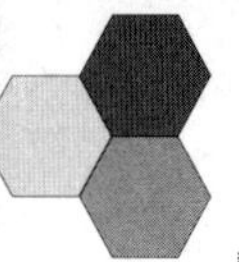

在原来的网络中。这使得网络的拥有者可以利用锁定效应获取可观的利润。

这里的锁定，既有技术上的锁定，如软硬件技术锁定效应，又有消费者的群体性锁定，如消费者趋同主流消费的锁定、网络所有者或经营者实施的忠诚顾客计划策略带来的人为锁定，还存在人为因素的锁定，如免费赠送，人为造成产品不兼容等路径依赖，毁约损失成本，培训成本带来的锁定等。在网络市场中，网络外部性效应使竞争更为复杂。这里成功的案例是微软开发微软浏览器 Internet Explore 以后，Windows 98 整合了网络浏览器 IE，既是操作系统，又是浏览器，二者兼而有之，从技术上捆绑，Windows 集成了浏览器，并使其成为必需的内生部件，凭借操作系统对顾客的锁定，使 IE 占领市场。

3. 正反馈

与传统经济的负反馈机制不同，网络经济更多表现为正反馈，这与临界规模有关。临界规模是维持网络增长的最小网络规模，是企业盈利和亏损的分水岭。一旦某一网络产品或技术的用户人数超过了临界规模，就会产生自我增强的正反馈机制，即随着用户规模的增加，该产品或技术的价值上升，从而吸引更多的用户采纳该产品或技术，该产品或技术就更有价值。相反，那些用户人数没有达到临界规模的产品或技术则在正反馈机制的作用下价值进一步降低，用户规模进一步减少，甚至被迫退出市场。因此，很多网络企业在进入市场之初不惜牺牲大量成本以获取用户规模。

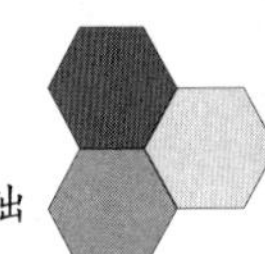

第二节　网络经济的含义和特征

一、网络经济的含义

（一）网络经济的概念

从二十世纪九十年代初期开始的网络经济浪潮把人类社会带入了一个信息空前丰富的阶段，信息的流动变得高效率、低成本，由此极大地影响了人们的生产和生活，使经济活动中出现了新的特点，人们把这种经济状况称为网络经济。但是由于信息网络这样一个新生事物还没有被人们完全认清，所以人们只是以在自身所处的经济环境中感受到的网络影响为基础，从各自的认识和思考出发，提出了对网络经济在不同发展阶段上的理解和定义，大家的观点不尽相同。这些关于网络经济的定义中的差别，有的是来自视角的不同；有的是来自表述的差异。

最早的网络经济的概念是指网络产业经济，包括电信、电力、交通（公路、铁路、航空）等基础设施行业，之所以被称为“网络经济”，是因为这些行业共同具有“网络”式的结构特征和由此引发的经济特征。

随着 Internet 在经济活动中的作用越发凸显，人们把网络经济中的网络的含义更多地赋予了 Internet。对此，经济学者们给出了很多网络经济的定义，但人们对于网络经济的含义并没有取得一致。总的来说有以下两种观点：

1. 产业经济概念

这种观点认为网络经济是指一个产业经济概念，把依托网络技

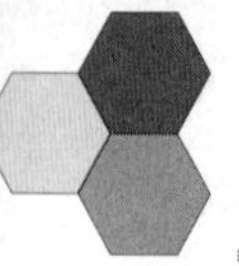

术而发展起来的信息技术产业、基础设施产业以及服务产业群等与网络结构相关的部分统称为网络经济（部门）。相应的网络经济研究实际上是一种产业部类经济研究，它只是对网络产业和服务市场提供经济学解释和相关政策建议。

2. 宏观经济形态

这种观点是当今对网络经济的主流看法，即已经不再把网络经济仅看作一种独立的技术或产业经济，而是区别于农业经济、工业经济的一种新型经济形态。学者们基本上都承认网络经济所产生的重大影响，这种影响恰当地延展，就是在网络基础上的整个以微观经济活动为基础的宏观经济态势。划定的网络经济的范围也不尽相同，有的较为宽泛，有的比较集中，大家在概念中对网络的主要特征，或者是主要表象做了说明，通过特征和表象的总结来描述网络经济。

从广义来讲，网络经济是区别于农业经济、工业经济的一种新型经济，是从经济的角度对未来社会的描述。从狭义来讲，网络经济又称数字经济，是指建立在计算机网络基础上的生产、分配、交换和消费的经济关系。它以信息为基础，以计算机网络为依托，以生产、分配、交换和消费网络产品为主要内容，以高科技为支持，以知识和技术创新为灵魂。

（二）网络经济与传统经济的区别与联系

网络经济与传统经济的根本区别在于网络信息成为经济活动的第一资源，网络成为推动经济运行的主导工具。网络经济不仅仅是以互联网为平台的经济，而且是网络信息技术和网络信息资源渗透于社会各行各业并发挥核心作用的宏观经济活动或宏观经济运行方式。

网络经济脱胎于传统产业，其核心内容是信息网络技术与传统产业的融合，即传统产业的信息网络化。尽管网络经济给传统经济

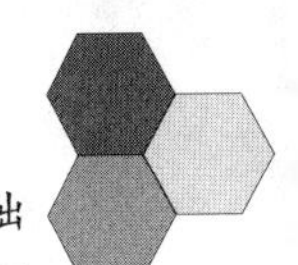

带来了巨大的冲击，但是，传统经济始终是哺育网络经济的母体。从宏观的经济因素看，网络经济的发展既离不开信息产业和信息网络技术的支撑，又依赖于包括传统产业在内的整个经济系统的支持与需求的拉动，传统经济的信息化改造，不仅为网络经济的发展拓展了空间，也为自身不断发展提供动力。换句话说，信息技术及其产业的发展离不开传统产业的物质技术基础和广阔的市场，而传统产业的优化升级又需要靠信息技术来改造和带动。

（三）网络经济与其他概念的比较

当前还有一些关于经济形态描述的词汇，例如信息经济、知识经济、数字经济、新经济等，这些概念与网络经济发生了一定程度的混同，有时候甚至让人产生混乱。实际上每个概念的产生都有其现实的基础，这些概念是从不同角度出发，或者说是着眼于经济发展中不同的要素和层面所得出的。

用“网络经济”这一称谓为经济命名是从经济活动的主体媒介或者说是载体出发，突出了国际互联网的关键地位，同时这一概念也突出了经济中网络结构的特点，强调不同的经济主体之间是互联的。

1. 信息经济

强调信息在经济活动中的突出地位和作用，是从要素的重要性的角度出发得出的概念，信息经济是与物质经济（包括农业和工业经济）相对应的概念。关于信息和网络的关系，信息就是网络生存与发展的“内容”，网络是信息的运行结构和基础，前者在后者结构内或基础上流动、交互，后者为前者提供运动的物质基础和技术基础。

2. 数字经济

信息经济的另一面，数字经济是从信息存在形式的角度来描述经济态势，在数字经济中，信息是以数字编码的形式存在和传播的，

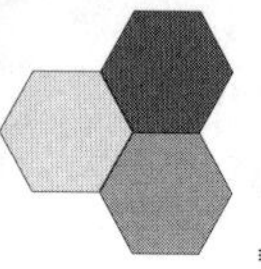

与数字经济相对应的是信息以文字、图形等形式在纸张或者其他载体、媒介上存在的经济形态。

3. 知识经济

知识经济是从经济活动中的重要的生产投入品——知识的角度来描述经济活动，强调知识在经济活动中的应用所带来的生产效率的提高，知识经济和低知识经济或非知识经济相对应。

4. 新经济

指由于现代的信息技术手段渗透到经济当中，引起的一种高增长、低通胀的经济情况，区别于以前的经济。

这些概念有所区别，在某些方面也相互重叠。这些概念之间不是依次更替、相互排斥的关系，而是互相缠绕的，具有相当强的共生性。

二、网络经济的特征

网络经济作为建立在互联网基础上的一种新型经济，它在经济运行上、经济增长和经济效益上均有别于传统经济。具体体现在如下特征：

（一）虚拟性

网络经济是虚拟经济。虚拟经济是与物质经济相对应的一种经济形态，经济虚拟化的实现来自人们在观念上对现实经济指标的认可程度。传统经济中的虚拟经济通常指由证券、期货、期权等虚拟资本的交易活动所形成的经济。而网络经济的虚拟性则源于网络的虚拟性，经济活动在由信息网络所构筑的虚拟空间中进行就构成了虚拟化的网络经济。由于网络空间的虚拟化，所有在网络平台上进行的经济活动都是虚拟经济。网络虚拟经济与传统现实经济并存、

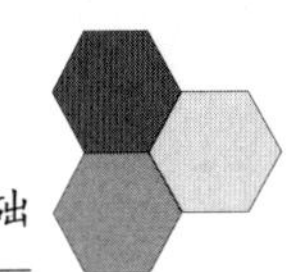

相互促进，它是传统现实经济的分工，网络虚拟经济处理信息流，而传统现实经济处理物质流。另一方面，传统虚拟经济还进一步放大了网络虚拟经济，虚拟资本对网络经济的超常市值放大功能，导致了网络虚拟经济的泡沫性增强。

（二）快捷性

消除时空差距是互联网使世界发生的根本性变化之一。首先，互联网突破了传统的国家、地区界限，被网络连为一体，使整个世界紧密联系起来，把地球变成为一个“村落”。在网络上，不分种族、民族、国家、职业和社会地位、人们可以自由地交流、漫游，以此来沟通信息，人们对空间的依附性大大减小。其次，互联网突破了时间的约束，使人们的信息传输、经济往来可以在更小的时间跨度上进行。网络经济可以 24 小时不间断运行，经济活动更少受到时间因素制约。再次，网络经济是一种速度型经济。现代信息网络可用光速传输信息，网络经济以接近于实时的速度收集、处理和应用信息，节奏大大加快了。如果说八十年代是注重质量的年代，九十年代是注重再设计的年代，那么，二十一世纪初期就是注重速度的时代。因此，网络经济的发展趋势应是对市场变化发展高度灵敏的“即时经济”或“实时运作经济”。最后，网络经济从本质上讲是一种全球化经济。由于信息网络把整个世界变成了“地球村”，使地理距离变得无关紧要，基于网络的经济活动对空间因素的制约降低到最小限度，使整个经济的全球化进程大大加快，世界各国的相互依存性空前加强。

（三）直接性

由于网络的发展，处于网络端点的生产者与消费者可直接联系，而降低了传统的中间商层次存在的必要性，从而显著降低了交易成本，提高了经济效益。为解释网络经济带来的诸多传统经济理论不

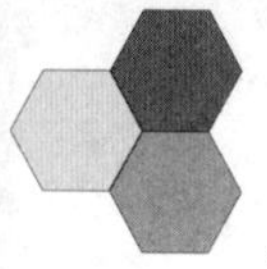

能解释的经济现象，有人提出了“直接经济”理论。如果说物物交换是最原始的直接经济，那么，当今的新经济则是建立在网络上的更高层次的直接经济，从经济发展的历史来看，它是经济形态的一次回归，即农业经济（直接经济）—工业经济（迂回经济）—网络经济（直接经济）。直接经济理论主张网络经济应将工业经济中迂回曲折的各种路径重新拉直，缩短中间环节。信息网络化在发展过程中会不断突破传统流程模式，逐步完成对经济存量的重新分割和增量分配原则的初步构建，并对信息流、物流、资本流之间的关系进行历史性重构，压缩甚至取消不必要的中间环节。

（四）高效率

一方面，由于互联网是24小时不间断地运行，打破了地域间的隔阂，因此在网络平台上进行的经济活动几乎不会受到时间和空间的限制，这在一定程度上节省了交易费用，提高了企业的经营效率。另一方面，互联网的交互性和直接性使网络经济成为一种直接交互经济。因此与传统经济相比，网络经济能提供更广范围和更深层次的高效率的双向沟通，使大规模产品定制成为可能，从而在一定程度上缓解了供需矛盾，提高了市场效率。同时，直接经济的出现改变了传统中间商在产品价值链上的地位，传统的中间商不但没有像人们以前预想的那样消失，反而正在成为新的后勤保障、财务及信息服务的提供者，顺利实现了市场角色的转变，这也进一步提高了网上市场交易的效率。

（五）高渗透性

迅速发展的信息技术、网络技术，具有极高的渗透性功能，使得信息服务业迅速地向第一、第二产业扩张，使三大产业之间的界限模糊，出现了第一、第二和第三产业相互融合的趋势。三大产业分

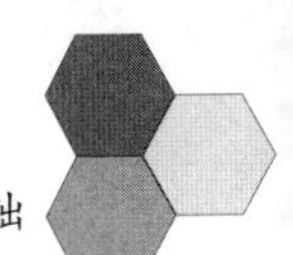

类法也受到了挑战。为此，学术界提出了“第四产业”的概念，用以涵盖广义的信息产业。美国著名经济学家波拉持在二十世纪七十年代发表的《信息经济：定义和测量》中，第一次采用四分法把产业部门分为农业、工业、服务业、信息业，并把信息业按其产品或服务是否在市场上直接出售，划分为第一信息部门和第二信息部门。第一信息部门包含现在市场中生产和销售信息机械或信息服务的全部产业，诸如计算机制造、电子通信、印刷、大众传播、广告宣传、会计、教育等。第二信息部门包括公共、官方机构的大部分和私人企业中的管理部门。除此之外，非信息部门的企业在内部生产并由内部消费的各种信息服务，也属于第二信息部门。从产业分类可以看出，作为网络经济的重要组成部分信息产业已经广泛渗透到传统产业中去了。对于诸如商业、银行业、传媒业、制造业等传统产业来说，迅速利用信息技术、网络技术，实现产业内部的升级改造，以迎接网络经济带来的机遇和挑战，是一种必然选择。

不仅如此，信息技术的高渗透性还催生了一些新兴的“边缘产业”，如光学电子产业、医疗电子器械产业、航空电子产业、汽车电子产业等。以汽车电子产业为例，汽车电子装置在二十世纪六十年代出现，七十年代中后期发展速度明显加快，八十年代已经形成了统称汽车电子化的高技术产业。可以说，在网络信息技术的推动下，产业间的相互结合和发展新产业的速度大大提高。

（六）边际效益递增性

边际效益随着生产规模的扩大会显现出不同的增减趋势。在工业社会物质产品生产过程中，边际效益递减是普遍规律，因为传统的生产要素土地、资本、劳动都具有边际成本递增和边际效益递减的特征。与此相反，网络经济却显现出明显的边际效益递增性。

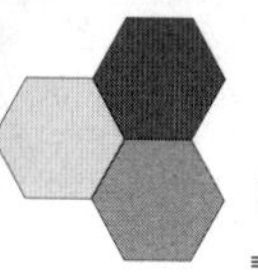

1. 网络经济边际成本递减

信息网络成本主要由三部分构成：一是网络建设成本，二是信息传递成本，三是信息的收集、处理和制作成本。由于信息网络可以长期使用，并且其建设费用与信息传递成本及入网人数无关，所以前两部分的边际成本为零，平均成本都有明显递减趋势。只有第三种成本与入网人数相关，即入网人数越多，所需信息收集、处理、制作的信息也就越多，这部分成本就会随之增大，但其平均成本和边际成本都呈下降趋势。因此，信息网络的平均成本随着入网人数的增加而明显递减，其边际成本则随之缓慢递减，但网络的收益却随入网人数的增加而同比例增加；网络规模越大，总收益和边际收益就越大。

2. 网络经济具有累积增值性

在网络经济中，对信息的投资不仅可以获得一般的投资报酬，还可以获得信息累积的增值报酬。这是由于一方面信息网络能够发挥特殊功能，把零散而无序的大量资料、数据、信息按照使用者的要求进行加工、处理、分析、综合，从而形成有序的高质量的信息资源，为经济决策提供科学依据；另一方面，信息使用具有传递效应，信息的使用会带来不断增加的报酬。举例来说，一条技术信息能以任意的规模在生产中加以运用。这就是说，在信息成本几乎没有增加的情况下，信息使用规模的不断扩大可以带来不断增加的收益。这种传递效应也使网络经济呈现边际收益递增的趋势。

（七）外部经济性

一般的市场交易是买卖双方根据各自独立的决策缔结的一种契约，这种契约只对缔约双方有约束力而并不涉及或影响其他市场主体的利益。但在某些情况下，契约履行产生的后果却往往会影响到缔

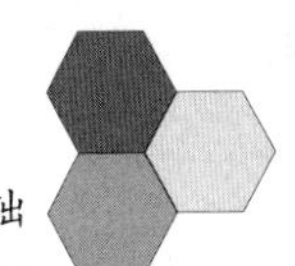

约双方以外的第三方（个体或群体）。这些与契约无关的却又受到影响的经济主体，可统称为外部，它们所受到的影响就被称为外部效应。契约履行所产生的外部效应可好可坏，分别称为外部经济性和外部非经济性。通常情况下，工业经济带来的主要是外部非经济性，如工业“三废”，而网络经济则主要表现为外部经济性。网络形成是自我增强的虚拟循环，增加了成员就增加了价值，反过来又吸引更多的成员，形成螺旋形优势。一个电话系统的总价值属于各个电话公司及其资产的内部总价值之和，属于外部更大的电话网络本，网络成为“特别有效的外部价值资源”。

（八）可持续性

网络经济是一种特定信息网络经济或信息网络经济学，它与信息经济或信息经济学有着密切关系，这种关系是特殊与一般、局部与整体的关系，从这种意义上讲，网络经济是知识经济的一种具体形态，知识、信息同样是支撑网络经济的主要资源。美国未来学家托夫勒指出：知识已成为所有创造财富所必需的资源中最为宝贵的要素，知识正在成为一切有形资源的最终替代。正是知识与信息的特性使网络经济具有了可持续性。信息与知识具有可分享性，这一特点与实物显然不同。一般实物商品交易后，出售者就失去了实物，而信息、知识交易后，出售信息的人并没有失去信息，而是形成出售者和购买者共享信息与知识的局面。现在，特别是在录音、录像、复制、电子计算机、网络传统技术迅速发展的情况下，信息的再生能力很强，这就为信息资源的共享创造了更便利的条件。更为重要的是，在知识产品的生产过程中，作为主要资源的知识与信息具有零消耗的特点，土地、劳动、原材料，或许还有资本，可以看作有限资源，而知识实际上是不可穷尽的，新信息技术把产品多样化的成本推向

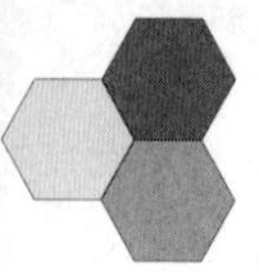

零，并且降低了曾经是至关重要的规模经济的重要性。网络经济在很大程度上能有效杜绝传统工业生产对有形资源、能源的过度消耗，降低环境污染、生态恶化等危害，实现了社会经济的可持续发展。

三、网络经济的重要性

网络经济的发展在国民经济中发挥越来越重要的作用。网络经济正在为宏观经济增长提供新动能，成为支撑宏观经济持续向好的重要原动力。

（一）网络经济是实体经济发展的新形态

网络经济也可称为互联网经济，是建立在互联网基础上的以现代信息技术为核心的一种新的经济形态。它不仅包括网络特有设施和软件、网络建设和服务等，也包括通常所称的“互联网 +”经济。网络经济一经产生，就凭借互联网技术的广泛应用而得到迅猛发展。

1. 网络经济可以使信息的获取更加便捷

互联网突破了传统的国家、地区界限，也突破了时间约束，只要使用者鼠标轻轻一点，就能便捷地查找到所需的海量信息。在距离趋于零、时间趋于同步的互联网环境中，无论是生产、流通还是消费，信息使用者都能借助互联网获取相关信息，从而为企业更加经济地安排生产经营活动、消费者更加物有所值地消费提供信息支持。

2. 网络经济可以提高资源配置效率

过去，企业与企业之间、企业与消费者之间往往存在信息壁垒，容易导致资源配置无效率或效率不高，甚至市场失灵。如今，网络经济跨越了时空界限，使定制化、个性化生产成为可能，满足不同企业、不同消费者的需求，大幅提升资源配置效率。

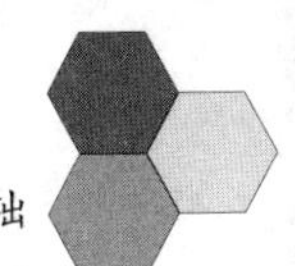

3. 网络经济是一种平台经济

平台经济最大的功能是平台企业通过互联网把供给方、需求方集结在一起，其开放性实现了双边或多边信息交流、交易撮合和多边共赢等，在购物、娱乐、交通等生活服务方面给人带来全新的贴心感受。当然，平台经济还能沟通产业链上下游、生产者与消费者，促进中小微企业的发展，给企业创造更大的市场空间和盈利可能，为实体经济增添新的发展动能。

网络经济的上述优越性，一定是以实体经济的发展为基础的。网络经济中的各种交易模式，如B2B、B2C、C2C、020等，无一不是紧紧围绕着实体经济生产的实实在在的产品来进行的，否则，网络经济的优越性就难以体现出来，其发展就难以具有可持续性。是科技进步的成果——互联网，造就了网络经济，而实体经济的发展又为网络经济的兴盛提供了肥沃的土壤；充分利用好网络经济的优越性，既可孕育实体经济发展的新动能，又能使旧动能焕发生机。因此，应将网络经济视同实体经济的一部分，是在充分利用计算机为核心的现代信息技术的基础上实体经济发展的新形态。

（二）网络经济是实体经济的组成部分

互联网最早应用于信息交流和传递，社交应用软件随后快速发展。在初始阶段，网民谈论的是“鼠标+水泥”，担忧互联网不能与实体经济融合。然而，随着互联网技术的快速发展及其应用的快速普及，互联网已与现实世界紧密结合，形成你中有我、我中有你的全面融合趋势。

网络经济也日益成为实体经济的一部分，一方面互联网催生出众多基于网络的技术和商业模式创新；另一方面，互联网为传统经济的转型升级提供全方位的支撑，随着它与国民经济第一、二、三

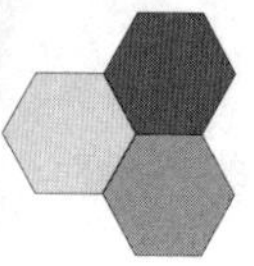

产业的结合日趋紧密，智慧农业、智能制造和电子商务、智慧交通、互联网金融快速发展，成为实体经济的重要组成部分。

（三）网络经济为宏观经济发展提供新动能

在网络外部性的作用之下，网络经济呈现规模经济的特征，能够提高生产要素的参与效率，提升技术水平，为经济增长提供新动能。

中国的网络经济在电子商务、“互联网 + 制造业”“互联网 + 服务业”等方面取得全方位进展。尤其是智能移动终端的迅速普及，使移动互联网成为便捷的网络工具，催生了以分享经济为代表的大量的新经济模式，极大地推动了网络经济的发展。

电子商务成为推动经济发展的重要推动力。近年来，中国已成为全球电子商务第一大规模的市场。电子商务通过线上线下的融合带动了传统零售业态的转型，带动物流配送等配套服务业的快速发展，整合制造业等产业链，实实在在地推动了实体经济的发展。

移动互联网创新呈现蓬勃发展的趋势。分享经济模式的迅速崛起，与移动互联网的快速发展和普及是密切相关的。基于移动互联网的分享经济已在短期内催生了一大批巨无霸式互联网企业。如从事汽车出行分享的优步、滴滴，从事居住分享的 Airbnb。这些诞生数年的企业在规模上已超越或正在接近他们在传统领域经营数十年的竞争者。Airbnb 的估值为 300 亿美元，超过老牌旅店业的巨头希尔顿集团。中国的分享经济创新正方兴未艾，共享单车已成为中国城市的一道新风景。

近年来，中国经济年度增速出现逐渐放缓的趋势，但就业率维持着较高水平，这与互联网推动的经济转型密切相关。

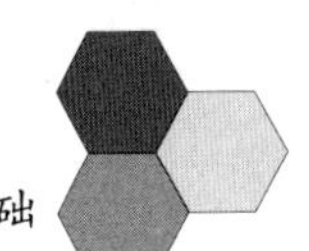

第三节 网络经济的相关理论

一、四大定律

网络经济的迅速发展产生了新的学科网络经济学，其自身也有着一些基本的规律。网络经济的四大定律是指摩尔定律、梅特卡夫法则、马太效应、吉尔德定律。这四大定律不仅展示了网络经济自我膨胀的规模与速度，而且提示了其内在的规律。

（一）摩尔定律

二十世纪六十年代，在美国仙童半导体公司工作的，后成为美国 Intel 公司创始人的戈登·摩尔提出了一个描述集成电路集成度和性价比的基本假说：处理器的功能和复杂性 18 ～ 24 个月增加一倍，而成本却成比例地递减。后来的实践证明，摩尔的预言非常接近现实。这样，摩尔假说变成科学理论，信息产业界称之为摩尔定律，摩尔定律后来被广泛应用到处理器相关的各个领域。它说明了同等价位的微处理器会越变越快，价位会越变越低，它揭示了网络技术的发展速度，网络的发展速度为网络经济的发展奠定物质基础。有人预测，摩尔定律对今后的发展还具有指导作用。

“摩尔定律”归纳了信息技术进步的速度。在摩尔定律应用的多年里，计算机从神秘的庞然大物变成多数人都不可或缺的工具，信息技术由实验室进入无数个普通家庭，因特网将全世界联系起来，多媒体视听设备丰富着每个人的生活。

由于高纯硅的独特性，集成度越高，晶体管的价格越便宜，这样也就引出了摩尔定律的经济学效益。在二十世纪六十年代初，一

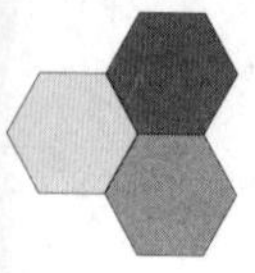

个晶体管要十美元左右，但随着晶体管越来越小，直到小到一根头发丝上可以放1000个晶体管时，每个晶体管的价格只有千分之一美分。据有关统计，按运算10万次乘法的价格算，IBM704计算机为1美元，IBM709降到20美分，而六十年代中期IBM耗资50亿研制的IBM360系统计算机已变为3.5美分。

“摩尔定律”对整个世界意义深远。在回顾多年来半导体芯片业的进展并展望其未来时，信息技术专家们认为，以后摩尔定律可能还会适用。但随着晶体管电路逐渐接近性能极限，这一定律终将走到尽头。半导体芯片的集成化趋势——如摩尔的预测，推动了整个信息技术产业的发展，进而给千家万户的生活带来变化。

（二）梅特卡夫定律

1. 梅特卡夫定律的定义

梅特卡夫定律是一种网络技术发展规律。梅特卡夫定律是指网络价值以用户数量的平方的速度增长。如果只有一部电话，那么这部电话实际上就没有任何经济价值；如果有两部电话，根据梅特卡夫定律，电话网络的经济价值等于电话数量的平方，也就是从0上升到2的平方，即等于4；如果再增加一部电话，那么，这个电话网络的经济价值就上升到3的平方，即等于9；也就是说，一个网络的经济价值是按照指数级上升的，而不是按照算术级上升的。这个法则告诉我们：如果一个网络中有n个人，那么网络对于每个人的价值与网络中其他人的数量成正比，这样网络对于所有人的总价值与$n(n-1)=n^2-n$成正比。如果一个网络对网络中每个人的价值是1元，那么规模为10倍的网络的总价值等于100元；规模为100倍的网络的总价值就等于10000元。网络规模增长10倍，其价值就增长100倍。梅特卡夫定律不仅适用于电话、传真等传统的通信网络，也同样适

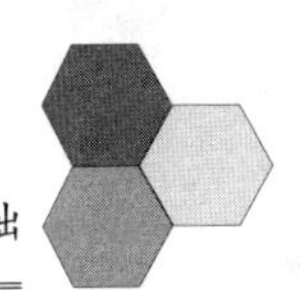

用于具有双向传输特点的像 Internet 这样的虚拟网络世界。网络的用户越多，信息资源就可以在更大范围的用户之间进行交流和共享，这不仅可以增加信息本身的价值，而且提高了所有网络用户的效用。另外，由于网络经济条件下，信息技术和信息系统的不完全可兼容性及由此带来的操作、使用知识的重新培训等造成的转移成本，用户往往被锁定在一个既定的用户网络内，从而保证了这一网络的一定规模。网络内的用户则由于信息产品的相互兼容性，彼此之间的文件交换和信息共享就成为可能。而网络用户数量的增加就使得用户之间信息的传递和共享更为便捷，网络的总效用增加且同样以用户平方数量的速度增长，这恰恰符合梅特卡夫定律。总而言之，梅特卡夫定律概括的就是连接到一个网络的价值，取决于已经连接到该网络的其他人的数量这一基本的价值定理，这就是经济学中所称的"网络效应"或"网络外部性"。

2. 梅特卡夫定律的意义

梅特卡夫定律决定了新科技推广的速度。梅特卡夫定律常常与摩尔定律相提并论。这是一条关于网上资源的定律。梅特卡夫定律提出，网络的价值与联网的用户数的平方成正比。所以网络上联网的计算机越多，每台计算机的价值就越大，新技术只有在有许多人使用它时才会变得有价值。使用网络的人越多，这些产品才变得越有价值，因而越能吸引更多的人来使用，最终提高整个网络的总价值。当一项技术已建立必要的用户规模，它的价值将会呈爆炸性增长。一项技术多快才能达到必要的用户规模，这取决于用户进入网络的代价，代价越低，达到必要用户规模的速度也越快。有趣的是，一旦形成必要用户规模，新技术开发者在理论上可以提高对用户的价格，因为这项技术的应用价值比以前增加了，进而衍生为某项商业产品

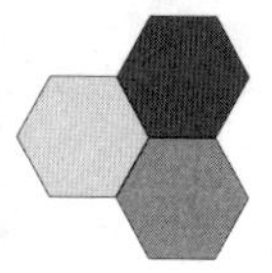

的价值随使用人数而增加的定律。

信息资源的奇特性不仅在于它是可以被无损耗地消费的（如一部古书从古到今都在“被消费”，但不可能“被消费掉”），而且信息的消费过程可能同时就是信息的生产过程，它所包含的知识或感受在消费者那里催生出更多的知识和感受，消费它的人越多，它所包含的资源总量就越大。互联网的威力不仅在于它能使信息的消费者数量增加到最大限度（全人类），更在于它是一种传播与反馈同时进行的交互性媒介（这是它与报纸、收音机和电视最不一样的地方）。所以梅特卡夫断定，随着上网人数的增长，网上资源将呈几何级数增长。

梅特卡夫定律基于每一个新上网的用户都因为别人的联网而获得了更多的信息交流机会，指出了网络具有极强的外部性和正反馈性：联网的用户越多，网络的价值越大，联网的需求也就越大。这样，可以看出，梅特卡夫定律指出了从总体上看消费方面存在效用递增，即需求创造了新的需求。值得注意的是，这里“网络”的概念并不仅限于计算机网络和通信网络，可以把它推广到经济网络、社会网络来看它的普遍意义。

一个新的产品、新的服务，只有少数人在使用时，这种产品和服务产生的价值不会爆炸性地增长。人与人的交际圈也有这样的特性，交往越广泛，交际圈越大，交际圈越密切，该交际圈带来的价值就越大。以现代移动终端应用为例，移动营销的一种主要方式就是在强大的数据库支持下，利用手机通过无线广告把个性化即时信息精确有效地传递给消费者个人，达到“一对一”的互动营销目的，当移动服务的用户数达到一定量时，其价值就会跳跃式提升，即显示出其价值是指数级增长的特性。

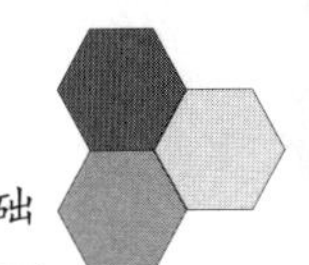

（三）马太效应

在网络经济中，由于人们的心理反应和行为惯性，在一定条件下，优势或劣势一旦出现并达到一定程度，就会导致不断加剧而自行强化，出现“强者更强，弱者更弱”的垄断局面。马太效应反映了网络经济时代企业竞争中一个重要因素——主流化。

1. 马太效应的含义

“马太效应”是指科学奖励中的一种不平等现象，即有声望的科学家得到了与贡献不成比例的更大的荣誉和奖励（受惠者），而不出名的科学家则得到了与他们贡献相比也不相称的更少的荣誉和奖励（受害者）。凡有的，还要加给他叫他多余；没有的，连他所有的也要夺过来。

“马太效应”是一种连锁反应，它不仅仅存在科学界，其他领域也同样是存在的，如政界、军界、文艺界、教育界、金融界、企业界等，甚至可以说“马太效应”存在于社会的各个领域，而且都时时刻刻在发挥着作用。因此，科学上还将“马太效应”归纳为：任何个体、群体或地区，一旦在某一个方面（如金钱、名誉、地位等）获得成功和进步，就会产生一种积累优势，就会有更多的机会取得更大的成功和进步。

2. 马太效应的特点

（1）认同趋向性

个人或机构的科学成就一旦得到科学共同体的高度认同，就会产生所谓的光环效应，个人和机构也更容易得到他人的认同。他人在做相关科学工作时，也会首先将其著作或成果拿来参考，当然也易被引用，产生权威的偶像崇拜。

（2）优势积累性

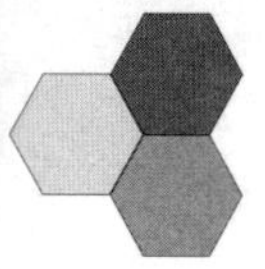

优势积累作用，也有利于集中人才。在人才辈出的单位，由于“马太效应”的作用，更容易集中优秀人才，更容易得到各种资源，形成难以抗衡的巨大优势，成为一流的学术机构。

（3）棘轮效应

科学家在他们的科学生涯中，如果做出了成就，获得了声望和地位，就很难回到原来的水平与位置；出名的人永远是名人，地位不会逆转；这种效应会引导科学家继续努力，取得更大的科学成就，来证明自己有更高的水平。

（4）分配不公平性

它所强调的优势积累，不仅仅是对知名科学家的更大的回报，还指对不知名的小人物的工作得不到应有报偿与荣誉。相对于那些不知名的研究者，声名显赫的科学家通常得到更多的声望，即使他们的成就是相似的，同样地，在同一个项目上，声誉通常给予那些已经出名的研究者，例如，一个奖项几乎总是授予最资深的研究者，即使所有工作都是一个研究生完成的。这种荣誉增强的作用导致荣誉分配的不公正。

（四）吉尔德定律

吉尔德定律是关于网络带宽的发展变化规律，原理是在未来，主干网带宽每6个月翻一番，其增长速度超过摩尔预测的CPU增长速度的三倍。吉尔德定律的提出者是被称为“数字时代三大思想家”之一的乔治·吉尔德。乔治·吉尔德认为，正如二十世纪七十年代昂贵的晶体管在现如今变得如此便宜一样，主干网如今还是稀缺资源的网络带宽，有朝一日会变得足够充裕，那时上网的代价也会大幅下降。这些设备本身并没有什么智能，但大量这样的设备通过网络连接在一起时，其威力将会变得很大，就像利用便宜的晶体管可

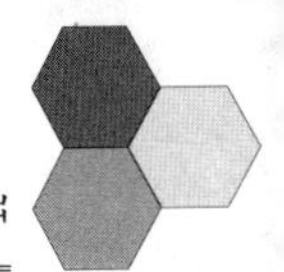

以制造出价格昂贵的高档计算机一样，只要将廉价的网络带宽资源充分利用起来，也会给人们带来巨额的回报，未来的成功人士将是那些更善于利用带宽资源的人。

摩尔定律、吉尔德定律奠定了网络经济的客观发展基础。吉尔德断言，带宽终将接近免费，每比特的费用将会遵循某条渐进曲线规律，在渐进曲线上，价格点将趋向零，但永远达不到零。设想未来人们上网将变得十分容易，近于免费，所以网络将无所不包，无所不能。

二、经济学原理

网络经济是在传统经济的基础上发展起来的，因此，传统经济中的一些原理同样对网络经济有所助益。

（一）理性预期原理

所谓“预期”就是从事经济活动的主体（如个人、企业等）在决定其当前的行动以前，对未来的经济形势或经济变动所作的一种估计。

理性预期，或者称为理性预期假说，最早是在针对适应性预期中的非最优特性而提出的，后来经推广而广为人知。理性预期因在经济分析中假定经济行为的主体对未来事件的“预期”是合乎理性的而得名，它是指针对某个经济现象（例如，市场价格）进行预期的时候，如果人们是理性的，那么他们会最大限度地充分利用所得到的信息来做出行动而不会犯系统性的错误，因此，平均地来说，人们的预期应该是准确的。

很显然，公众要进行预期就离不开有关的信息，这种信息不仅包括了历史的统计资料，而且也包含对有关经济变量因果关系的判断等知识。人们在预期即将发生的经济变动时，总是倾向于从自身

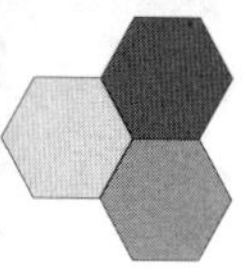

的利益出发，根据已获得的所有信息，做出合理而明智的反应。

经济学理论认为，竞争之所以不完全，很重要的一点是信息不对称。而网络使世界发生根本性变化的原因之一便是消除时空差距，减少信息不对称，降低交易成本。在网络经济中，由于信息的完全性与传播的快捷性，使理性预期大大增强，进一步推动了经济自由化。比如，一个散户投资者也有可能通过网络得到与一个大的投资基金相同的投资信息，使投资基金通过拥有大量不对称信息控制国际资本市场的局面发生改变。因此网络使以完全信息为前提的假设得以实现，从而使市场配置机制更有效率，减少了因信息不对称而造成的市场失灵。

（二）权衡取舍原理

从某种意义上说，经济学就是关于权衡取舍的学问。经济学研究人与社会如何做出最终抉择，在使用或者不使用货币的情况下，使用可以有其他用途的稀缺的生产性资源，在现在或将来生产产品，并把产品分配给各个成员以供消费之用。它分析改进资源配置形式可能付出的代价和可能产生的效益。因此，学会权衡取舍，能做出适合的决策，获得最大收益。

当人们组成社会时，他们面临各种不同的权衡取舍。在工业社会里，同样重要的是清洁的环境和高收入水平之间的权衡取舍。要求企业减少污染的法律规定增加了生产物品与劳务的成本。由于成本高，这些企业赚的利润少了，支付的工资低了，收取的价格高了，或者是这三种结果的某种结合。因此，尽管污染管制给予我们的好处是更清洁的环境，以及由此带来的健康水平的提高，但其代价是企业所有者、工人和消费者的收入减少了。

在网络经济社会中，也经常会遇到权衡取舍的问题。比如，网

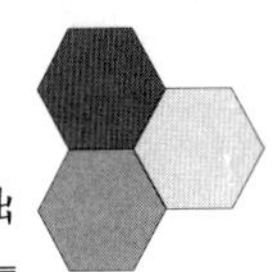

络企业在对服务产品定价时，便会面临服务收费获取盈利和免费服务吸引用户的取舍问题。事实上，网络时代，信息成为最主要的资源，而资源信息极大丰富，稀缺的资源是人们的注意力。这种情况下，比较有效的策略就是先人一步采取低价策略，甚至是免费赠送，以获得人们的关注。有了人气，再通过其他方式（如增值服务）实现利润。腾讯 QQ 就很好地运用了权衡取舍原理，放弃了向众多用户收取基础服务费获取利润的策略，选择了提供免费基础软件应用吸引大量用户，继而通过增值服务实现盈利的方法。

此外，在腾讯的几个战略投资案例中，如入股搜狗和投资京东商城，腾讯也很好地权衡了业务的“加法”和“减法”。腾讯在以往的扩张策略上，倾向于全资收购和绝对控制。而从“入股搜狗”开始，腾讯做了改变：主要面向垂直领域领先企业，不控股，但占具有战略意义的股份，比如占股 20% 以上；保持对方独立运营，给予对方团队充分掌控权和信任；将腾讯旗下非核心、做不好的资产作为“嫁妆”送出去，盘活资产，优化资源配置；腾讯将专注于自身平台和生态建设，并为对方提供强大资源支持，如为搜狗提供资源和入口，为大众和京东提供微购物入口等。尽管从表面看，腾讯舍弃了自己的业务，但从整个互联网生态布局来看，腾讯获得了更多。

（三）机会成本原理

机会成本是做出某一选择或决策而放弃另一种选择或决策的代价，或者说，一项选择的机会成本是另一种可得到的最好选择的价值。由于人们面临着权衡取舍，所以做出决策就要比较可供选择的行动方案的成本与收益，但在许多情况下，某种行动的成本并不像乍看时那么明显。

在传统经济决策过程中，因选取某一方案就要放弃另一方案，

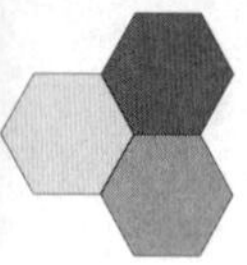

为此会付出代价或丧失潜在利益。要想对备选方案的经济效益做出正确的判断与评价，必须在决策前进行分析，将已放弃的方案可能获得的潜在收益作为被选取方案的机会成本计算在内。

网络经济环境下，企业在选择时，仍然需要面对机会成本的问题。从现实来看，网络购物对传统零售冲击很大，不少观点认为传统零售商搞电商，是个新的经济增长点，有网点优势和配货优势。但对很多做传统销售的人来说，面对电子商务，他们的心态却十分纠结，因为劣势也是显而易见的，就是会分流传统商铺渠道的销售，而且在商品定价中将处于一个两难的境地。如果从机会成本的角度看，传统零售商从事电商，机会成本并不低，其机会成本来自于以下诸多方面：放弃了可能的传统渠道的布局；放弃了可能的传统销售的增量；放弃了可能的传统的品类吸引力的现场培养能力；放弃了可能的实际体验服务的增值。

（四）利益双赢原理

这一原理说明，如果一个国家专业化地生产更有效益的物品和服务，那么，贸易对两个国家来说是双赢的结果，两个国家的实际工资和国民收入都将得到提高。这一原理推广到经济活动中，就是指企业在经营活动中不仅要考虑自己的收益问题，即盈利问题，同时还要考虑合作伙伴的盈利问题；既主动地考虑自己的利益，同时也主动地考虑伙伴的利益。

由于网络打破了国界，任何形式的贸易壁垒终将被打破，但是网络经济没有改变世界各国普遍存在的经济互补性和国际分工。例如，在美国市场上可以看到大量“中国制造”的产品等，同样，在中国市场上也可以看到许多产品来自美国。因此，在更加激烈的国际竞争环境中，利益双赢更为重要。

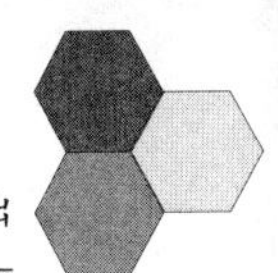

以阿里巴巴集团入股新浪微博为例。相比较于腾讯和百度，阿里巴巴一直缺乏媒体影响力，新浪微博兼具自媒体和庞大用户量双重特性，这对于阿里巴巴来说，价值却非同寻常，因为它会成为天猫及淘宝的一个重要流量入口。此外，相比于美丽说、蘑菇街这类导购网站，新浪微博具有更强的影响力，阿里巴巴能与新浪微博深入合作，其转化价值更高。另外，对于新浪微博而言，其面临的不仅是微信的竞争压力，更需要面对资金短缺的现实。阿里巴巴入股新浪微博，不仅可帮助新浪解决微博现金流问题，还能更好地建设健康的生态链，有利于新浪微博盘活众多沉睡的电商用户。因此，阿里巴巴与新浪微博合作对于双方而言是利益双赢的。

第四节　网络经济下的市场结构变化

网络效应作为网络经济的显著特性，极大地影响着企业的行为和绩效，颠覆了传统的竞争模式，使网络经济下的市场结构呈现出新的变化。

一、明显的阶段性

传统工业经济认为，市场结构对创新行为只起单向的静态决定作用，而技术创新对市场结构的反作用则不十分明显。这是因为一旦技术创新领先企业占据了市场地位，由于进入壁垒高，其他厂商便无力进入该市场，这就使得在位厂商能够长时间独占市场。而且外部竞争威胁小，在位厂商进行技术创新的动力也不足。这种状况会一直维持到产业的衰退阶段，或者垄断厂商迫于盈利考虑进行技术创新，或者潜在的厂商进行创新完成对旧有厂商的替代。

网络经济给技术创新赋予了打破垄断的天然特性，为产业组织

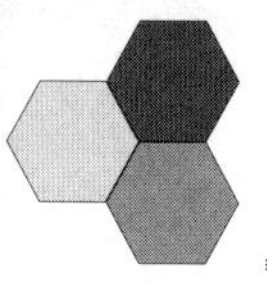

结构优化增添了强劲的内在动力。技术创新所引起的市场结构变化具有明显的阶段性，随着阶段的变化，垄断程度发生相应的强弱更迭。

第一阶段，市场垄断程度由低到高。当技术创新领先企业成功地完成了一次技术突破之后，它将凭借创新优势和网络效应逐步取得市场地位。在该阶段，市场结构遵循着从完全竞争到垄断竞争再到垄断的路径变化。

第二阶段，市场垄断程度由高到低。市场中遍布着潜在竞争者，当他们通过创新成功进入市场时，原有在位厂商的垄断地位被打破，市场呈现垄断竞争格局。该阶段市场结构遵循着从垄断到竞争性垄断的路径变化。

第三阶段，市场垄断程度在新的起点上由低到高。在潜在竞争者和在位垄断者展开的创新博弈过程中，无论何方胜出都会导致市场结构垄断程度的回升，因此，该阶段市场结构将遵循着从竞争性垄断到垄断的路径变化。

二、多层次复合性

在传统工业经济中，最终产品由单个企业生产，因此单个企业的边界和每个产品市场的边界都是清晰的，因而可以方便地对市场集中度进行准确测量，进而确定该市场属于何种结构。在网络经济中，生产链条突破了单个企业的边界，多个行为主体以网络为边界参与到产品生产过程中。正是由于“网络组织”的出现，经济中通行的是企业之间甚至产业之间的网络分工，产业间、产业内或行业内分化与融合的现象同时并存，最终产品在生成前被细分为许多个子产品，并在不同企业内部生产。这种分工合作模式突破了单一企业甚至单一行业或产业的界限，出现了从企业层面看是一种产品市场结构，从产业或行业层面看则是另一种产品市场结构的新特点。换句话说，

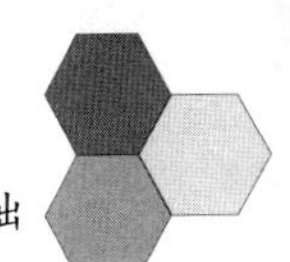

网络经济条件下的市场结构不再是单一结构，而是双层或多层复合结构。网络组织（如虚拟企业）作为一个整体，其市场地位由其内部的各个企业的市场地位共同决定，即该网络组织的市场地位是网络内部各个企业市场竞争力或市场地位的集成。此外，在网络和企业两个层面上，由于潜在网络和企业子产品（模块）供应商的存在，隐藏在这种不完全市场结构背后的竞争不仅无时不在，而且异常激烈，它们在两个层面上展开，只不过表现得不太明显而已。

三、暂时性垄断态势

传统产业组织理论认为，某一行业的垄断市场结构一旦形成，则在相当长一个时期内很难改变。这是因为，在传统工业经济条件下，资本要素在所有要素中处于统治地位，劳动力、企业家才能以及技术等均处于从属地位。加之产品中知识与技术的含量较低，技术创新的速度或频率也较低。此外，自然资源的专用性和稀缺性也导致产业的生命周期较长。

网络经济中，资本要素的地位下降，劳动力、企业家才能等要素地位相对上升，尤其是技术要素，上升速度最快，处于决定性地位。此外，产品对自然资源的依赖性变得相对较小，产品的知识含量与技术含量也远远高于传统产品。因此在新的条件下，只有不断地进行知识创新和技术创新，才能保持企业的市场势力或垄断地位。由于网络效应、用户的锁定效应等新的经济特征的出现，这种基于网络和企业两个层面上的市场势力或垄断的形成有其必然性。但是，这种垄断并不必然地抑制和排斥竞争，也并不必然地阻碍技术进步，处在网络和企业两个层面上的垄断者仍然面临着潜在竞争者的严峻挑战和激烈竞争。这是因为，技术创新速度的不断加快，知识产品生命周期的持续缩短以及产品更新换代速度的愈益加快，使得任何

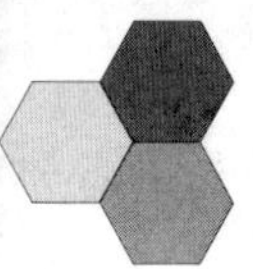

一个企业都不能长久地拥有一项垄断技术，企业只有竞相开发和创造新产品，才能在竞争中站稳脚跟。所以，网络经济下的市场势力或垄断只是一种基于知识创新和技术创新优势所形成的暂时垄断，唯有竞争才是永恒不变的，它与垄断交替出现，共生共存。

第二章 网络经济与财务管理

第一节 网络财务管理概述

从财务管理的发展历程中可以总结出一条基本规律：财务管理发展与创新的动力来自财务管理环境的变迁。当今社会经济全球化浪潮势不可挡，知识经济方兴未艾，信息技术、通信技术与电子商务的蓬勃发展等在给传统财务管理带来了强烈冲击的同时也为之带来了发展的机遇。

一、网络财务管理的产生

（一）传统财务管理的局限性

在互联网和电子商务的开放式环境下，企业传统的以资金运动为对象的财务管理存在许多局限性，无法适应现代企业经营管理的要求。企业传统财务管理的局限性主要表现在以下几个方面：

1. 信息失真

据财政部会计信息质量抽查证实，全国 80% 以上的企业财务信息存在不同程度的失真。这使得传统财务管理下的财务信息难以为企业管理提供真实、有效的决策支持信息。

2. 信息分散

大中型企业和企业集团，由于其内部设置和业务流程比较复杂，

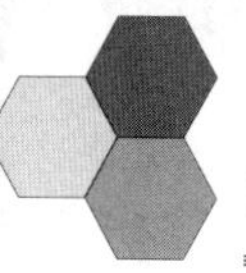

集团总部下辖众多分公司，分公司下辖众多企业，一方面，出于各自利益，企业各部门间不愿及时提供相关信息，截留信息的行为使企业内部不断形成信息孤岛现象；另一方面，传统财务管理的技术含量低，无法提供高效、畅通的信息传递渠道，也使得分散于众多部门的信息无法集中化、集成化。

3. 信息滞后

随着企业的迅速发展，企业的规模不断扩张，分公司以及下属机构众多且位置相对分散，各地大量财务、业务信息的汇总核算、分析等工作，无法在短时间内形成有效数据提供给决策层。而市场、供应链、客户等方面与企业息息相关的外部信息也无法及时地传递到企业内部，致使企业对市场、对客户反应迟钝。

4. 信息重复

企业内部许多部门都需要使用财务、业务信息，但由于数据不能共享，所以大量的财务工作是在传递纸质的销售单据和记账凭证，大量的数据重复收集、重复汇总、重复分析，这不仅是资源的巨大浪费，更严重制约了各部门的工作效率。

5. 监控不力

现代企业管理最根本的问题是对信息的管理，企业只有及时掌握准确、全面的信息才能有效地对资金流、物流、信息流实施有效的控制。而目前由于传统财务管理下的种种问题，所有者对企业、母公司对子公司、总公司对分公司、公司管理层对下属机构普遍存在着监控不力的情况。

（二）电子商务对网络财务管理的需求

1. 网络环境下的商务运作模式

互联网与其他通信媒体相比，有两个明显的特点：双向交互式

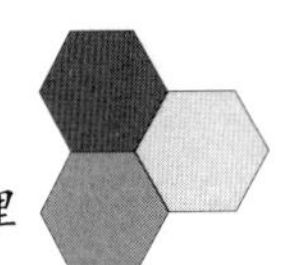

通信和开放式标准。双向交互式通信是指互联网所提供的信息交流方式是双向的。信息的提供者在发布信息的同时，可以收集信息获取者的信息；信息获取者在收集信息的同时，可以对信息提供者的信息进行选择接收。这种双向信息通信有别于广播、电视等传统的单向信息传播，而和人与人之间面对面的信息交流更为类似。开放式标准是指互联网建立在开放式信息传输标准上。信息提供者在发布和收集信息时、信息接收者在收集和选择信息时，都可以采取多种多样的、方便快捷的方式，并不受技术性操作标准的约束。国际互联网技术的上述优势，为企业提供了新的商务活动的运作模式即电子商务。

二十世纪末期，国际商会在法国巴黎举行了世界电子商务会议，从商业角度提出了电子商务的概念：电子商务是指实现整个商业贸易活动的电子化。从涵盖范围方面可以定义为：交易双方以电子交易方式而不是通过当面交换或直接面谈方式进行的任何形式的商业交易；从技术方面可以定义为：电子商务是一种多技术的集合体，包括交换数据（如电子数据交换、电子邮件）、获得数据（如共享数据库、电子公告牌）以及自动捕获数据（如条形码）等。整个电子商务系统由互联网和与商务活动有关的各方主体所组成，包括企业、客户、物流、银行、工商、税务和海关等，各主体通过互联网联系在一起，各自发挥其作用的同时也形成一个有机整体。

电子商务系统为现代企业提供了一个新的商务活动运作模式。按照参与交易的对象进行分类可分为以下模式：

（1）企业—企业模式

企业—企业模式，即B to B（business to business），指企业和企业之间直接或通过中介电子商务实体（如电子商务网站）完成交易活动。这种方式可以使企业在更大的范围内选择合作伙伴，

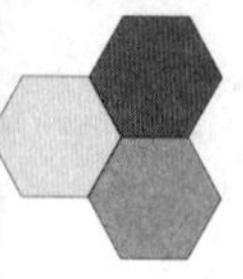

开拓更广阔的客户市场。而政府的采购活动也可归于此类，政府可以通过网上发布采购清单或招标书，企业则可以在网上参与投标，使政府的购买行为更加透明，有利于促进企业间的公平竞争。

（2）企业—消费者模式

企业—消费者模式，即B to C（business to customer）。这是一种企业与消费者之间的零售式电子商务模式，企业在网上开设商店、陈列商品、标出价格、说明服务，向消费者提供从服装、电器、日用品到订票、订座、转账等各种商品和服务。这种模式使企业直接面向消费者，免除了中间的流通环节，大大提高了交易效率，也开拓了市场。

（3）公共服务模式

公共服务模式包括G to B（government to business）模式和G to C（government to customer）模式。政府向企业征收税费、向个人征收所得税、管理社会保险等工作可以通过这一模式进行。政府介入电子商务有利于为电子商务活动提供一个透明、良好的法律环境，促进电子商务的良性发展。

（4）消费者—消费者模式

消费者—消费者模式，即C to C（customer to customer）。这一模式中，交易双方都为个人消费者，网站扮演中介市场的作用。

电子商务活动的运作模式与传统模式相比，整个活动过程中仍然存在的信息流、资金流和物流这三大基本要素不变，而信息流和资金流的传递方式则发生了重大改变，即不再需要通过原有的纸介质或其他实物介质，而是通过网络来传递。这样，不仅传输高效、准确，而且节约交易成本。同时，这些变化使得企业管理及其财务管理在一定程度上也发生了变化。在传统模式下，企业管理主要围

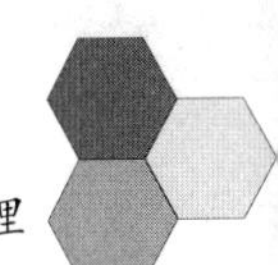

绕资金和产品来进行，企业和用户之间在很大程度上并不直接进行沟通，产品、信息和资金是通过渠道逐级传递和向企业进行反馈的。这时，管理的目标主要注重企业内部，即降低成本、提高生产效率方面。而企业财务管理也只需相应地围绕着企业资金方面来进行。但是，在电子商务模式下，由于信息流和资金流通过网络来传递，信息和资金的来源变得更加广泛了。这样，由于极大地增加了与外界环境的交流，企业的管理目标不能再仅仅注重企业内部，而是拓展到包括企业与外界环境关系等企业外部资源方面。那么，相应地，企业财务管理也不再仅仅限于原有的范畴，而扩大为涉及企业信息流和资金流的全面的财务资源的控制问题上。

2. 电子商务对网络财务管理的需求

（1）电子商务对财务管理职能的影响

随着电子商务的普及，企业将成为全球网络供应链中的一个结点，企业的众多业务处理活动都将在网上进行，如网上交易、网上结算、电子广告、电子合同等，传统的财务计划、财务控制、结算方式等都将加入新的内容，以往的融资、筹资、资金管理等将成为财务管理的一个主要方面而不再是全部内容，财务管理的重心将拓展到企业全面的财务资源的控制问题上来。财务所提供的数据信息不仅仅是以货币计量的财务数据，更重要的是诸如客户满意度、市场占有率、虚拟企业创建速度等反映企业竞争力方面的信息，从而为企业的经营、领导决策提供全方位服务。

（2）电子商务对传统财务管理的方法的新要求

电子商务活动的双方从磋商、签订合同到结算支付，都可以通过互联网在最短的时间内完成，使整个交易远程化、实时化、虚拟化。这些变化要求：①财务预测、计划、控制、决策等工作的时间缩短，

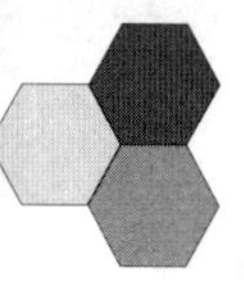

对财务管理方法的及时性、适应性、弹性提出了更高的要求。②由于交易远程化、实时化，要求企业财务管理的模式由分散化向集中化发展。③企业财务分析的内容和标准可能发生新的变化。如电子商务下应重视企业的知识资本（包括人力资本、结构资本和顾客资本）的分析，资产的流动性标准在电子商务条件下将大大提高。

（3）电子商务对传统财务管理工作方式的新要求

传统财务管理工作主要是以会计核算的成果为基础，借助经济数学和统计学的一些基本方法进行分析和处理，以财务报表为核心方式披露和报告企业的财务信息，并据以预测未来经济条件下企业可能达到的损益状况。但在电子商务环境下，数据处理方式已经发生了重大变革，那些曾经是颇为复杂的分析模式和计算方法在计算机的帮助下不再显得烦琐，大量的数据模式可以在相当短的时间内准确完成，会计核算从手工向电算化转变，这为企业能随时提供并解读财务信息成为可能。此外，企业、客户、物流、银行、政府有关部门等电子商务活动主体通过互联网联系在一起，计算机除了单机状态下的内部各功能模块之间的信息传递和共享外，更要处理商务网络状态下公众接口问题，确定数据的开放范围等。同时，也要求财务管理在工作方式上能够实现远程处理、在线管理等管理模式以及能够支持在线办公、移动办公等，同时能够处理电子单据、电子货币、网页数据等新的介质。

（4）电子商务对传统财务管理对象的新要求

资金运动一直是传统财务管理的核心，从筹集资金的成本计量和资本结构的衡量，到投资方案的收益分析和选择，再到现金流量和资金的回收的估计，整个财务管理的运作都强调对资金的控制和运用。而在电子商务环境下，产品设计人员能够更多地将智能化、

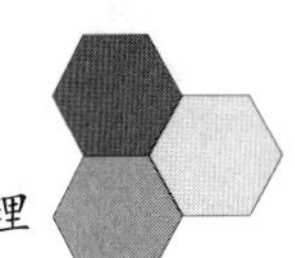

自我诊断和产品维护融入到产品当中去，使制造商能够在高速度、低成本的前提下实现生产流程的程序化，相应地，产品包含的信息成本比重将不断增加，企业的资本投入将更多集中在人力资源开发利用、全球化市场信息的跟踪调查、企业对外的商务沟通和对内的管理系统完善等方面。因此，信息成本比重的增加使得产品的成本内涵发生了巨大的变化，财务管理的核心对象也由资金的运动逐渐扩展到整个经济活动过程中信息的处理。

（5）财务管理将面临企业集团化的趋势要求

电子商务环境下，信息流和资金流通过网络准确、高效地传递，使异地管理变得方便可行，母公司可以随时了解子公司的财务状况，因而可以非常便利地调动集团内部资金、人力资源。地域束缚的打破将会刺激公司通过走规模扩张的道路来加强公司的竞争力。同时，为了适应经济全球化和国际宏观经济形势，信息处理系统也要跨越不同的币种、语言等带来的障碍，实现通用性，使集团企业的关联各方能够自由地获取财务信息。作为财务管理的一种趋势，对财务信息报告以企业合并会计报表为代表的综合信息披露的要求越来越高，各种内部收益成本抵消核算也会越来越复杂。

（6）电子商务扩大了传统财务管理风险的内涵和涉及领域

风险是财务管理的基本理论要素之一，传统财务管理对风险的衡量主要集中在借贷资金的按期归还和投资的收益风险等方面，注重资金循环过程中不确定因素的制约性，注重从会计角度反映经济资源对风险的价值变动。随着互联网在商业中的广泛应用，在电子商务环境下，交易的无地域性和无纸化使管理更加复杂。对内，用作数据管理的计算机常常成为逃避内部控制的工具，企业的内部财务控制和内部审计受到冲击。同时，经济资源中智力因素的认定和

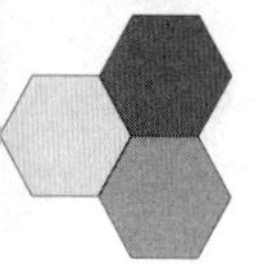

计量将比无形资产更加困难，它随着技术环境和信息环境的改变而相应发生价值波动，其不稳定性给综合评估企业经济实力带来了操作上的障碍。对外，电子商务扩大了企业的交易对象、交易内容，使财务管理的空间更加广阔，同时也增加了许多隐性的风险。首先，电子商务下的财务管理必须解决复杂的安全问题，具体有：①通信网络的安全性。②信息传递者和接受者的确认，如鉴别信用卡。③信息的可靠性，如保证信息在传输中未经篡改，电子数据交换文件的可靠性。④资金转移是否真实发生和准确，如确信买方不能假称已经支付或卖方假称未被支付。⑤信息的保密等。其次，电子商务作为一种崭新的贸易形式，原有的法律规范体系不能适应其发展，如电子商务如何征税、交易的安全性如何保证、交易书面形式要求、签字的确认、合同的拟订、电子提单的形式与转让、电子货币、知识产权的保护等。这些问题都使企业的财务管理面临着新的风险。

实践证明，要建设和发展有竞争力的电子商务，必须建立基于网络的财务、业务一体化信息平台，重新整合包括财务资源在内的企业内、外部资源。对内，通过网络财务管理，实现财务与业务的协同，可以使企业及时享有充分的信息，做到实时掌握和监控企业的经营活动和财务运作情况，及时根据需要合理安排有限资源，提高资源利用率和企业的管理水平。对外，通过与供应链上各结点间高效的信息传递及时获取有用信息并迅速开展各项商务活动，都将为电子商务的发展和走向成熟创造条件。

（三）信息技术对网络财务管理的技术支撑

信息技术的每一次进步都会带动企业管理以及财务管理技术手段的发展。计算机技术和企业财务管理的第一次有机结合形成了会计电算化，实现了从记账凭证到会计报表编制过程的自动化，提高

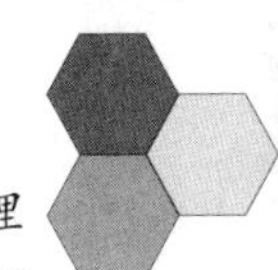

了会计核算的效率和质量，提高了会计信息的处理速度和共享程度，改变了会计内部控制与审计的方法和技术，这是会计理论与会计实务的一次重大变革。但是目前的会计电算化系统的功能仍集中在会计核算方面，且为单机处理方式，多为财务部门使用，不能完全在企业内部及企业外部与其他信息系统充分共享、交换信息。核算数据利用率低，管理及决策系统不能充分发挥作用。随着计算机网络技术的发展和互联网的普及，现代信息技术将促进企业财务管理的第二次飞跃发展。

1.Internet 网络体系在企业中的应用

Internet 实际上是由世界范围内的许许多多的计算机互相连接而成的一个超大型计算机网络。它具有三个特性：①全球性。Internet 连入分布在世界各地的计算机，使世界变成了一个“地球村”。②开放性。全球统一的协议使互联网中任何计算机间能够容易地相互通信。Internet 不专属于某个公司、某个国家，它是全人类共同的财富，任何人、任何团体都可以轻松地加入 Internet 而不受严格的权限限制。③平等性。在 Internet，你是谁并不重要，重要的是你提供什么样的信息。无论跨国公司、中小企业还是个人，都仅仅是 Internet 中的一员，都可以自由、平等地享受 Internet 提供的基本服务功能。Internet 提供的基本服务主要有：①电子邮件服务。各种格式的文本信息、声音、图像和视频等多媒体信息都可以通过电子邮件在短到几分钟的时间内发送到指定接收用户的服务器上。②远程登录。用户从本地计算机连接到远程的另一台计算机时，能在本地计算机上直接操作和使用远程计算机，获取其所拥有的信息资源。Internet 使用户间很容易地共享资源。③文件传输。当用户希望将通过 Internet 获取的资源放到本地计算机上时，FTP 可以满足用户

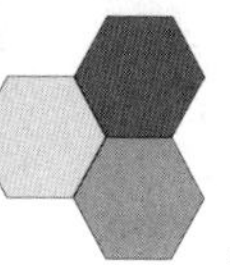

这一需求，为计算机之间提供双向文件传输服务，使用户能将本地计算机上的文件上传（或下载）到远程计算机中。④电子公告牌。与日常生活中的普通公告板不一样的是，用户通过 BBS 可以向全世界发布消息，也可以看到世界各地其他用户的消息并与之交流看法等。⑤ WWW 信息浏览。WWW（万维网）是 Internet 最受欢迎的一种信息查询服务系统，用户可以通过它从网络上方便地获取各种所需信息。

2.Internet 网络体系下的 B/S 结构

随着企业纷纷加强信息化建设、利用互联网推行电子商务，以确立竞争优势，它所要面对的将是网上潜在的成千上万的客户，这些客户每时每刻都可能访问企业电子商务门户并开展交易，企业的信息系统必须能实时回应并做相应的业务处理。而传统的财务管理信息系统常常是建立在当时流行的主机系统（F/S）结构或客户机 / 服务器（C/S）结构之上，已不能适应企业的需求，需要向基于 Internet 网络体系的 B/S 结构转变，为企业构建一个开放式的网络计算环境。

B/S 结构即 Browser/Server（浏览器 / 服务器）结构，它是在 C/S 结构的基础上发展而来的，由浏览器、WEB 服务器、应用服务器、数据服务器组成，包含三个层次：客户层、中间层和数据库服务层，是真正的三层结构。在客户层和服务层之间加入的中间层，用于传输数据和进行大量的包括汇总、计算和打印在内的全部数据处理，这样就大大减轻了客户机和服务器的工作量，有效地均衡网络负载，提高网络的运行效率。这种体系结构更适应分布式数据处理和集中数据管理的要求，有利于企业建立一个基于数据分布的企事业管理信息系统，从应用上将单一主体的会计信息系统扩展为企业各管理层的业务管理和财务管理高度集成的系统。B/S 结构的应用和发展从技术层面上有效地促进了企业财务管理适应企业发展的网络化、集

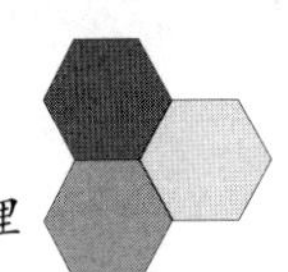

团化、国际化的要求。

3. 数据管理技术

网络财务管理要支持远程处理、分散处理、信息共享和集中管理，在电子商务环境下，每时每刻都会产生和传递庞大的数据量，同时，企业对信息的应用需求也不断增加，要想安全高效地进行数据管理，就必须采用先进的数据管理技术。

数据仓库是一个用以更好地支持企业或组织的决策分析处理的面向特定主题的、集成的、不可更新的、随时间不断变化的数据集合。它是一个解决问题的不断往复的过程，而不是一个可以买到的现成商品。数据仓库的应用基础是数据库的应用，没有后者就没有前者。现在流行的大型关系数据库产品几乎都提供了数据仓库的解决方案。数据仓库中存储的是企业在业务活动中积累的、按特定应用主题进行组织的历史数据，再利用特定的工具，如联机分析处理（OLAP）和数据挖掘工具（DW），对这些数据进行分析，从而得出能够辅助企业进行决策的有用信息，解决了以往“数据丰富，信息贫乏”的矛盾。数据仓库的出现和应用使得原来的以单一数据库为中心的数据环境发展为一种新的体系化环境（即操作型环境和分析型环境）。数据仓库是这个体系化环境的核心，也是建立决策支持系统的基础，为企业的决策分析提供有力的技术支持。

二、网络财务管理的功能特性

（一）财务信息网页数据化

在传统财务管理模式下，信息载体主要是纸介页面数据，而网络财务管理模式下的财务信息无纸化并变成网页数据，可供相关使用者随时提取。越来越多的上市公司利用互联网公司网站放置企业

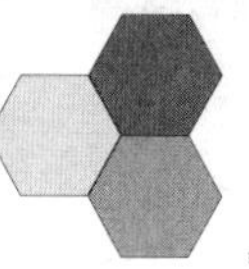

财务报告，供投资者随时随地进行查阅，显著增强了信息的时效性。

（二）结算支付货币电子化

电子货币是电子商务的重要条件，也是构建网络财务管理系统的重要基础，其特色是结算时不需要支票、汇票、现金等纸质票据，而是直接由网络上的电子货币自动划转。电子单据、电子货币使资金周转速度加快、资金成本降低，并且提高了结算支付效率。

（三）财务与业务一体化

互联网的发展与普及，使得财务部门和其他业务部门相互连接，彼此共享信息，从而实现了财务信息与业务信息的协同。第一，与内部业务的协同。网络财务涵盖企业全程业务，从网上采购、网上销售、网上理财、网上服务到网上考勤等。财务部门的预算控制、资金准备、网上支付、网上结算等工作与业务部门的工作协同进行。第二，与供应链的协同。如网上询价、网上催帐等。第三，与社会部门的协同。如网上银行、网上保险、网上报税、网上报关、网上证券投资和网上外汇买卖等。

网络财务实现了处理活动与业务活动基本同步并解决了速度方面的问题，使网络财务下的会计核算从事后的静态核算达到事中的动态核算，能够便捷地产生各种反映企业经营和资金状况的动态财务报告，从而极大地增强了财务处理活动的及时功能，提高了会计的价值。

（四）管理在线化

通过动态会计信息，企业主管和财务主管将能够及时地做出反应，部署经营活动和做出财务安排。通过各种经营和财务指令，能够实现在线管理，如在线资金调度、异地转账、在线证券投资、在线外汇买卖等。

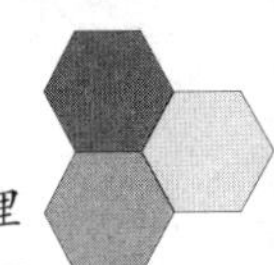

（五）财务管理集中化

网络财务的远程处理和协同业务能力使得企业可以将每一个分支机构变成一个报账单位，而所有的凭证、账表生成工作都可以集中在集团总部进行，这不仅实现了数据处理集中化，降低了会计数据处理成本，而且完全可以整合整个企业的财务资源，提高企业凝聚力和竞争力。

（六）财务部门扁平化

由于网络财务中，会计核算工作被计算机所代替，并且协同业务的财务管理集中化，使财务的职能扩大，财务部门内部人员的分工发生了巨大的变化，财务部门组织结构将趋于扁平化。

（七）办公方式多元化

只要将计算机连接到互联网上，在线办公、远程办公、移动办公和家庭办公都可以实现，不管在单位、家中还是异地，几乎所有的工作都可以在互联网计算机上完成。

（八）财务管理服务商业化

借助网络财务进行财务管理可以直接在网上购买相应的会计处理和财务管理服务，只要按服务项目和数量付费即可。如今中小企业网上理财等财务管理模式已被众多企业接受并开始规划和实施。

（九）分析比较实时化

网络环境下，在线数据库包括了网上所有企业信息。企业内部财务人员可在此基础上得到同行业其他企业的有关财务指标，进行分析比较，正确地预测企业今后的发展状况。

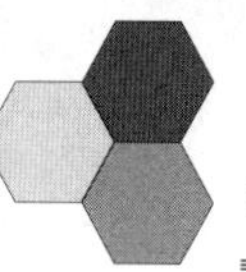

第二节 网络财务管理的理论

以网络为基础的电子商务和电子政务的极大发展改变着全球的经济模式、企业的经营管理模式，以及人们的工作、生活、消费模式。财务管理作为企业经营管理的核心部分，无论在管理环境、技术方法的运用，还是在职能执行以及管理观念等方面都受到网络的强烈冲击。基于此，出现了网络财务管理这个专业。网络财务管理的出现除了有坚实的现实基础之外，还有着丰富的理论基础。

一、网络财务与网络会计

虽然近几年来，财务与会计从业人员对这两个不同概念和不同职业进行了区分，但在现实经济生活中，“财务”与“会计”像是一对孪生兄弟，经常成对出现，以至在很多人的观念中仍然是非常模糊的，甚至认为财务和会计就是一回事，进而又导致了网络财务、网络会计概念的相互混淆，存在着网络财务包括网络会计、网络会计包括网络财务、网络财务等同网络会计三种观点。

（一）网络会计的含义

网络会计是根据会计电算化发展的趋势和适应于企业计算机网络信息化和电子商务的环境而提出的。网络会计基于核算，是计算机网络化的会计系统，其所需处理的各种数据越来越多地以电子形式直接存储于计算机网络之中，对各种交易中的会计事项进行确认、计量和披露。

传统的会计信息系统一直作为一个独立的系统在发展，除总账和财务报表子系统外，其他业务核算模块都是从企业信息系统的各

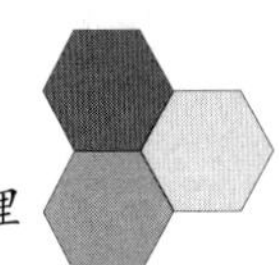

子系统中独立出来的，并且数据流存在一定的重复性。网络会计实现了会计和业务的协同化，除总账和财务报表子系统相对保持独立性外，原来会计信息系统中各业务模块都将被完全融入企业内联网的各业务信息系统中处理自身业务，最终向会计财务报表系统提供电子业务数据。这样，会计信息系统不仅包含了会计财务报表系统，还包含了整个企业内联网系统，它们都是会计信息系统基本模型数据采集的范围和对象。如财务子系统能够通过内联网直接从计划、生产、采购、销售、人事以及总务等各业务子系统采集数据，同时，实施生产管理、零存货管理以及管理者的其他决策都可以通过内联网从财务子系统获得实时信息。会计信息将与其他经济信息构成企业信息整体，共同为信息使用者服务。基于互联网的现代企业会计信息系统是能实现多元化报告、采用联机实时操作、主动获取与主动提供相结合的一种人机交互式的信息使用综合体。

（二）网络财务的含义

所谓网络财务，简单地说，就是一种基于计算机网络技术，以整合实现企业电子商务为目标，以财务管理为核心，财务、业务协同，业务流程重组，支持电子商务，能够提供互联网环境下财务核算、财务管理及其各种功能的、全新的面对供应链、支付网关等需要安全支付的财务管理系统。

我们可从以下几个方面理解“网络财务”的内涵：①网络财务的技术基础是网络。这里所说的“网络”的概念既非企业传统的自成体系的局域网或广域网，也不仅仅是互联网，而是 Internet/Intranet/Extranet 相互协同形成的开放式网络。②网络财务应完全支持电子商务。③网络财务并非单纯的财务系统，而是以财务管理为核心、业务管理和财务管理协同的综合系统，业务流程重组尤为重要。

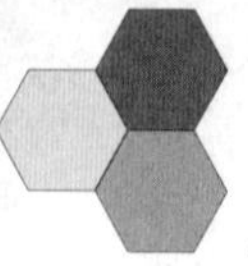

④网络财务是企业级的财务应用。⑤网络财务是企业信息化的重要组成部分。⑥网络财务是适应供应链需求的财务应用。

（三）网络财务和网络会计间的区别与联系

1. 各自的职能不同

会计和财务是企业管理两个不同方面的工作，由它们发展而成的网络会计与网络财务具有不同的职能。网络会计利用计算机网络技术及时加工处理各种会计数据，为企业管理信息使用者，如股东、债权人、企业管理人员、政府机构等提供各种财务信息，旨在帮助信息使用者进行最优决策；网络财务充分利用计算机网络技术和网络信息对企业的价值流（包括资金流）进行高效的管理，确保企业财务目标的实现。

2. 网络会计的工作侧重点

会计侧重于信息处理和信息报告，会计处理的信息主要包括两大类：经济业务信息与财务信息。其中财务信息是直接为企业财务管理服务的，具体包括企业资金取得、运用和费用分摊，财务成果的确定及其分配等。鉴于此，实际上，我们可以把会计理解为财务管理的信息基础。相应地，网络会计也是网络财务的基础，二者之间有内在的联系。

3. 网络财务和网络会计都是电子商务的重要组成部分

电子商务的一个重要技术特征是利用网络和信息技术来传递和处理商务信息。企业的商品采购和商品营销都是借助于电子商务平台，也就是说企业的绝大多数资金流入和流出业务都与电子商务有关，企业需要通过网络会计和网络财务系统实时地获取业务数据，并加工处理成财务控制和决策所需要的财务信息。

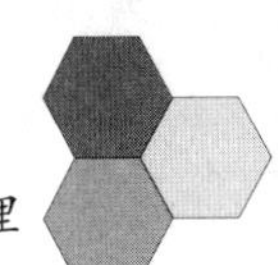

二、财务管理目标的探索与发展

企业财务管理目标是企业全部财务管理活动实现的最终目标，它是企业开展一切财务活动的基础和归宿。正确的财务管理目标是使管理活动有效进行的前提条件。企业财务管理目标总是与经济发展紧密相连的，总是随经济形态的转化和社会环境变化而不断深化的。网络环境客观促使企业财务管理目标向高层次演变。

（一）相关主体的利益及其利益协调化

不同的所有者对企业的要求不同，而财务管理目标应满足各个相关者的利益需要。在企业中，常常存在着股东与非股东之间的矛盾，在传统的“股东财富最大化”目标下，股东不顾经营者、债权人及职工的利益去追求财富最大化必然会激发股东与非股东当事人间的矛盾。一方面是股东和经营者之间的矛盾，单凭监督是难以解决的，还必须采取经济手段等激励措施，有效的方法是制定合理的财务管理目标，把股东与经营者的利益捆绑在一起；另一方面是股东和职工之间的矛盾，如果只强调股东的利益而忽视职工的利益，企业的生产经营活动必然会受到影响，最终影响股东的利益。因此，财务管理目标需要同时兼顾股东和职工的利益，以保证企业正常的生产经营和长远发展。

网络环境下，一个很大的特点就是“信息孤岛”将被消除，信息传递迅速，信息共享充分。企业各主体都能便捷地获取自己所需的信息，将更有条件关心自身的利益。合理的财务管理目标，保证相关主体的利益及利益的协调化，才能避免相关主体矛盾的激化，才能促使企业的财务管理走上良性循环的轨道。

（二）企业的预期成长效益及附加值

在网络环境下，以“利润最大化”和“股东财富最大化”作为

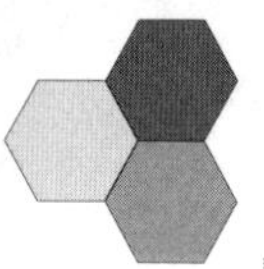

财务管理目标的应属传统企业而不是现代企业。现代企业是以保持可持续竞争优势为最高宗旨和最高追求的经济组织。如许多新兴的、迅速成长的高科技公司，创建初期甚至连续数年获利甚微或毫无利润可言，但是，投资者却对其抱有信心，因为投资者看中的不是企业的现时利润，而是其未来能创造巨大的、传统企业无法比拟的价值。网络不但以更快捷、更低成本的技术手段创造价值，更为重要的是要不断地发掘出创造价值的机会。创造企业财富的核心要素由物质资本转向知识资本。企业财务管理必须转变观念，不能只盯住物质资产和金融资本。此时企业的价值不再仅仅是企业账面资产的总价值，更重要的是企业潜在的、预期的价值。事实上，随着高科技的不断发展，一些公司的市场价值与其财务账面价值已大相径庭。因此，企业在制定财务管理目标时，必须充分考虑预期成长效益

三、财务管理内容的探索与发展

财务管理活动就是在既定财务管理目标的指导下开展的有关企业资金的筹集、使用和分配等方面的管理工作。相应地，财务管理内容主要有：筹资管理、投资管理、资产管理和利润分配。财务管理的目标在网络环境下有了新的发展，那么网络环境对财务管理的内容也将产生巨大影响。

（一）对筹资管理活动的影响和改变

1. 对筹资环境的影响

企业的任何生产经营活动都是在一定环境下开展的，网络的出现无疑改变了企业的内外部环境，主要是企业筹资的金融市场环境，从而也会对企业的筹资活动造成影响。

金融市场是指资金供应者和资金需求者双方通过金融工具，在

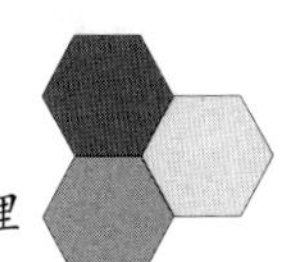

金融交易所进行交易而融通资金的市场。广义上讲，就是实现货币借贷和资金融通、办理各种票据和有价证券交易活动的市场。金融市场的存在是财务管理活动的前提和基础，特别是筹资和投资活动都在极大程度上与金融市场相关。企业开展生产经营活动所需要的资金中绝大部分都是通过金融市场筹集的。在这一背景下，金融市场的发育和完善程度对企业筹资活动的开展有着重要意义。

网络的产生和发展对金融市场的发育和完善已经产生了极大的影响。具体表现如下：①为资金需求方搜寻资金供应信息提供了前所未有的便利。网络为资金的需求方和供应方提供了极为简单、便捷的信息发布和信息搜索功能。②提高了资金需求方的筹资速度。资金的供需双方可以在通过网络搜寻所需信息的基础上，实时交互地进行有关筹资事项的磋商，节省了传统方式下人工收集和查找信息以及大量的耗费在路途上的时间。③为资金的供需双方提供了更广阔的空间。从理论上讲，在网络环境下，由于资金需求方可以通过网络与全球范围的资金供应方建立联系，这个选择范围是传统金融环境所无法提供的。④极大地促进了证券市场的发展。证券市场是股票、债券、投资基金等有价证券发行和交易的场所。网络环境下，有价证券能够进行在线交易，证券的流动性极大地提高了，能够在一定程度上突破有价证券期限性对投资者的约束，有利于证券市场的发展和繁荣。

2. 对筹资方式的影响

筹资方式即企业筹集其所需资金时所采用的具体形式。一般而言主要有：吸收直接投资、发行股票、银行借款、商业信用、发行债券和融资租赁等。

网络环境对企业筹资方式的影响首先表现为证券筹资比重上升。

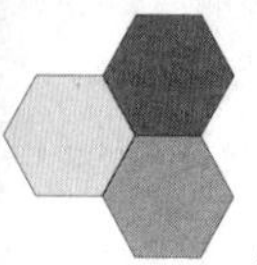

由于金融市场证券化的影响，企业的资金筹集将更多地通过发行各种证券的方式来实现，特别是一些资金需求量较大的企业。其次是融资租赁的筹资方式将可能被越来越多的筹资者接受。融资租赁是现代金融环境下发展起来的一种比较特殊的筹资方式，相比其他筹资方式，它所涉及的关联方较多，多个关联方之间的联系和磋商所增加的成本是企业无法忽视的，是阻碍企业采用这一融资方式的重要因素。而这一问题可以在网络环境下得到很好的解决。由于企业可以通过网络搜索方便快捷地寻找租赁资产的供应信息，进而与融资租赁业务相关各方通过网络实现低成本、高效率的交流和沟通，极大地促进了融资租赁业务的开展，也将提高企业通过融资租赁方式筹资的积极性。

3. 对资金成本的影响

作为一种稀缺资源，资金的筹集和使用必须付出相应的代价。所有为筹集和使用资金所付出的人力、物力和财力都是资金成本的构成部分。资金成本的高低是一个用来衡量企业筹资工作成效的重要指标。企业都期望以较低的资金成本筹集到所需资金。而企业资金成本高低与企业筹资环境是有直接联系的。网络的产生和发展使企业筹资环境产生了变化，这种变化无疑也将影响到企业的资金成本。

（1）为资金需求方搜寻资金供应信息提供了便利

网络的产生和发展为资金需求方搜寻资金供应信息提供了前所未有的便利，从而降低了筹资成本。网络的出现改变了传统的资金供求双方相互寻求的途径和磋商的方式。在网络环境下，资金供求双方可以通过网络以更低的成本、更快的速度搜集到更多的信息，进而通过网络的实时沟通完成磋商的前期工作甚至整个磋商过程。在这一过程中，筹资成本的降低是显而易见的。

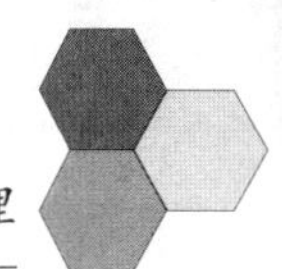

（2）为资金供需双方提供了空间

网络的产生和发展为资金供需双方提供了更广阔的空间，从而对降低企业的资金成本有积极作用。在网络环境下，企业通过网络可以以极低的成本和全球范围内的资金供应方建立联系。在国家金融政策允许的范围内，企业可以选择任何合适的资金供应方，这一选择范围的扩展促使企业在更广阔的范围内寻求资金供应方，企业有了更多的比较和选择，就可能使企业有更多的机会以较低的资金成本筹集资金。

（二）对投资管理活动的影响和改变

1. 对投资环境的影响

所有与企业投资决策相关的内外部因素，共同构成企业的投资环境。企业的投资环境并不是一成不变的，它时时处于动态变化之中。网络在影响和改变企业内外部环境的同时，必然会对企业的投资环境造成影响。

（1）在文化方面的影响

近年来，企业投资行为的一个极为显著的趋势是跨地区及跨国投资的增长极为迅速。企业在实施跨地区、跨国投资时，文化差异是一个非常值得注意的障碍因素。不同的国家和地区之间的文化之间存在着许多差异，甚至在诸如价值观念、文化传统上可能存在着尖锐的冲突。

要解决文化冲突所引发的投资问题，首先必须了解和把握不同国家和地区的文化背景。Internet 的出现使整个世界的空间范围迅速变小，促进各国家、各地区之间的相互联系和相互了解，使整个世界各种文化的交融和相互认同得到进一步加强。通过网络，人们可以非常方便地了解其他国家和地区的文化和风俗，了解他们的行

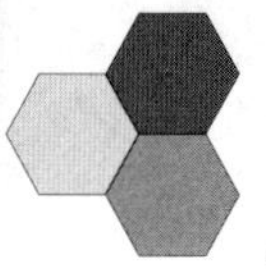

为方式与价值观念。由此可以发现，网络环境对企业跨国、跨地区投资活动有积极的促进意义。

（2）对管理方面的影响

企业的跨地区、跨国投资正在迅速发展。而相对于本地区或较近地区范围的投资活动而言，企业对于投资项目情况的了解和管理更为困难。在网络环境下，先进的通信技术运用于企业管理之中，使远程实时监控成为可能，为缩短监控时滞、提高监控效率提供了技术上的保障，有助于提高企业跨地区、跨国投资的成功率。

（3）对企业投资机会的影响

投资机会的捕捉有赖于企业对自身及外部环境的了解和认识，有赖于企业对商业机会的把握。企业内外部环境的变化之中孕育着商业机会，但在传统环境下，企业要想及时了解瞬息万变的企业内外部环境绝非易事，只有极少数的企业有足够人力、物力与财力建立相应的信息系统搜集和分析大量的信息，从中发现投资机会。但即使如此，效果仍然不尽如人意，关键在于没有先进的工具。在网络环境下，企业不论规模、不论实力，都可以捕捉投资机会，迅速收集到海量信息，这在一定程度上缩小了不同规模的企业在竞争中的优势差距。当然，对投资机会的把握不仅仅是信息的收集，更重要的是对所收集的信息进行分析，去粗取精、去伪存真，这是无法仅通过网络就能实现的。但企业也可以通过网络与一些专业的咨询机构建立合作伙伴关系，借此提高企业捕捉投资机会的能力。

2. 对投资方式的影响

选择适当的投资方式是企业投资活动中的关键问题，任何企业在面对这一问题时都是极为慎重的，必须在进行全面综合的分析研究基础上制订投资组合方案。网络极大地改变了企业的投资环境，

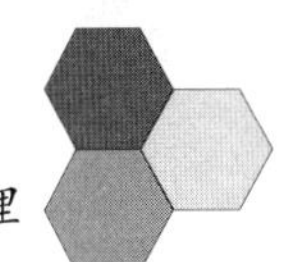

因此也必将对投资方式产生相应的影响。

网络环境极大地促进了证券市场的发展，证券市场交易的便捷性、资产证券化趋势以及各种金融资产和金融投资品的丰富，将促使企业更多地关注金融资产投资。企业金融资产投资比重将逐步扩大，而其中股票投资所占的比重在网络环境下将得到更快的增长。这是因为，企业之间要形成战略联盟及战略伙伴关系，互相持股是一种自然的选择。

3. 对投资决策的影响

（1）对投资决策相关信息的影响

任何科学合理的投资决策都应该是在充分决策相关信息的支持下进行的。网络环境下，企业能以较低的成本、方便快捷地获取充分的决策相关信息，这为提高企业投资决策的质量提供了信息基础。

（2）对投资决策方法的影响

有了充分的投资决策相关信息，还需要运用科学的决策方法。投资决策方法可分为两类：定性决策分析和定量决策分析。采用定性决策方法时，投资决策主要依靠投资者的主观判断和过去的经验；而采用定量决策方法时，投资决策是建立在客观的数学模型和相关分析上的。随着企业投资活动的增长以及投资环境的复杂化，企业投资决策需要考虑的变量越来越多，此外，决策者在传统环境下积累的经验在网络环境下不一定适用，使得定性决策方法的运用受到一定程度的限制。而采用定量决策方法，利用相应的数学模型对所有变量和数据进行相关分析，结果将更加客观和准确。同时，如果考虑到网络环境下取得决策相关信息和信息处理的低成本、高效率的话，定量决策方法的运用将更加广泛。

（3）对投资决策风险的影响

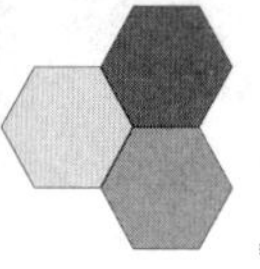

任何面向未来的投资决策都客观存在着风险，只是在不同的环境下，投资项目中所蕴含的风险大小有所不同。企业所面临的环境是瞬息万变的，在网络时代全面来临之后，这一特征将更加明显，影响投资项目的因素不断增加，而且各种相关因素的变化节奏也在加快，因此，项目所蕴含的投资风险与传统环境相比普遍提高，这是企业投资决策相关人员不能忽视的。

（三）对流动资产管理活动的影响和改变

流动资产是企业资产的重要组成部分，企业通过各种筹资渠道筹集到的资金必须在长期资产和流动资产上进行合理配置。对于流动资产管理，必须在保证企业拥有开展正常生产经营活动所需的流动资产的前提下，将企业流动资产占有量压缩到尽可能低的水平。从以下三个方面讨论网络环境对企业流动资产管理活动的影响和改变。

1. 对现金管理的影响

（1）对现金最佳持有量的影响

企业现金最佳持有量是由其持有成本决定的，包括机会成本、管理成本和短缺成本三个方面。由于网络环境下货币电子化的趋势，管理成本的重要性将逐步削弱，企业在确定现金最佳持有量时需要更多地考虑机会成本和短缺成本。在保证本企业生产经营活动正常开展的前提下，通过现金持有总成本的最低水平来确定现金最佳持有量的方式对单个企业而言是合理的，但如果是在企业集团内部，各子公司和部门之间的现金供求信息和资金的调度可以通过网络做到实时传递，可以从根本上实现企业现金的集中管理。因此，从理论上讲，整个企业集团的最佳现金持有量应小于各个企业最佳现金持有量之和。

（2）对现金预算编制期的影响

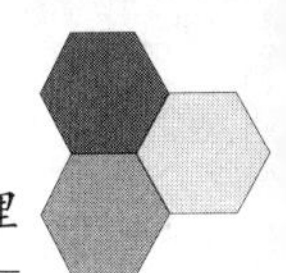

在传统环境下，企业编制现金预算一般以月、季度为现金预算编制间隔期。而在网络环境下，企业可以实时地获取企业的收支信息，因此，现金预算的间隔期可以进一步缩短。

2. 对应收账款管理的影响

应收账款已经成为现代企业扩大产品销售、提高市场占有率的有力工具，但也并不是企业的信用政策越宽松、应收账款越多越好。从根本意义上看，应收账款是企业在与客户结算关系中的一种资金占有，可以说是企业的一种投资。那么，企业应收账款管理的目标就应当是通过对企业信用政策的调整，使企业在实现销售最大化的同时，将信用风险降至最低，使企业尽可能获得满意的投资回报。

网络环境会改变某些决定企业信用政策的相关因素，企业的信用政策将随之产生一定程度上的影响，主要表现为以下几个方面：①对客户资信等级的影响。②对坏账损失的影响。③对收账费用的影响。

3. 对存货管理的影响

存货是企业的一项特殊资产。加强存货管理是企业减少资金周转压力、提高资金利用效率的有效途径。而“零存货”正是一种先进的存货管理思想，“零存货”是指企业在采购、生产、经营各个环节下使企业原材料、在制品和产成品的库存量趋近于零，以避免存货占用资金的机会成本，并防范存货过时、跌价、毁损等风险。“零存货”管理的成功实施，绝对离不开网络环境的支持。

4. 财务管理组织结构的探索与发展

企业组织结构一直是企业的主体架构，这种层层分工、金字塔式的管理模式在传统的经济环境下，可以有效地达到分工与协作，进行标准化的大量生产，从而实现规模经济效益。相应地，企业财务管理组织结构也是按照财务管理的不同职能设置岗位的，各岗位

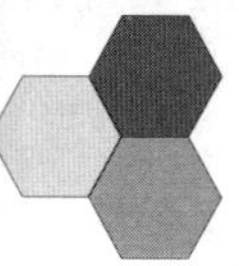

财务管理人员根据各自分工完成自己的岗位职能。而随着企业经营环境的变化，竞争日益激烈，企业要获得竞争优势，必须从资源分配、管理层次的设置、决策程序和部门间关系等多方面对原有组织进行改造，使其由传统的金字塔型转向扁平化、网络化的组织结构。扁平化即中间管理层次和人员的减少。企业管理信息系统的发展使高层管理人员的管理幅度加宽，因此可以减少中间管理层次和人员。网络化指企业组织结构单元和单元之间彼此有紧密纵横联系的网络组织。

对于财务管理部门而言，为了适应企业组织结构扁平化、网络化的趋势，必须做出相应的变化。在网络环境下，由于企业各部门的信息子系统之间既相对独立，又能协同处理财务事项，实现财务信息的充分共享，这为企业的财务管理活动能够深入到产品设计、研发、采购、生产、销售等各项活动中，形成财务业务的一体化提供了技术上的支持。但如果要求财务管理组织打破企业原有的科层组织中的职能与部门界限，消除信息孤岛，减少重复、无效劳动，使财务管理活动重新构建在跨越职能部门与分工界限的、以顾客需求为导向的基础上，还必须对企业财务管理进行流程再造。

第三节 网络财务管理的应用

一、网络财务管理业务流程再造

（一）业务流程再造理论

信息网络时代要求将工业时代典型越来越细化的分工不断地综合和集成，因此，企业组织管理架构也会朝着一个与工业社会相反的方向发展。如果企业职能机构的设置、各部门、岗位的人员配置

与职责分工无法适应高度信息化要求，就不可能赢得网络时代的竞争优势。在这种形势下，一些国家提出了业务流程再造，并将它引入企业管理领域。企业必须重组业务，用信息技术的力量彻底地重新设计业务流程，使组织在成本、质量、服务和速度等关键指标上取得显著的提高。

业务流程再造是指基于信息技术的、为更好地满足顾客需要服务的、系统化的、企业组织的工作流程的改进哲学及相关活动，它突破了传统劳动分工理论的思想体系，强调“流程导向”替代原有的“职能导向”的企业组织形式，为企业经营管理提供了全新的思路。对于业务流程再造的定义，概括起来讲，业务流程再造的基本内涵是：以作业为中心，摆脱传统组织分工理论的束缚，提倡顾客导向、组织变通、员工授权及正确地运用信息技术，达到适应快速变动环境的目的。其核心是“过程”观点和“再造”观点。“过程”观点，即集成从订单到交货或提供服务的一连串作业活动，使其建立在“超职能”基础上，跨越不同职能部门的分界线，以求管理作业过程重建。“再造”观点，即打破旧的管理规范，再造新的管理程序，以回归原点和从头开始，从而获取管理理论和管理方式的重大突破。业务流程再造是对企业的现有流程进行调研分析、诊断、再设计，然后重新构建新流程的过程。它主要包括以下几个环节：①业务流程分析与诊断。它是对企业现有的业务流程进行描述，分析其中存在的问题，进而给予诊断。②业务流程的再设计。针对前面分析诊断的结果，重新设计现有流程，使其趋于合理化。③业务流程重组的实施。这一阶段是将重新设计的流程真正落实到企业的经营管理中去。

（二）财务管理过程中的主要业务流程

对企业财务流程进行重组，首先要对财务流程的各个组成部分

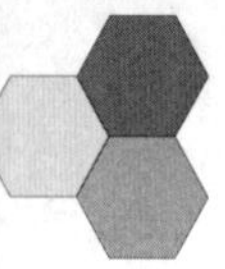

进行分析，并弄清楚它们之间的关系。通过对企业实际财务流程进行有效地抽象，可以将其分为三类主要流程：业务流程、财务会计流程和财务管理流程。

1. 业务流程

企业是通过一系列的业务流程提供满足客户需要的商品和服务来创造价值的，不论企业提供何种商品或服务，都至少有以下三种类型的业务流程：

（1）获取 / 支付流程

获取 / 支付流程的活动包括获取、支付和维持组织所需要的资源，如存货（原材料、物料、商品等）、人力资源、固定资产（厂房、设备等）、无形资产（新思想、技术、商誉等）和其他服务（法律、咨询、财务等）。这些资源也就是企业向客户提供商品和服务所需的输入资源。

（2）转换流程

转换流程的目标是将获得的资源通过转换变成客户需要的商品和服务。转换流程的形式多样，依赖于所提供商品和服务的类型，使用的技术和资源，管理者、政府、社会、客户的限制。例如，典型的转换流程包括把原材料转换成产品的生产制造流程、把采购的货物转换成企业存货的仓储流程、把资金转换成固定资产的投资流程等。

（3）销售 / 收款流程

销售 / 收款流程包括交付商品、提供服务和收取款项的活动，其目的是通过销售 / 收款流程，将商品和服务作为输出提供给客户，并尽可能及早收回款项，保证资金回笼。

2. 财务会计流程

财务会计流程是指财务会计部门为实现财务会计目标而进行的一系列活动。会计是通过对各单位（会计主体）的经济业务，运用货币形式的信息计量，借助于专门的方法和程序进行核算、控制、产生一系列财务信息和其他经济信息，为企业内部和外部的信息使用者提供服务来创造价值。而服务又是通过财务会计流程来完成的。

（1）数据采集流程

数据采集流程主要是从经济业务流程中采集数据，这些数据包括获取（支付）流程的数据、转换流程的数据、销售 / 收款流程的数据。财务会计流程从业务流程采集的数据，载体主要为原始凭证（销售发票、付款凭证、入库单等），这些原始凭证作为财务会计流程的输入信息和数据。

（2）数据加工与存储流程

数据加工与存储流程是将数据采集流程采集的原始凭证进行加工，编制记账凭证，审核记账凭证，然后对其进行分类、计算、传递，并将结果保存在各类账簿中。

（3）信息报告流程

信息报告流程是以记账凭证、账簿为依据，编制内、外部报表提交给投资人、债权人、管理者、政府部门等。

财务会计流程中各项活动都体现为信息的某种作用，并构成一个有序的数据处理和信息生成的过程，各子流程在财务会计流程目标下相互联系，相互配合，形成一个财务会计活动的有机整体会计信息系统。

3. 财务管理流程

财务管理流程以会计信息系统产生的信息为依据，对业务流程

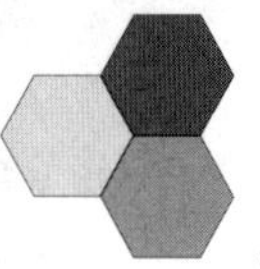

进行财务计划、财务控制、财务评价等一系列活动。财务管理流程主要包括以下内容：

（1）财务预测流程

财务预测是根据财务活动的历史资料，考虑现实的条件和要求，对企业未来的财务活动和财务成果做科学的预计和测算。如预测各项生产经营方案的经济效益，为决策提供可靠依据；预计财务收支的发展变化，以确定经营目标等。

（2）财务决策流程

财务决策是指财务人员在财务目标的总体要求下，通过科学的方法从各种备选方案中筛选出最优方案。

（3）财务预算流程

财务预算是企业全面预算的一个重要组成部分，是企业在计划期间内预计现金收支、经营成果和财务状况的预算，是企业财务工作的一个重要环节。一方面，它是财务预测和决策结果的具体表现；另一方面，它又是财务控制和财务分析评价的重要依据。

（4）财务控制流程

财务控制是在财务管理工程中，利用有关信息和特定手段，对企业财务活动施加影响或调节，以便实现财务目标。企业财务控制的方式有两种：①制度控制。它是以公司章程、财务制度为依据，从合法性、合理性的角度对企业的财务行为进行控制。②预算控制。它是以财务计划或预算的分解指标为标准，对企业财务计划指标及其实施情况进行控制。

（5）财务分析评价流程

财务分析评价主要是对企业内部各责任单位的财务指标、财务制度的履行情况和全企业财务状况进行总结与考核，借以肯定成绩，

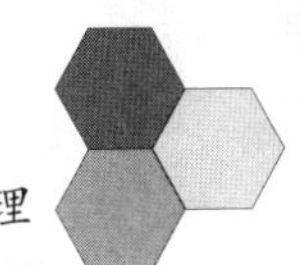

发现问题，为下一循环过程的财务预测、决策和计划的制订提供依据。

（三）财务管理业务流程再造的设想

在传统环境下，由于企业的业务流程、财务会计流程、财务管理流程之间不能紧密合作，使得财务组织处于一种不协调和低效的状态。网络和信息技术的发展打破了国界、距离和时间的限制，改变了企业经营规模和生存方式，使得经营、管理和服务变得及时而迅速，客观地需要进行业务流程的再造。

1. 业务流程与财务会计流程的整合

传统的财务会计流程，其入口是会计凭证，当一项经济业务发生时，业务部要处理单据，财务人员要根据业务单据编制记账凭证，并将其录入到系统中。这种事后算账的方式，不能充分发挥信息系统的优势，无法支持事前财务计划、事中财务控制、事后财务分析。这就需要打破传统财务会计流程，建立财务业务一体化信息处理流程。

财务业务一体化的基本思想是在 IT 环境下，将财务会计流程与经济业务流程有机融合。当一项经济业务发生时，由相关部门人员录入业务信息，该信息将自动存储在数据仓库中，企业在执行业务事件的同时，实时触发多个事件驱动程序，将业务事件信息输入管理信息系统中，通过执行业务规则和信息处理规则，实时生成集成信息，使物流、资金流、信息流同步生成。如仓库的管理人员处理出库业务，发货时，将发货单、商品的基本信息和确认发货的信息送入管理信息系统，系统根据业务规则和信息处理规则，自动生成库存账和机制凭证，并登记总账。

这样财会部门就延伸到企业的各个业务部门，财会人员的视野就不会仅仅局限在会计问题上，而是延伸到业务问题，可以利用实

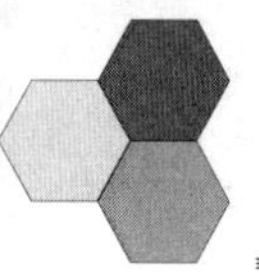

时信息控制经济业务，如采购、销售业务，真正将会计的控制职能发挥出来。

当业务事件发生时，业务事件处理器按业务和信息处理规则，将企业所有与业务相关的数据集中为一个逻辑数据仓库，数据仓库一方面能最大限度地存储财务系统和非财务系统的数据，企业范围的各类“授权”人员都可以通过报告工具自动输出所需的信息，这一集成的数据仓库足以支持所有信息使用者的要求；另一方面，查询报表类工具、联机分析处理工具和数据挖掘工具能充分地分析和处理数据，进而转化为决策支持信息。由于数据仓库的引入，能做到所有数据出自一处，信息集中，避免了数据的不完整和重复情况的发生。企业各部门业务人员都可以通过报告工具自动输出所需的结果，如财会人员驱动报告工具，按照财务管理需要自动生成不同类型的财务报告，以满足财务管理中各种不同决策所需要的信息。这样的流程基于业务事件而不是基于会计核算所需信息，可以根据财务管理的需要提供更完整、更有价值的信息，并将所有数据集成于一个数据库，实现实时获取信息、实时处理信息、实时报告信息，支持决策。

2. 业务流程与财务管理流程的整合

在传统环境下，财务管理部门与业务部门是相互独立的，企业的产、供、销各个环节都是和财务隔离的，各种作业信息都是先在自己部门内流转，对财务不透明，最后“批处理”地反映到财务的账目上，财务仅仅起到记账和事后核算的作用。特别是对于大型企业集团来说，组织结构和业务种类比较复杂，物流、资金流和信息流十分庞大。“信息孤岛”的存在，使各部门的信息不能有效集成，从而使财务部门不能实现快速、准确、全面和动态的财务预算、控制和决策，财务管理不能发挥作用。此外，必须将信息处理流程嵌入到财务管

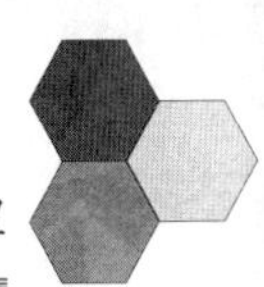

理流程中去，进行业务流程和管理流程的整合。

对业务流程与财务管理流程进行整合的基本思想就是企业在开展业务活动的同时，将业务事件的相关信息输入到财务管理信息系统中，通过财务业务一体化信息处理流程，执行业务规则和信息处理规则，通过数据仓库的处理，生成集成信息，再通过报告工具将信息传递到财务管理流程的入口，使财务管理流程能在此信息的基础上顺利开展。财务管理流程中的预测、决策、预算、控制以及分析评价等各个环节都无法离开信息的支持，而且它们所需要的信息从内容上看是完全不同的。如财务预测是基于历史数据的，财务决策是基于备选方案相关信息等。因此，只有通过网络打通业务部门与财务部门间的信息渠道，财务部门通过网络财务管理系统从各个业务部门广泛、实时地收集信息，财务管理各环节对所需的信息进行处理、分析，才能提高财务管理流程的效率和质量。而与此同时，各个业务部门也能够随时获取财务部门的信息，从而更好地开展业务活动，真正地实现事前预测、事中控制和事后反馈，企业成为一个有机整体。

3. 使财务人员真正成为管理者

在传统环境下，财务人员的工作大多集中在财务会计流程，可以说他只是信息的处理者，做的是会计人员的工作。而在信息技术的帮助下，会计人员已逐渐能够轻松、准确、快速地进行日常核算和账务处理工作。那么，财务人员就应该改变其角色，发挥其管理的职能。

企业需要通过进行业务流程再造，将业务流程、财务会计流程和财务管理流程有效地整合。对于财务部门和财务人员而言，他们需要与企业的管理层紧密合作，共同致力于公司的价值和创造过程。财务人员是经济管理的组成部分，凡是有经济活动的地方，都需要

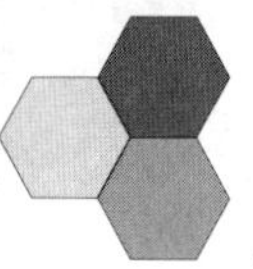

财务人员进行管理。随着我国经济体制的不断深化，企业迫切需要让财务人员的智能作用得到充分发挥，使财务人员真正成为管理者以适应我国经济环境的变化。

二、网络财务管理的应用

网络财务作为互联网时代企业管理的新模式，是传统财务管理在新的网络环境下的发展和完善，它具有传统财务管理无法比拟的优越性。而网络财务管理的这些优越性归根结底是要靠网络财务管理信息系统来实现的，其中，对网络财务软件的开发研究是关键，即灵活运用先进的信息技术，充分扩展和深化财务管理系统的功能，使之发挥效用。

（一）网络财务管理系统及其构成

网络财务管理系统是财务管理和网络技术的结合，是以网络技术为基础，全面实现各项财务管理功能的计算机系统。具体说就是通过先进的网络技术和通信技术，对外安全、高效、便捷地实现电子货币支付、电子转账结算和与之相关的财务业务电子化，实现资源共享和信息及时互动；对内有效地实施网络财务监控和管理。

网络财务管理系统是一个人机结合的系统，它不但需要计算机硬件、软件、网络通信设备的支持，还需要人在一定的规程下充分地利用它们进行各项操作。所以，网络财务管理系统的主要构成要素包括硬件、软件、人员、数据和规程。

1. 系统的硬件

（1）计算机硬件

由于信息处理的需要，小型机和大型机是构成网络财务管理系统的重要物质基础。计算机硬件有：①数据采集输入设备，指能够将

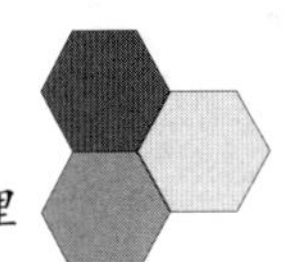

数据输入计算机中的设备，如键盘、鼠标、扫描仪等。②数据处理设备，指按一定要求对数据进行计算、分类、汇总、检索等处理的设备，即计算机主机。③数据存储设备，指用于保存数据的设备，如磁盘、光盘等。④数据输出设备，指从存储设备中取出数据并按要求以一定方式和格式输出的设备，如显示器、打印机等。

（2）网络通信设备

网络通信设备是将数台计算机联结成一个网络所需的硬件设备，主要组成有：①通信控制处理机。它负责数据的转接及提供用户入网接口。在局域网中，集线器是常用的通信控制处理机，而在广域网中使用较多的则是路由器。②通信线路。它为通信控制处理机之间、通信控制处理机与主计算机之间提供通信信道，如双绞线、同轴电缆和光纤等。③其他通信设备，如网络适配器和调制解调器等。

2. 系统的软件

网络财务管理系统的正常运作除了需要有硬件作为物质基础，还需要有一套与硬件设备相配套的软件作为支持，因为软件是系统的核心，分系统软件和应用软件两类。

（1）系统软件

系统软件指用于管理、监控和维护计算机资源的软件，主要有：①操作系统软件是用来管理和控制计算机资源的。②通信软件。它是计算机操作系统的延伸，使计算机系统能控制不同的通信设备。③数据库管理软件，用来建立、使用和维护数据库，并可以按照用户需求生成各种报表。

（2）应用软件

应用软件指为解决用户实际需要而设计的软件。具体到网络财务管理系统，我们主要讨论两类应用软件：①通用网络财务软件，

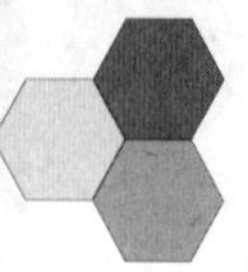

指可以适用于不同行业或组织的应用软件，一般是商品化的，可以在市场上购买到。②专用网络财务软件，指针对专门需求而设计的应用软件，一般由行业内的企业组织开发。

3. 人员、数据和规程

（1）人员

网络财务管理系统是一个人机系统，系统的规划、实现、维护和运行都需要人员的参与，而且还应有合理的分工。网络财务管理系统的人员大致可以分为两类：①系统开发人员，如系统分析员、系统设计员、系统编程和测试人员。②系统使用人员，如系统管理员、系统操作人员、系统维护人员等。

（2）数据

数据是信息的基础，网络财务管理系统对所输入的各种业务数据进行加工处理，再按照一定的结构存放在计算机存储设备中，形成财务信息，供信息需求者查询和使用。网络财务管理系统所处理的数据主要来源于企业的各项业务活动，如企业间的购销业务、企业内的发放工资等，这些业务活动能产生相应的数据，反映企业财务状况所发生的变化。

（3）规程

没有规矩不成方圆，网络财务管理系统持续有效的运行还需要各种相关法令、条例和规章制度，也就是规程的约束。

（二）网络财务管理软件

各个重要要素构成网络财务管理系统，但是核心是网络财务管理软件。企业要想通过网络财务管理系统的实施成功实现网络财务管理的功能，必须在充分了解网络财务管理软件的基础上，根据自身情况和需要慎重选择。

1. 网络财务管理软件的功能特性

（1）集中式的财务管理

通过传统财务管理软件，集团企业和大中型企业是很难实现集中式管理的，而网络财务管理软件可以通过两种应用模式实现：①集中式方案。这种方式适合于分公司财务比较简单的企业，将网络财务软件安装在企业总部的服务器上，企业各分支机构将数据集中到总服务器上，再由总部统一进行数据管理，各分支机构则通过网络操作网络财务管理软件进行财务作业。②分布式方案。这种方式适合于分公司财务比较复杂的企业，将网络财务软件安装在企业各分支机构的服务器上，各分支机构可以在各自的服务器上独立处理业务，每隔一段时间根据企业总部的管理需要对数据进行整合，通过网络传到总部服务器上。以上两种应用模式，都能突破空间和时间的限制，将分散在各个部门的信息高效快速地收集起来，实现信息的实时的、动态的高度集中，供相关部门使用。对集中的信息进行处理后，将形成的财务信息反馈到相关的职能部门，使各部门各尽其责，从而通过控制信息流来调控资金流和物流，实现对各分支机构的实时监控和集中管理。

（2）财务与业务协同

财务与业务协同是网络财务管理的核心思想，也是网络财务管理软件的核心功能，它使业务数据的变动可以通过网络传递立刻反映为财务信息。财务与业务的协同包含三个层次：①企业内部的协同。运用网络财务软件，业务数据的发生与财务记录可以是同步的，如当购销业务发生时，数据能自动传递到相关系统，财务部门和各相关部门等都能迅速获取所需信息，自动生成库存台账。②企业与供应链的协同，也就是供应商、运输商、仓库、客户和企业之间的

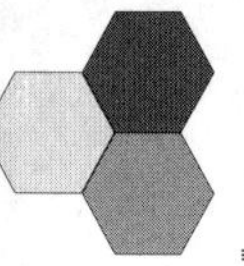

协同。供应链上的每一结点在发生供产销、控制、预测等业务活动过程中每时每刻都会产生各种信息，企业必须及时将其中的财务信息输入到财务管理系统中进行处理并将产生的结果反馈给业务系统，保证财务业务的协同处理并集成各种管理信息。只有供应链的物流、信息流和资金流同步生成、瞬间传递和充分共享，整个供应链才能更加紧密和默契。③企业与社会各部门的协同，也就是企业、银行、证券公司、海关等之间的协同。企业与银行之间实现网上支付和网上结算，可以随时掌握企业与银行间的资金信息；企业与证券公司之间实现在线证券投资等活动；企业与海关之间实现网上报关、报税等。

2. 网络财务管理软件的应用模式及选择

网络财务管理软件所具有的传统财务软件无法比拟的功能，促使它成为更多企业财务管理信息化的首要选择。但由于企业的规模、实力以及自身的需求各不相同，企业必须选择适合的财务管理软件才能实现网络财务管理的应用。网络财务管理软件的取得主要有以下三种方式：

（1）企业自行构建

这种模式是指企业在搭建网络财务软件运行所需的硬件和网络平台的基础上，通过购买或开发并在企业内部安装网络财务软件，以实现网络财务实际应用。它主要适用于大型企业或企业集团，这类企业规模大、经营范围跨地区甚至跨国，因而财务工作十分繁杂，信息不能及时传递成为提高工作效率的最大障碍。网络财务管理软件提供的业务协同、远程处理及管理分析功能可以极大地降低信息传输成本，满足企业的财务管理需要。虽然企业采用这种模式需要花费大量资金用于购建硬件、软件及网络环境，相关的成本很高，但相对于网络财务软件所能给企业带来的效益而言，企业所付出的

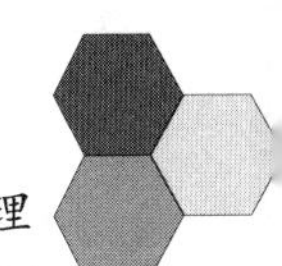

代价是值得的，也是可以承受的。

（2）ASP 模式

ASP 即应用服务提供商（application service provider），是指在双方共同签署的外包协议或合同基础上（协议内容包含价格、服务水平、商业机密问题等），企业将其部分或全部与业务流程相关的应用委托给服务商，服务商将保证这些业务流程的平滑运作，即不仅要负责应用系统的建立、维护与升级，还要对应用系统进行管理，所有这些服务的交付则是基于网络的，企业通过网络远程获取这些服务。具体而言，ASP 集中专业人才，运用专业技术，构建应用系统平台，然后租给企业使用，企业通过租用 ASP 的运行平台和应用软件建立自己的信息系统。运行平台的日常维护和升级由 ASP 服务商负责，并根据企业所需提供各种应用增值服务。因此，采用这种模式的企业不用自行购建网络财务系统，只需按租用空间和交易量的大小支付费用即可。

同企业自行构建模式相比，ASP 模式的优点在于为企业节省了构建网络财务系统以及系统后续维护与升级的大笔投资。然而，这种模式下所有数据都保存在 ASP 的服务器上，在保证数据的安全性方面存在较高风险，可能会造成企业商业机密泄漏，使企业蒙受损失。当然，对于不同规模的企业来说，这种损失的大小是不同的。相对于大型企业，中小型企业由于其规模较小，竞争地位不强，其商业秘密价值不高，因信息泄露造成的损失不会很大。同时，随着网络安全技术以及数据库安全技术的发展，这种损失会大大减小。所以，对于中小企业而言，ASP 模式是可行的。

（3）外部代理

这种模式是指企业通过与建立了网络财务系统的会计中介机构

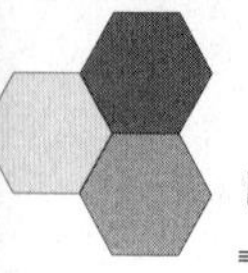

签约，指定由其应用网络财务系统代企业执行财务信息生产职能，企业向其支付相应费用。除了具备ASP模式的优点外，由于财务信息的生产由独立的第三方（会计中介机构）控制，作为内部代理人的企业经营者就失去了操纵利润的机会，这将使得财务信息更加客观、准确。而且可以促使代理人努力工作，降低代理成本。但是与ASP模式一样，外部代理最大的弊病也在于财务秘密的泄露。在极度重视商业秘密的时代，这种模式不适用于大型企业，而中小企业如果采用这种模式，就必须采取有力措施，如在契约中规定会计中介机构保守企业财务秘密的义务。

3.网络财务管理软件的发展和应用现状

二十世纪七十年代，我国开始将计算机技术运用于财务会计领域，出现了最初的财务软件。其功能模块比较简单，主要是运用计算机帮助财务人员从繁重的手工计算和数据抄写工作中解脱出来。随着Windows操作系统的不断成熟，国外领先软件厂商纷纷向Windows系统进行平台迁移，国内厂商也相继推出基于Windows平台的财务软件。与此同时，PC的单机操作也逐步过渡到多客户终端操作直至基于Windows NT的局域网操作，财务软件也因开始涉及企业的管理内容而被称为管理型财务软件。近年来，随着市场竞争的日趋激烈，企业规模不断扩大，财务软件向大型数据库方向发展。互联网技术的发展使集团企业的财务管理模式由分布式管理转向集中式管理成为可能。

总结我国财务软件几十年来的发展历程，大致经历了从单项处理向核算型、核算型向管理型、管理型向财务业务一体化集中管理软件发展的几个阶段。在这个过程中，财务软件技术平台从DOS到WINDOWS再到WEBBASE，技术架构从F/S到C/S再到B/S，财务软件

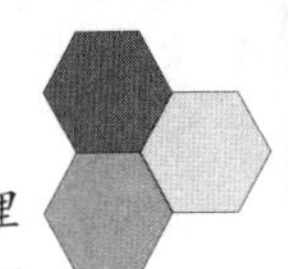

从桌面应用走向网络应用。

三、网络财务管理系统的安全问题

网络财务管理系统是建立在网络平台上的，而网络的全球性、开放性、共享性，使得任何人都可以自由地接入 Intcrnct 获取信息或从事商务活动，极大地改变了企业以往封闭状态下的运行环境，加大了财务的风险性。因此，如果没有安全的网络基础设施和网络安全技术，构建的网络财务管理系统就是空中楼阁。我们必须了解网络财务管理系统存在的风险，并建立有效的风险防范机制，消除网络环境所带来的安全风险问题。

（一）信息资源的风险

信息技术高度发展的今天，信息在企业的经营管理中地位变得尤为重要，是企业的重要生产要素和资本，在一定程度上可以决定企业在激烈市场竞争中的成败。网络环境下，财务信息的传递借助网络完成，磁介质代替了传统的纸介质，财务数据流动中的签字盖章等传统确认手段不复存在，从而使信息资源的安全性受到质疑，具体表现在以下几个方面：

1. 财务信息在传递过程中是否被篡改或泄露

由于侦听、口令试探和窃取、身份假冒等都会在技术上引起信息的安全问题，信息接受方有理由怀疑收到的信息，在传递过程中是否已被黑客或竞争对手非法截取和恶意篡改；而数据发送方也会有类似的担心，即发送的信息能否安全传递并被接受方正确识别和下载。

2. 本地财务信息是否被破坏

随着网络财务管理系统的应用，企业的信息将更多地保存在计

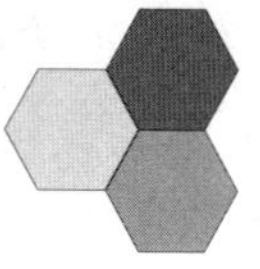

算机及其存储设备上，一方面，操作人员的不当操作或故意破坏，计算机病毒的发作都可能造成计算机硬件系统故障，进而可能造成系统的崩溃和数据的全部丢失；另一方面，在企业内部，如果信息系统使用权限划分不当，内部控制不严，也容易造成信息被篡改和窃取。

（二）资金运动的风险

资金运动的风险主要在于网络环境下利用非法手段转移和侵吞企业资产，如未经许可非法侵入他人的计算机系统，转移电子资金或盗窃银行存款等，比在传统环境下更加容易和不易察觉。

（三）风险的防范

1. 通过技术手段防范风险

（1）设立防火墙

防火墙是指一个由软件系统和硬件系统组合而成的，建立在内部网和外部网络接口处的访问控制系统。它如同一道电子屏障，所有通信均须经过此保护层，在此进行检查和连接。只有被授权的通信才能通过此保护层，从而使企业内部网和外部网在一定意义下隔离，根据本企业的安全策略，防止非法入侵、非法使用系统资源，执行安全管制措施，记录所有可疑的事件。防火墙能对跨越网络边界的信息进行监测、控制，但是对网络内部人员的攻击不具备防范能力，因此，为保证网络系统的绝对安全，还必须与其他安全措施综合运用。

（2）加密与密钥技术

加密就是把明文数据和信息转换为不可辨识的密文的过程，使不应该了解该数据和信息的人不能够识别，其相反的过程就是解密。密钥的概念类似于计算机中的口令，只要输入的口令正确，系统将允许用户进一步使用，否则就会被拒之门外。目前，加密技术主要分为两类：①对称加密（专用密钥）。就是关联双方共享一把专用密钥，

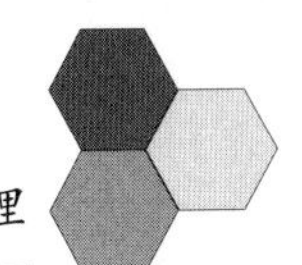

在信息传输过程中，进行信息的加密和解密。②非对称加密（公开密钥）。将密钥一分为二，即一把公开密钥和一把专用密钥。其最大特点就是用两把密钥将加密和解密分开。每个用户都拥有两把密钥，当用户使用其专有密钥加密，而使用其公开密钥解密时，可实现一个被加密的信息可被多个用户解读；当用户使用其公开密钥加密，而由其专用密钥解密时，则可实现传输的信息只被一个用户解读。

2. 建立管理制度防范风险

（1）建立岗位责任制

岗位责任制指实行用户权限分级授权管理，明确用户的岗位职责和权限。结合密码管理措施，使各个用户进入系统时必须输入自己的账号和口令，进入系统之后也只能使用其权责范围内的功能。同时，在划分岗位权责时，必须将不相容的职务分离，如数据输入人员不得具有审核的权限等。建立岗位责任制是防范风险的关键，绝不能留下漏洞使人有机可乘。

（2）建立档案管理制度

系统投入使用之后，原系统的所有程序文件、软硬件技术资料应作为档案进行保管，由专人负责，严格限制无权用户和有权用户的规定外接触。档案的调用也必须经过批准，并做好详细的登记备查。同时，系统产生的所有数据和文件都必须定期备份，并统一制定备份数据的存放地点、保留时间、损坏文件重建等措施。除此之外，对于企业的机密信息和重要文件都应当加密或妥善保管和备份。

（3）建立系统防护制度

操作人员必须严格地按照操作规程使用财务管理系统，各自使用和管理职责范围内的硬件设备，不得越权使用。通过系统的功能对所有操作活动予以记录，并由系统管理人员进行监察和检验，及

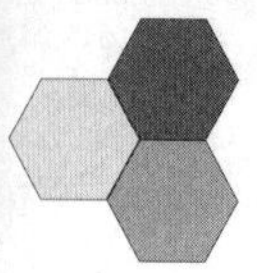

时发现违规操作。此外，操作人员应自觉按照规定运用防火墙、防病毒软件等保护系统的正常运行。

第三章 网络经济与人力资源管理

第一节 网络经济下人力资源管理模式的优化

随着网络经济时代的来临，企业正处在一个变革的时期。为了能够迎接网络经济环境中越来越多的挑战和直面企业发展的不确定性，实现企业组织和管理结构的多元化和灵活性，是增加企业在新的经济时期的发展活力的保障。因此，根据企业自身的发展特点和网络经济环境下的经济发展趋势，实现企业人力资源管理的程序化、自动化、信息化，在减轻企业管理负担的基础上增加企业的管理效率，是企业实现在新经济环境下发展的必然选择。

一、新经济时代与网络经济

随着社会经济的不断发展，新经济的概念随着社会生产力的不断发展而发生着改变。进二十一世纪以来，随着科技和网络信息技术的发展，"新经济"一词被赋予了新的定义。当前，随着网络经济时代的来临，技术革命向产业革命深化的过程推动了新经济的发展与变革，可以说，当前的新经济时代意味着知识经济的时代。在这个时代中，信息技术的发展催生了互联网经济、云计算技术及电子商务技术为标志的新业态的兴起与发展。网络经济就是当前新经济时代的典型代表之一。随着市场经济持续发展，推动我国社会经

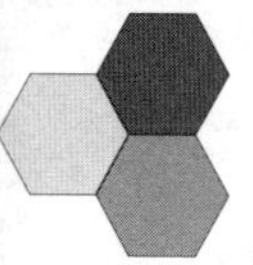

济的主要动力已经由政府主导的增长机制开始向以市场为主导的增长机制逐渐转变。

网络经济和电子商务经济的发展改变了传统经济的基本模式和组织结构，为企业的发展创造了更加广阔的空间。同时，网络经济环境之下知识及核心技术向生产力的转化过程也在逐步加快，为企业的生产与发展带来了更大的效益。在网络经济时代，企业要适应新的经济发展模式，就应充分认识到网络技术给经济发展带来的巨大变革，并借助于科技发展的力量，将经济信息化的优势转化为企业自身发展的动力。在社会和企业管理信息化并逐步走上高速电子商务发展道路的今天，机械式的传统人力资源管理办法已经难以满足当前企业人力资源管理模式的需要。

二、网络经济下企业人力资源管理模式的优化

（一）网络经济对人力资源管理模式的影响

随着网络科技和电子商务的兴起和不断发展，企业的生产经营活动开始慢慢地同互联网、电商等新兴网络平台的交易模式紧密相连。为了实现企业管理机制的核心理念同当前互联网经济的融合，在网络平台实现以自动化为核心理念的新型人力资源管理办法，将招聘、培训、绩效、工资管理等相关人力资源管理业务都通过网络平台和信息技术方法来实现人力资源数据、流程、决策等多个层面的程序化、自动化与信息化。信息化人力资源管理项目的建设是网络经济环境下企业实现理念与发展创新的一个契机，也是企业管理工作适应多元化经济环境的突破。

（二）网络经济时代人力资源管理模式的优化

1. 人力资源管理理念的更新

信息化人力资源管理系统是在现代网络通信技术发展的前提下，

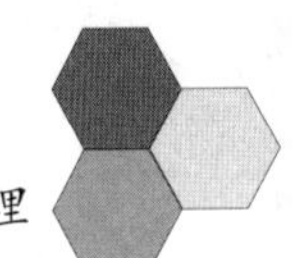

通过数据库、软件系统的开发和建设，在网络平台上实现对企业员工信息的收集、整理、分析、管理和储存等相关管理工作。信息化人力资源管理系统还可以针对企业员工信息资料相关数据的分析，根据企业当前的发展战略方向，为企业的人力资源管理工作提供必要的决策意见和数据支援。在人力资源信息化的管理理念下，企业通过利用当前网络通信技术和电子科技的优势展开对企业员工统一、高效、规范的管理办法，通过系统化、规模化和自动化的人力资源管理办法，可以实现企业同当前经济形势的接轨，是企业管理理念创新中的重要组成部分。

2. 人力资源管理方法的优化

企业信息化人力资源管理项目的建设可以在企业人事档案信息化的基础上，通过对企业员工信息的网络化平台上的整理、建档与规划，根据企业的相关人事管理的工作规定，实现企业员工招聘、晋升、薪酬、绩效、奖惩以及培训管理的网络化和信息化。对于数据的整合分析，如员工的年龄、学历、招聘与辞退及绩效考核状况等，可通过信息化的人力资源管理平台出具相应的分析报告，根据这些数据和分析报告，企业的人力资源管理部门可以为企业管理者在进行相关决策时提供更有价值和可靠性的依据，方便企业的管理者根据目前发展的战略目标有针对性地进行人力资源的规划与管理工作。

三、信息化人力资源管理项目建设

（一）信息化人力资源管理理念的渗透

随着网络经济和电子商务平台的发展，信息化逐步成为现代企业人力资源管理的必然发展趋势。目前在企业中，人力资源信息化项目的最大的阻碍在于管理理念上。尤其是企业的高层人员，对于人

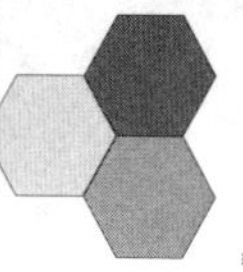

力资源管理信息化的理解还存在各种各样的误区，在管理上只关注能够直接创造效益的项目和工作，将人力资源视为可有可无的部分，甚至是企业的负担。这种目光短浅的人力资源理念给人力资源信息化项目带来了巨大的阻碍。如果企业的信息化人力资源管理系统只是在企业传统管理办法上购买和引入的一套人力资源系统，是无法实现对企业的人事管理流程的再造和重塑作用的，反而会给企业的人力资源管理工作增加科技、人力和物力的负担。

（二）成立信息化人力资源管理项目团队

由于信息化人力资源管理，即信息化人力资源管理项目属于网络平台上的新型管理技术，实现信息化人力资源管理系统在企业人力资源管理中的应用需要有配套的复合型人才对系统进行必要的管理与维护。专业的信息化人力资源管理可以将企业人力资源管理者关心的人员、薪酬实现信息化的基础应用，实现人力资源决策的信息化辅助管理。企业在信息化人力资源管理项目建设的过程中，要针对该系统在企业中的建设和运营状况，组建专业的信息化人力资源管理项目开发和管理团队，从技术和人力资源管理的双重角度出发，进行项目工作的开展和完善。企业中信息化人力资源管理项目团队中要包括企业的高层决策人员、企业人力资源管理人员、信息技术人员以及信息化人力资源管理系统供应商的派驻人员。通过协调信息化人力资源管理项目团队中的各项关系，保证团队中每一个成员都能全心全意投入到项目的开发与管理工作中去，确保企业信息化人力资源管理项目的顺利实施。

（三）人力资源管理制度的梳理和优化

企业要完成由传统的人事管理工作到企业信息化人力资源管理工作的转型，就要实现企业在人力资源管理上的制度和工作流程的

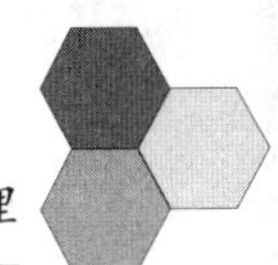

再造。首先，企业的管理制度是企业一切工作开展的依据，由于信息化人力资源管理系统同企业传统的人事管理活动有着很大的不同，因此企业高层决策和管理者需要根据企业人力资源的管理需求制定并完善同企业信息化人力资源管理项目相匹配的企业人力资源管理制度，从而从制度的根本上保障企业信息化人力资源管理项目的顺利实施。其次，在信息化人力资源管理系统管理办法的基础上，企业需要组织专家组对企业的人力资源管理业务流程进行梳理和再造分析，通过明确企业人力资源管理的目的和需求，有针对性地对信息化人力资源管理系统在企业管理中的作用进行建设与完善。随着人力资源信息化管理项目在企业中的确立，以及普及工作的开展，大部分的人力资源人员已经能够熟练掌握信息化人力资源管理软件的使用，加强管理软件同企业制度之间的兼容性成为当前企业人力资源管理信息化项目建设的重点。员工的管理、薪酬、绩效和招聘等方面的人力资源管理工作，需要通过制度的确立移植到信息化人力管理项目中去，逐步实现人力资源管理的全面信息化。

（四）信息化人力资源管理系统的选择

在企业引入信息化人力资源管理系统项目建设之前，需要企业的决策和管理者对企业自身的发展和所处的阶段有一个充分的评价和分析，从而认识到企业当前的人力资源管理中的需求、问题，采取有针对性的解决方案。在企业正确认识自身现状的基础上，企业可以选择同自身发展最为适合的信息化系统供应商。同时，考虑到信息化人力资源管理项目的管理成效，企业的信息化人力资源管理项目团队可以选择同供应商取得长期的合作，根据企业自身的发展特点，为企业的人力资源管理信息化提供最佳的解决方案。据最新研究调查显示，知识性企业、医药企业等处于快速发展行业中的企

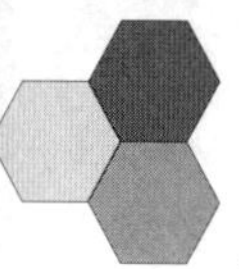

业对于信息化人力资源管理的需求更强，但是由于企业的行业特点，对于信息化人力资源管理系统的专业适用性的要求也较大，企业在信息化人力资源管理系统的选择上的差异化倾向也就越来越明显。

（五）信息化人力资源管理系统的完善

管理系统项目开始实施后，为了适应企业在发展中产生的各种变化，系统需要根据企业的管理方法和工作流程进行灵活调整。一般而言，只要企业的人力资源管理政策和制度不发生改变，企业的信息化人力资源管理系统并不需要进行二次开发。但为了打造企业最为适用、专业、完善的信息化人力资源管理项目，企业的管理者需要同项目开发团队和系统供应商进行及时的沟通，不断对企业已经建设的信息化人力资源管理项目进行调整和完善工作，从而保障企业信息化人力资源管理系统的顺利运行。

第二节 网络经济下人力资源招聘管理

随着我国市场经济的发展以及人事制度的改革，人员的流动率越来越高，企业对人才的需求也发生了很大的变化。企业为了谋求更大的发展，就必须通过各种信息，把组织所需人才吸引到空缺岗位上来，而越来越多的求职者也将通过应聘的方式来获得理想的职位。因此，如何花最小的成本在市场上招聘到最合适的人才就成为企业人力资源管理部门的一项重要任务。

员工的招聘与录用工作是人力资源管理中基础的工作，也是出现得最早的工作。在人类出现雇佣关系的同时，招聘和录用活动就出现了。招聘作为一种科学活动也出现得很早，在泰罗的科学管理时代就已经创造了招聘、筛选、工作分析等工作，这些工作后来一

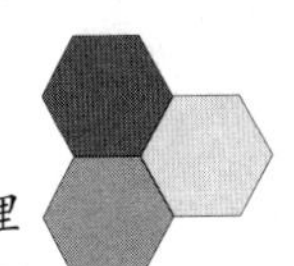

直是人力资源管理的基础。

一、招聘与录用的作用

对于企业而言，当它有了周详的目标之后，就需要组成一个人力资源管理系统，在适当的组织结构与指挥协调机构领导下，来使用原材料、机器、资金等生产产品进行销售或提供服务。在人力资源管理中，人力资源的使用与配置是企业成功的关键，而人力资源的使用与配置包括人力资源的“进”“用”“出”几个环节。在这几个环节中，人力资源的“进”又是关键中的关键。具体而言，人员招聘与录用的作用具体表现在以下五个方面。

（一）招聘与录用是企业获取人力资源的重要手段

企业只有通过人员招聘才能获得人力资源，尤其是对新成立的企业来说，人员的招聘与录用更是企业成败的关键。如果企业无法招聘到合乎企业发展目标的员工，企业在物质、资金、时间上的投入就会成为浪费。完不成企业最初的人员配备，企业就无法进入运营。对已经处于运作之中的企业来说，人力资源的使用与配置，也因企业的战略、经营目标、计划与任务以及组织结构的变动和自然原因而处于经常的变动之中。因此，招聘和录用工作对企业来说是经常性的。招聘与录用的目标就是保证企业人力资源得到充足的供应，使人力资源得到高效的配置，提高人力资源的投资效益。

（二）招聘与录用是整个企业人力资源管理工作的基础

一方面，人员招聘工作直接关系到企业人力资源的形成；另一方面，招聘与录用是人力资源管理其他工作的基础。企业人力资源管理所包括的各个环节，从招聘、培训、考核、薪酬到人力资源保护、劳动关系、奖惩与激励制度等环节中，人员的招聘与录用是基础。

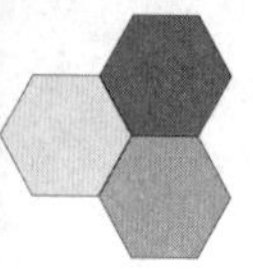

如果招聘和录用的人员不能够胜任或不能满足企业要求，那么企业人力资源管理的工作效益就得不到提高，各项工作的难度将增加。

（三）招聘与录用是企业人力资源投资的重要形式

从人力资源投资的角度出发，招聘与录用也是企业人力资源投资的重要形式。人员的招聘与录用无疑将花费企业的费用。如果人员招聘与录用工作出现失误，对企业产生的影响将是极大的。例如，录用的生产线的员工如果不符合标准，就可能要花费额外的精力去进行修正（培训）；与客户打交道的员工如果缺乏技巧，就可能使企业丧失商业机会；在工作团队中，如果招聘来的人员缺乏人际交往技能，就会打乱整个团队的工作节奏和产出效益等。员工的等级越高，招聘与录用工作就越难开展，其成本也就越大。要衡量一位招聘来的管理人员的作用，需要花费很长的时间才能确切评价。尤其是在人才竞争的二十一世纪，企业能否招聘到至关重要的人才，对企业的发展是非常重要的。当今世界的企业竞争就是人才的竞争，在一定程度上说却是招聘与录用的竞争。因此，如果企业的招聘与录用工作的质量高，既能为企业招聘到优秀人员，也能为企业减少由于录用人员不当所带来的损失。

（四）招聘与录用能够提高企业的声誉

招聘与录用工作需要严密的策划，一次好的招聘策划与活动一方面可以吸引众多的求职者，为应征者提供一个充分认识自己的机会；另一方面，它既是企业树立良好的公众形象的机会，也是企业一次好的广告宣传。成功的招聘与录用活动，将能够使企业在求职者心中、公众心目中留下美好的印象。

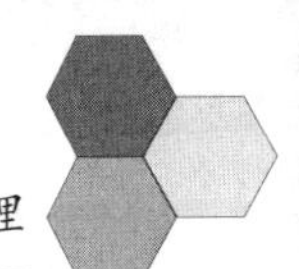

（五）招聘与录用能够提高员工的士气

当企业在不断发展的时期，自然会产生一些空缺职位，企业需要从外部寻找合适的人选来填补空缺，使企业的发展不至于受到限制。引进“新”员工一方面可以带来新的思想，使员工队伍具有新的活力；另一方面，也为“老”员工带来新的竞争，使他们在招聘的岗位上获得新的挑战机会。

二、招聘与录用的基础工作

人员招聘是指企业在某些岗位空缺的时候，向外界发布消息，决定聘请符合这些岗位要求的人员的过程。人员录用是指在应聘的候选人当中，通过科学的筛选方法，寻找出最适合该岗位的人选的过程。所以，人员招聘与录用所包含的整体内容包括企业从某些岗位空缺开始到岗位空缺被填补为止制定的一系列政策和实行的一整套措施。

从企业人力资源管理工作的环节来看，人员招聘和录用工作实际上是建立在两项基础性工作的基础之上的。

（一）人力资源规划

人力资源规划是指为实施企业的发展战略，完成企业的生产经营目标，根据企业内外环境和条件的变化，运用科学的方法对企业人力资源需求和供给进行预测，制定相应的政策和措施，从而使得企业人力资源供给和需求达到平衡的过程。企业人力资源规划的目标主要是确保企业在适当的时间和适当的岗位获得适当的人员，实现人力资源的最佳配置，最大限度地开发和利用人力资源潜力，使组织和员工的需要得到充分满足。人力资源规划作为人力资源管理的基础性活动，核心部分包括人力资源需求预测、人力资源供给预测和供需综合平衡三项工作。

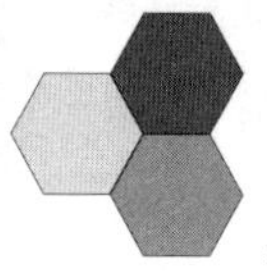

（二）工作分析

工作分析又称为职务分析，就是对企业中的某项职务进行全系统的调查、分析和研究，分析职务本身的各项内容以及雇员对此职务应承担的责任和应具备的素质等。工作分析包括职务描述和工作说明书两个部分，前者是关于职务方面的内容，包括职务的性质、内容、规定的责任、工作条件和环境等；后者是关于雇员方面的内容，包括雇员自身素质、技术水平、独立工作的能力等。

企业的人力资源规划是运用科学的方法对企业人力资源需求和供应进行分析和预测，判断未来的企业内部各岗位的人力资源是否达到综合平衡，即在数量、结构、层次多方面平衡。

工作分析是分析企业中的这些职位的责任是什么，这些职位的工作内容有哪些以及什么样特点的人能够胜任这些职位。两者的结合使得招聘工作的科学性大大加强。

三、影响招聘与录用工作的各种因素

人员招聘与录用工作相当重要，企业需要进行周密策划。这不仅需要制订高效可行的招聘与录用方案，而且需要对招聘与录用工作的各种影响因素进行综合分析。

（一）影响招聘工作的外部因素

1. 经济因素

对于经济因素来说，它具体包括人口和劳动力因素、劳动力市场条件因素以及产品和服务市场条件因素。人口和劳动力因素直接决定着劳动力的供给状况，而人口与劳动力的结构与分布特点，关系到一个具体地方的劳动力的供给。劳动力市场条件关系到劳动力达到供求平衡的快慢，完善的劳动力市场能够便捷地在企业和求职

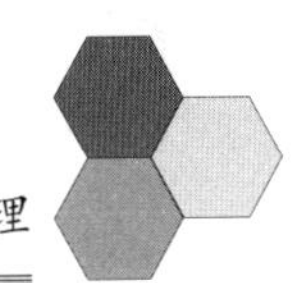

者之间架起沟通的桥梁，能够迅速地帮助企业实现内部劳动力的供求综合平衡。产品和服务市场条件因素不仅影响企业的支付能力，也影响企业员工的数量和质量。当产品和服务市场增大时，市场压力会迫使企业将生产能力和雇佣能力扩大。这样企业员工的数量要增加，由于此时劳动力稀缺，企业所增加的员工的质量会降低。当产品和服务市场减小时，企业一般则会降低雇佣水平，提高雇员质量。

2. 法律和政策因素

对于法律和政府政策因素来说，它主要指劳动就业法规和社会保障法以及国家的就业政策等内容。首先，看政府政策是如何影响招聘工作的。当政府购买某类产品和服务的时候，该类企业在劳动力市场上的需求也会相应地增加。政府还可以通过就业政策和就业指导中心等机构直接影响企业的招聘工作。其次，法律和法规应该成为约束雇主招聘和录用的重要因素。

（二）企业和职位的要求

企业和职位的要求，具体包括企业所处的发展阶段、工资率以及职位要求等内容。当企业处于扩张阶段时，其对劳动力的需求是很旺盛的，这时候该企业的招聘工作将会围绕着数量这个中心来进行。当企业处于收缩阶段时，其工资和劳动力需求都会下降，这时招聘工作的重心将会转向质量方面。当企业的工资率提高时，产品成本会上升，产品需求会下降，劳动力需求下降。于是，企业会减少劳动投入比重，这也会降低雇佣水平。职位要求则限定了招聘活动进行的地点、选择的沟通渠道以及进行选拔的方法。所以，企业和职位要求也影响着招聘工作。

显然，新职位的设置是否合理或是否必要，对招聘与录用工作的影响很大，招聘来的人员无法配置或配置不当，对企业和新进人

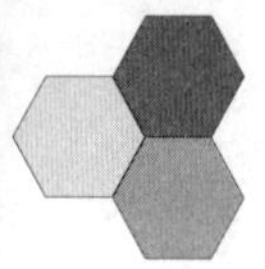

员都是有害的。

（三）应聘者个人资格和偏好

应聘者个人资格和偏好是人力资源自身的因素。一个企业已雇用的人员决定着其企业文化，同时现存的企业文化又对新雇员产生着影响。所以，在招聘过程中，企业文化与个人偏好的切合度决定着一个应聘者求职的成功与否。同时，求职者个人在智力、体力、经验、能力等方面都有着差别，这些差别也影响着招聘活动的开展和招聘的结果。

网络时代，网上传播速度快，申请资格简单，行动迅速，成为企业招聘的当选首要方法，企业管理者可以利用更快捷的计算机方式为企业广纳贤才。一旦原有职位产生空缺，企业可以在网上公布招聘信息，并在线浏览求职者的信息。互联网的公开性使职位竞争更加公平，使管理者省去了办招聘会的时间和精力，也省去了资金的投入。网络经济可以使一部分人先把个人资料放在网络上，以备有公司需要招聘的时候，可以到人才储备库直接挑选适合公司业务发展的人员。

第三节 网络经济下人力资源培训管理

企业要在竞争激烈的市场环境中获胜，一定要拥有高素质的人才，而员工培训与开发是提高员工素质必不可少的一环。从某种意义上说，一个企业对员工培训与开发的重视程度，可以预测其未来的竞争潜力。自人事管理阶段发展到人力资源管理阶段，企业越来越强调员工培训的长远意义。它不仅影响员工的当前状态，还能促进员工进一步的潜力开发，特别是通过培训活动持续提升员工的个人素质、知识和技能水平。企业也不再仅仅考虑培训活动给企业带来的收益，而是同时关注培训与发展活动对员工个人生活与事业的帮助，追求企业与员工的双赢。

一、人力资源培训概述

（一）人力资源培训的内涵

一般意义上的培训指各组织为适应业务及培育人才的需要，采用补习、进修或考察等方式，有计划地培养和训练，使其适应新的要求，不断更新知识，更能胜任现职工作及将来可能会担任的更重要的职务，适应新技术革命所带来的知识结构、技术结构、管理结构等方面的深刻变化。

人力资源培训是指企业为开展业务及培育人才的需要，采用各种方式对员工进行有目的、有计划的培养和训练的管理活动，其目标是使员上不断地更新知识，开拓技能，改进员工的动机、态度和行为，使员工更好地胜任现职工作或担任更高级别的职务，从而促进组织效率的提高和组织目标的实现。为理解这一概念，需要明确：第一，组织发展最基本、核心的制约因素就是人力资源；第二，培训是现代组织人力资源管理的重要组成部分；第三，适应外部环境变化的能力是组织具有生命力与否的重要标志，要增强组织的应变能力，关键是不断地通过培训来提高人员的素质。

现代组织的管理注重人力资源的合理使用和培养，代表了一种现代管理哲学观的用人原则（开发潜能、终身培养、适度使用）。组织通过培训、开发等手段，拿捏用人的原则，推动组织的发展。同时，帮助每一位组织成员很好地完成各自的职业发展计划，实施职业管理。因此，培训可带来组织与员工个人的共同发展。员工培训是人力资源管理的核心内容。任何组织的管理，只要是涉及人员的聘用、选拔、晋升、培养和工作安排等各项工作的，都离不开员工培训。

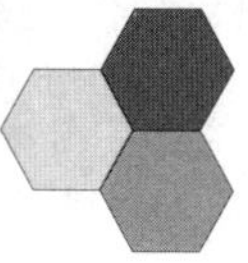

对于那些需要适应现代化发展需求的企业和组织来说更是如此。

人力资源培训具有如下特点：①人力资源培训是一个完整的组织管理系统，它具有目的性、计划性和针对性，与绩效管理系统等其他子系统之间存在密切的联系。②人力资源培训是一种企业人力资本的投资行为，可以对它的成本和收益进行衡量。③人力资源培训是创造智力资本的基本途径，是企业赢得智力资本竞争优势的重要手段。智力资本由专业知识、基本技能、高级技能和自我激发的创造力等项目组成。④人力资源培训是持续的学习过程，是构建学习型组织的企业文化的基础。学习型组织是指员工不断学习新知识、新技术并应用于实践以提高产品和服务质量的组织。

（二）人力资源培训的意义

1. 能使企业员工不断适应社会环境的变化

企业所处的环境在急剧地变化，培训是员工迎接新技术革命挑战的需要。从本质上说，新技术革命在改变着社会劳动力的成分，不断增加对专业技术人员新的需求。电脑芯片每 18 个月更换一代，十年前的知识 90% 都会老化，原来合格的员工，如果不经常培训，成为不合格的员工几乎是不可避免的事。对员工进行培训，是避免由于工作能力较低而不适应新兴产业需要引起的“结构性失业”的有效途径。有效的培训能够使员工增进工作中所需要的知识，包括企业和部门的组织结构、经营目标、策略、制度、程序、工作技术和标准、沟通技巧以及人际关系等知识。

2. 能满足员工个人发展的需求

每个员工都有一种追求自身发展的欲望，这种欲望如不满足，员工会觉得工作没劲、生活乏味，最终导致员工流失。尤其是优秀的员工，其自身发展的需求更加强烈。培训是使员工的潜在能力外在化

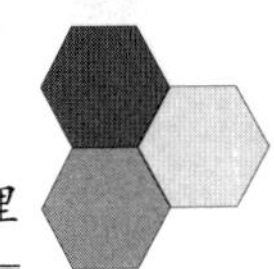

的手段。通过培训，一方面使员工具有胜任现职工作所需的学识技能；另一方面希望员工事先储备将来担任更重要职务所需的学识技能，以便一旦高级职务出现空缺即可予以升补，避免耽误时间与业务发展。经过培训和发展，员工不但在知识和技能方面有所提高，自信心加强，而且能感到管理层对他们的关心和重视，因而企业的员工士气、产品品质和安全水平都得以提高。

3. 建立优秀的企业文化

培训和发展计划能传达和强化企业的价值观和行为，使企业领导者的想法能够深入到企业每一个员工心中。此外，通过企业各层次员工在培训活动中的互动，促进各层次员工的交流与沟通，可以进一步增强企业的凝聚力，在企业中形成融洽、不断进取的高度统一、高度认可的企业文化。

4. 塑造企业形象

企业培训与发展不但可以在内部形成优秀的企业文化，而且可以在外部为企业塑造良好的企业形象。拥有科学系统的培训与发展的企业将给予社会公众一个成熟、稳健、不断进取的形象。在我国，优秀企业之所以能够吸引大量的优秀人才，其中一个关键因素就是优秀企业能为员工提供大量培训与发展的机会，在人们心中建立起了长期发展的形象，从而获得了人力资源的竞争优势。

总之，组织能在培训中通过学习、训练等手段来提高员工的工作能力、知识水平，充分挖掘其潜能，最大限度地促进员工的个人素质与工作需求相一致，从而达到提高工作绩效的目的。

（三）人力资源培训的原则

1. 战略性原则

人力资源培训是企业管理的重要一环，这要求企业在组织人力

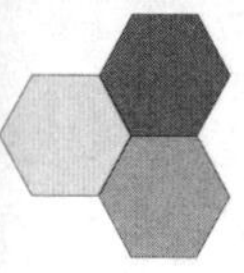

资源培训时，一定要从企业的发展战略出发去思考相关问题，使人力资源培训工作构成企业发展战略的重要内容。

2. 长期性原则

人力资源培训需要企业投入大量的人力、物力和财力，这对企业的运营肯定会有或大或小的影响。有的人力资源培训项目有立竿见影的效果，有的则需要一段时间后才能反映到员工工作绩效或企业经济效益上，对管理人员和员工观念的培训更是如此。因此，要正确认识智力投资和人才开发的长期性和持续性，摒弃急功近利的人力资源培训态度，坚持人力资源培训的长期性。

3. 按需培训原则

普通员工和最高决策者所从事的工作不同，创造的绩效不同，个人能力所应当达到的工作标准也不同，因此人力资源培训工作应当充分考虑培训对象的工作性质、任务和特点，实行按需培训。

4. 实践培训原则

培训不仅是观念的培训、理论的培训，更重要的是实践的培训，因此，培训过程中要创造实践条件，以实际操作来印证、深化培训的具体内容，这样更有利于实践成果的转化。例如，在课堂教学过程中，要有计划地为受训员工提供实践和操作机会，使他们通过实践提高工作能力。

5. 多样性培训原则

企业中不同员工的能力有偏差，具体的工作分工也不同，因此人力资源培训要坚持多样性原则。多样性原则包括培训方式的多样性，如岗前培训、在岗培训、脱产培训等，也包括培训方法的多样性，如专家讲授、教师示范、教学实习等。

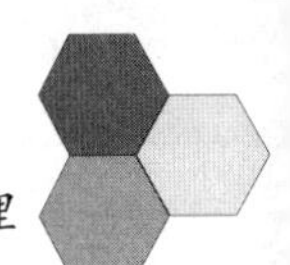

6. 企业与员工共同发展原则

对企业而言，人力资源培训是调动员工工作积极性、改变员工观念、提高企业对员工的凝聚力的一条重要途径；对员工个人而言，人力资源培训使员工能够学习并掌握新知识和技能，提高个人的管理水平，有利于个人职业的发展。有效的人力资源培训会使员工和企业共同受益，促进员工和企业共同发展。

7. 全员培训与重点培训结合原则

全员培训是指对所有员工进行培训，以提高企业全员素质；重点培训是指对企业技术中坚、管理骨干（特别是中高层管理人员）加大培训力度，进行重点培训。

8. 反馈与强化培训效果原则

反馈的作用在于巩固学习技能、及时纠正错误和偏差。反馈的信息越及时、准确，培训的效果就越好。强化是将反馈结果与受训人员的奖励、惩罚相结合，它不仅应在培训结束后马上进行，而且应该体现在培训之后的上岗工作中。

9. 注重投入，提高效益原则

人力资源培训是企业的一种投资行为，和其他投资一样，也要从投入产出的角度考虑效益大小及远期效益、近期效益问题。人力资源培训投资属于智力投资，它的投资收益应高于实物投资。这种投资的投入产出衡量具有特殊性，培训投资成本不仅包括可以明确计算出来的会计成本，还应将机会成本纳入进去。

培训产出不能纯粹以传统的经济核算方式来评估，它包括潜在的或发展的因素，另外还有社会的因素。在投资培训时，投入是较容易计算的，但产出回报是较难量化计算的，并且还有些培训较难确定其会产出长期效益还是短期效益。虽然如此，也必须把它当作

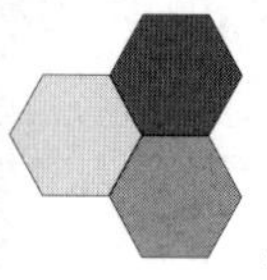

极其重要的问题来考虑。

二、网络经济时代人才培训体系构建

（一）培训体系的界定

所谓体系，是指“若干有关事物或某些意识相互联系而形成的一个整体”，其内涵说明：体系应由若干要素组成，这些要素相互联系、相互配合，是一个以系统形式存在和运行的整体。一个完整的人力资源培训体系具有如下六个要求：

1. 高层管理者的支持

高层管理者的支持表现在：第一，只有高层管理者确信培训规划的有效性并且予以批准以后，员工的培训与开发工作才能进行；第二，培训规划的实施程度依赖于高层管理者对培训的支持度。

2. 培训机构的设置

培训机构是培训的物质载体，是开展培训活动的重要物质保证之一。如培训的规模、培训的活动场所、培训的时间、培训的师资配备等，都是培训机构必须承担的任务。

3. 合格的培训师资

培训师是指在人力资源培训与开发过程中具体承担培训与开发任务，并且向受训者传授知识和技能的人员。培训师对于员工的培训与开发工作非常关键，他们的能力与素质直接影响到培训的效果。合格的培训师资可以保证受训员工真正达到增长知识、提高技能的目的，并有效地将培训过程中所获得的知识、技能应用于具体的工作之中。

4. 足额的培训经费

培训经费是人力资源培训与开发的重要保障。缺乏足够的经费，

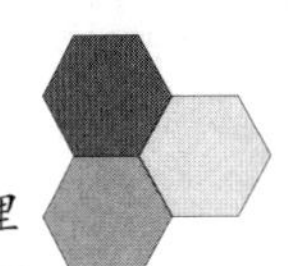

人力资源培训与开发工作就难以得到真正的落实，就会出现半途而废、因陋就简、顾此失彼等现象。因此，企业在对员工进行培训与开发工作之前，必须落实培训经费，并使这些经费得到合理有效的使用。

5. 齐备的培训设备设施

培训设施是指黑板、幻灯、投影仪、电视、网络传递系统、案例分析场所、教学实验基地等使培训得以顺利进行的基本物质条件，它是员工有效培训、提高技能和职业素养的重要保证。

6. 完整的培训工作记录

人力资源培训与开发的过程，其实也是员工知识、技能的总结与提高的过程。每一期的培训与开发都会为下一期积累经验、提供参照，因此要认真、完整、准确地做好每一期的培训记录，这样做有利于随时发现工作中的失误，并为下次培训而做准备。

（二）培训体系的构建原则

1. 战略性原则

培训的目的是通过提升员工的素质和能力来提高员工的工作效率，让员工更好地完成本职工作，实现企业经营目标。因此，培训体系的建立必须根据企业的现状和发展战略的要求，为企业培训符合企业发展战略的人才。

2. 全员参与原则

培训体系的建立不能只是人力资源部或培训部孤军奋战，必须上下达成共识，全员参与，必须得到领导的大力支持、业务部门的积极配合，才能确保培训体系建设的全面性和有效性。

3. 目标性原则

根据目标设定理论，员工只有在培训目标明确的前提下，培训

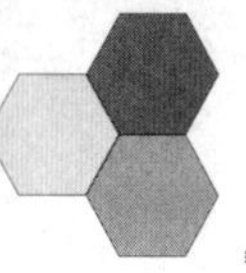

才能达到最优化的效果。因此，在培训设计的过程中，除了要设立目标之外，还要考虑到目标的明确性。无论是总体性目标还是阶段性目标，无论是大目标还是小目标，首要原则都是“要清晰和明确”。

4. 理论与实践相结合的原则

根据生产经营的实际状况和受训者的特点开展培训工作，既讲授专业技能知识和一般原理，也要结合公司的实践，用公司成功和失败的案例比用经典或别人的案例的效果要好得多，这也符合传播学的“就近原理”。此外，形式要多样化，多沟通互动，在学习知识的同时增加培训的趣味性，这样不但能提高受训者的理论水平和认知能力，又能解决公司发展中实际存在的问题，在激发受训者积极性的同时也有利于提高其工作热情。

5. 动态开放原则

企业只有不断适应内外部环境的变化才能发展，这就要求企业的培训体系必须是一个动态、开放的系统，而不是固定不变的。培训体系必须根据企业的发展战略及时调整，否则培训体系就失去了实际意义，就不可能真正发挥提升竞争力的作用。

（三）培训体系的构建思路

在企业建立培训体系之前，要了解培训体系应该包含的内容，同时要了解企业自身培训管理的现状和存在的问题或不足，这样才便于着手去做相应的工作。企业的培训体系主要由以下四个方面构成：第一，培训组织机构，即企业培训组织的结构设置，包括培训组织的层级、人员的配备、培训部门人员的职责以及对人员素质的要求等。第二，培训课程体系，即企业是否有自己的课程资料数据库，是针对公司业务的需求或岗位的要求而进行的课程设计、规划及配置。第三，讲师队伍建设，包括企业的内部讲师和外部讲师资源、企业教练、

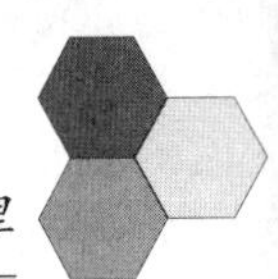

辅导员队伍等。第四，培训支持体系，即企业保障培训实施与管理所涉及的其他环节或内容，可以把它分为软件系统和硬件系统两个部分。其中，软件系统指的是培训管理的流程、政策以及制度等，而硬件系统指的是培训的设施、器具、培训管理的系统等。

有效的人力资源培训体系可以使企业从自身的生产发展需要出发，积极通过学习训练等手段提高员工的工作能力、知识水平及潜力发挥，最大限度地使员工的个人素质与工作需求相匹配，促进员工现在和未来工作绩效的提高，最终能够有效地改善企业的经营业绩。企业正是通过这个行为改变过程来满足企业和员工的需要。同时，要按照系统论的观点、原则和要求，全面研究培训体系中各种要素、结构、功能及其相关方，让培训体系中各个要素得以合理配置，使之相互协调，充分发挥其功能，在良好的培训环境支持下，实现培训过程的最优化，并通过完善的维护措施使企业培训系统保持稳定状态。

不同的企业之间，无论公司的文化、发展战略，还是人员规模、行业领域等都有较大的差异。因此，培训体系的构建必须从企业自身的特点和实际出发。与本公司的人力资源结构、政策等密切统一起来。在建立培训体系时，除了弄清楚培训体系所包含的内容和本企业的培训现状，还要注意以下四个方面：

1. 密切结合公司的发展战略和现况

培训的目的是通过提升员工的素质和能力，让员工更好地完成工作，达到公司经营目标，以实现公司、股东、员工、客户乃至社会的共赢。因此，培训体系的建设必须密切结合公司的实际和发展战略的要求，并为公司培养符合企业发展战略的人才。

例如，有些从事高科技信息技术产业的公司，从人力资源的政

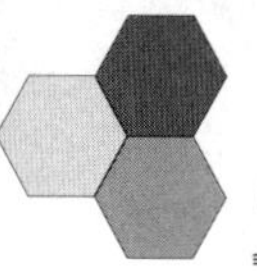

策上，为员工发展设置了技术职和管理职两个不同的职业通道。专业技术好的员工，可以选择走技术通道，从技术员一直到高工或总工之间分为若干个不同的级别。这时，在课程体系的建设和设计上，不但要考虑管理职位通用的管理类课程，还要根据技术方面的要求，设计不同层级和不同水平的专业课程。

2. 要维持层级和职能上的均衡

从企业人才培养的角度，骨干员工和核心人力相对接受培训要多一点，但也不能忽视对其他员工的培训。在课程体系的建设上，要保证每个员工在不同的岗位上都能接受到相应的训练。这就要求在设计课程体系时，需要从横向和纵向两个方向去考虑。纵向是要考虑从新员工到高层之间各个不同的级别，针对每个级别不同的能力要求，设置相应的培训课程；横向指的是各职能部门，这些职能部门要完成工作需要哪些专业技能，以此寻找培训的需求并设计相应的课程。如果横向和纵向两个方面都考虑了，各个级别和各个岗位基本就不会被遗漏。

3. 征询有关部门的建议和要求

培训体系的建立，不只是培训部门或培训管理员的事，首先必须得到领导的大力支持，同时需要其他部门的积极配合。培训体系中的任何一项工作都不能只靠培训部门孤军奋战，而是一定要上下达成一个共识。以开发和设计职能部门的培训课程为例，部门不同、岗位不同，培训需求和能力的要求都各不相同。在开展业务时，员工需要哪些知识和技能，工作中存在哪些问题和不足，对于这些问题，各职能部门的管理者肯定要比培训部门更加清楚，因此一定要站在公司的立场上去了解和把握不同部门的培训需求。

在调查培训需求时，职务分析就是要明确各个岗位及各级别的

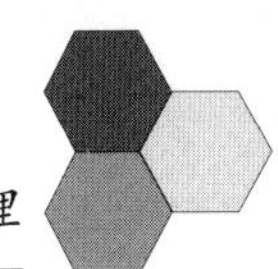

能力要求，这样才能根据培训对象开发出不同的课程。有的公司采用胜任力模型来了解员工目前的能力状况，以此为依据设计不同的培训课程。比如，针对基层、中层、高层这些不同层级的管理者进行管理技能培训时，就要考虑到对他们不同的能力要求。基层管理者也要带团队，但事务性工作和亲自做事的比例要大一些，这个层级相当于人体的四肢；中层管理者不但要管事、做事，而且管人的比例也提高了，所以在管理能力上要求更高，这个层级相当于人体的腰部，对企业而言是非常重要的；高层是企业的领头雁，决定着企业的发展方向。如果不加分析就盲目地设计课程或实施培训，结果必定不会理想。

4. 制定培训制度，并有效落实

有的公司建立了一些培训制度，但形同虚设，没有落实到位，这和公司的文化也不无关系。制定切实可行的培训制度，并有效地遵守和执行，就可以避免一些问题。比如前面提到的培训对象的选拔，如果制定培训的积分制度，要求每个员工的培训积分都要达到公司制定的要求，并且和员工的考核、晋升挂钩，就可以防止和避免"替代"培训的现象，可以让应该接受培训的员工都能按时参加相应的培训。

（四）充分考虑员工自我发展的需要

员工的职业发展规划包括两个方面：一方面是员工自身为自己做的职业生涯规划；另一方面是公司为员工提供的施展能力的舞台，也就是对员工的职业发展进行管理。如果培训体系和培训课程的开发能够与员工自我发展的需要相结合，就可以达到企业和员工的双赢，在员工得到发展的同时，也能为公司的发展做出相应的贡献。有的企业面临内部重要的岗位有空缺时，首先考虑在内部进行选拔，这样就给有能力的员工或愿意挑战新岗位的员工提供了机会和发展的空间，再结合本岗位的职务要求提供相应的职能培训，这也是留

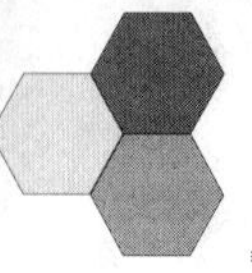

住好员工的方法之一。

培训体系的建立需要时间和过程。尚未建立培训体系，或培训体系尚不完善的企业，要慢慢积累资源。在培训的组织机构和培训支持的硬件体系没有建立起来的情况下，专职或兼职的培训管理员可以着手去积累培训资源和开始软件体系的建设。比如，在引进外部课程后，思考一下能否经过改善，将其转变成公司课程体系中的一门课程。慢慢把课程体系搭建起来之后，开始讲师体系的建设，当然，这两个体系的建立也可同步进行。

三、人力资源培训项目管理

（一）培训项目的含义与类型

广义上的培训，是指有意识塑造员工行为方式的所有活动。在这个意义上，培训渗透于企业管理的所有活动之中，甚至可以说管理就是培训。但是，作为人力资源管理特定领域的培训工作，与一般管理活动相比有其独特之处，它是一种不仅具有特殊培训目标，而且投入了相应资源条件并加以专门组织的活动。在实际工作中，任何组织的员工培训活动都可以纳入项目管理的范畴，狭义的培训活动常常体现为培训项目。所谓培训管理，主要是指培训项目管理。培训项目是需要投入专门经费和进行专门管理的培训活动。确定培训项目时，必须确立特定的培训目标，分析相应的资源条件，进行专门的组织和管理。可见，培训项目是一项可以独立分析投入产出的活动。企业的培训项目一般可分以下几类：

1. 新员工培训项目

每一个企业每年都有人数不等的新员工入职。为了使他们适应企业文化和制度环境，适应岗位工作和工作团队，成为企业合格的

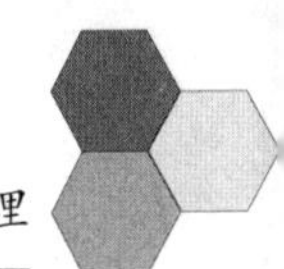

一员，就要对他们进行必要的培训。因此，新员工培训是大多数企业的常设项目，一些规模较大的企业还设有专门负责新员工培训的工作部门或团队。

无论一位新员工此前有无工作经验，他们在进入企业之前，每一个人的工作经历、价值观念、文化背景等各不相同，与企业组织文化也不完全一致。虽然他们在应聘阶段对公司的背景、形象、产品、市场、营销模式、应聘职位所要承担的工作职责以及公司将给予的薪酬待遇等有一定的了解，但所获知的信息很可能是比较片面的或零散的。当新员工进入现实的工作环境时，如果不对其进行导向培训，则极易产生现实冲突，即新员工对新的工作环境怀有的期望与工作实际情况之间存在落差，这种落差会使新员工产生失落感或挫折感。因此，企业为了实现新员工与企业的双赢，便会对新员工进行培训。

新员工培训的内容主要包括三个方面：公司基本情况及相关制度和政策、基本礼仪和工作基础知识、部门职能与岗位职责及知识和技能。

2. 管理者进阶培训项目

管理者进阶培训项目是企业针对管理人员而进行的体系化和阶梯化的培训计划，其主要特征是企业规定了不同层级的管理者必须接受的培训。

现实中几乎每一个企业都会把管理者的职务和能力发展描述为一个由低级到高级的阶梯路线。这种描述有两层意义：①客观地呈现了管理者能力必然有一个由低级向高级的递进式发展过程。②向员工暗示他们职业发展的路径，而且这些路径是通过努力可以实现的。

与管理者职务和能力发展阶梯路线相适应的是，企业认为个体只有具备了一定的知识和技能才能成为相应级别的管理者。一些规

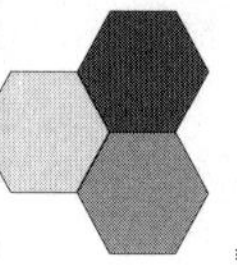

模较大的企业便为不同管理层的人员定义了必须学习的一系列课程。当然，大多数企业并没有建立管理者进阶培训课程体系和相应的管理制度，因此这类企业所组织的培训活动均不属于这一类型的培训项目。

3. 常设专题培训项目

常设专题培训项目是指企业每年都设有特定内容范围的活动计划，要培训的对象也比较清楚，但是具体选择什么培训内容则并不确定，而是在具体实施计划时再依据某些标准做出选择。

4. 临时专题培训项目

临时专题培训项目是指企业在做一项培训活动时，事前没有规范的课程体系，也没有分类培训主题和明确的课程内容。培训活动是以一次或多次的单一课程培训为主题而临时寻找和安排的。许多中小企业的培训活动都处在这一项目类型之内。比如，当一个企业发现办公室文员们的时间管理存在问题时，便采取招投标的方式请一位外部培训师来企业讲授一次为期两天的“时间管理”课程；又如，许多公司都买有培训公司的“学习卡”，它们经常会根据卖卡公司的公开课列表，临时选派人员参加其主办的公开课；再如，当一家民营企业的老板感到他的员工工作责任心不强，他便即兴要求培训部门开设一个有助于提高员工责任心的课程来让员工学习，培训人员经过筛选，确定了一个名为“责任胜于能力”的课程，并且企业对培训师也比较满意，于是双方签订服务合同，执行课程。

如果一个企业的所有培训活动都是临时专题培训项目，说明该企业的培训工作远没有上轨道，组织对培训部门的绩效认同也一定会存在问题。但是，临时专题培训项目并非只在培训管理“不成熟”的企业中才出现。事实上，那些培训管理水平堪称标杆的大企业偶

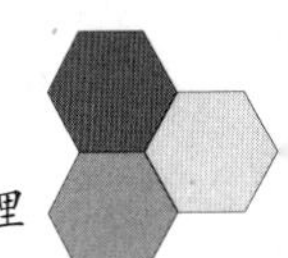

尔也会安排这类培训项目，只是在这类企业中，临时专题培训项目所占的比例极小。

（二）培训项目的管理流程

员工培训作为一种特殊的管理活动，不仅要从培训的目的、任务、对象、内容、方式、步骤等方面全面考虑，而且需要进行投入—产出分析，以提高培训工作效率。因此，培训工作是一个有计划、有步骤的过程，需要加以专门的计划与实施。

在实际工作中，培训项目的管理流程常常由培训需求分析、培训计划制订、培训组织实施和培训效果评估四个子系统组成。

1. 培训需求分析

结合企业经营管理的需要，对员工进行培训需求分析，是培训项目管理的起点。培训需求分析的目的，在于确定哪些员工需要进行培训、需要培训的内容有哪些。培训需求分析与计划系统包括两项基本功能：第一，明确培训对象，即确认有哪些员工需要进行培训和需要什么样的培训，达到什么作用。第二，制定培训标准，即确定员工需要培训的具体标准，或员工培训后应达到什么程度的标准。

为了从根本上保证企业人力资源培训的质量，企业需要根据自身发展的战略规划，在进行培训需求分析的基础上，制订出一套完整的培训计划，即首先要确认培训内容。再根据培训内容，选择培训的方式方法，进行培训课程的设计，确定培训时间和培训教师。最后，编制出培训预算和培训计划。

2. 培训计划制订

明确了企业的培训需求之后，便能确定培训的目标。目标拟定之后，接下来就要根据目标制订详细的培训策划书，为下一步的培训实施做好准备。在培训策划书里需要明确培训时间（when）、培

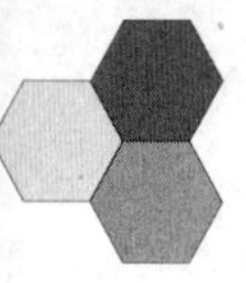

训地点（where）、培训师（who）、培训对象（whom）、培训方式和手段（how）以及培训内容（what）等。

（1）培训时间

培训绩效的显现很多时候不是立竿见影的，将培训转化为现实的生产力，需要经过一段时间才能在工作中得到体现。因此，应根据企业的未来发展战略，估计培训转化的时间，由时间差来最终确定培训时间。

（2）培训地点

培训地点的拟定要根据培训的内容、方式及手段、规模、经费，综合分析各种因素，权衡之后确定。常见的培训场所有企业内部的会议室、多功能教室、酒店、室外的空旷地、车间等。

（3）培训师

师资质量是决定培训工作质量的关键。培训部门必须建立高质量的培训教师队伍以确保培训工作的成功。可充当教师角色的有专职培训人员、专业技术方面的专家、科研院校的教师和学者、各部门主管领导、咨询专家等。这些人具有不同方面的能力、知识和技能的特长，可以从不同角度完成培训任务。

管理咨询公司的专家常常受聘给经理们讲课。因为这些专家专职从事管理咨询活动，掌握大量的相关信息，善于运用各种管理策略，其讲课内容对于企业高层经营管理者常能起到较好的启发作用。员工培训班也可以由本公司的经理讲课，有些现实问题由经理讲比外请教授或专家来讲更为透彻。况且，请经理上讲台会迫使他本人去研究和思考与讲课有关的问题，这本身也是一种自我学习和培训的过程。邀请经销商和消费者到培训班“上课”，是为了让这些产品的销售者和使用者直接提出要求或建议，使员工亲耳听到顾客的声音。

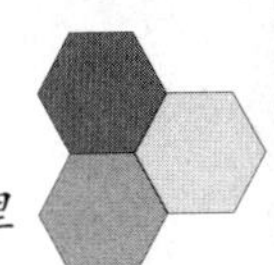

（4）培训对象

在进行培训之前，必须明白自己要培训的对象是谁。只有了解了培训对象的不同特点及需求，才能有的放矢地实施培训。企业的培训对象主要包括新进员工、老员工和管理人员。

（5）培训方式和手段

针对不同的培训对象，应该选择不同的培训方式，培训内容的侧重点也应有所不同。以管理人员为例，不同层次的管理人员在管理能力上的侧重点不同。因此，对基层管理人员实施培训就应该着重于专业技能的提高，而对高层管理人员就应该加强其概念技能的培养。

培训方式多种多样，不同的培训方法有不同的特点，适应于不同的培训内容，也具有不同的效果。常见的培训方法有案例研究、研讨会、角色扮演、授课、游戏、计划性指导等，应根据培训内容、规模、组织的资源等采取适宜的培训方法。

（6）培训内容

培训内容是在培训需求分析的基础上，根据培训目标确定的。培训内容主要包括知识、技能、素质几个层面。应该以“缺少什么培训什么，需要什么培训什么”为原则。培训内容的安排要遵循由简单到复杂、不熟悉到熟悉的原则。

当然，在拟定策划书时，不能不考虑培训的预算，经费的多少决定了培训的规模、培训师的选择等。可以这样说，培训经费是拟订培训策划书的制约因素，甚至决定着培训策划能否通过，培训最终能否实施。因为企业作为市场经济的一个主体，它以收益最大化为目标。只有培训的预期收益大于培训成本，培训策划书才能获得通过，才能开展培训活动。

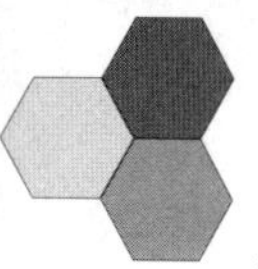

3. 培训组织实施

获得批准的培训策划书，为培训活动的开展做好了充分的准备，接下来就是培训的组织实施。在培训活动的实施过程中，要做好实施前的准备工作、培训中的控制工作以及跟进、纠偏工作。前期的准备工作主要是拟定培训通知书，通知所有参训人员以及与培训工作开展相关的人员。与此同时，培训师应到培训场所实地勘查，熟悉培训环境，落实培训相关的设备，检查是否完好。必要的话，还可请培训师进行实地试培训，并做好参训人员的接待引导工作。

培训活动是交互式的活动。在培训过程中，培训师应充分调动参训人员的积极性、主动性，以提高培训的效果。同时，注意受训人员的反应，及时调整培训活动方案。如果培训活动时间较长，培训师可以利用培训活动过程的间隙，尽可能地与培训对象进行交流，了解他们对培训的看法，发现不足，以便改进。培训活动是一项庞大的工作，培训师的活动只是培训工作的一部分，还要配备相关的设备维护人员、安全工作人员和其他的一些工作人员，以使培训工作能够顺利进行。

4. 培训效果评估

培训效果评估是培训项目管理的一项重要工作。评估既是对前一阶段培训的效果与利弊的估量，也是改进和完善下一阶段培训工作的重要步骤。

（1）受训者的考试

培训是一种传授知识和技能的活动，受训者通过培训获得知识和掌握技能的程度，最直接反映了培训效果。了解受训者的学习效果，了解受训者在培训前后掌握知识和技能的情况，常常可采用考试的方法。如果受训者在培训结束后参加国家和行业统一举办的资格考试，

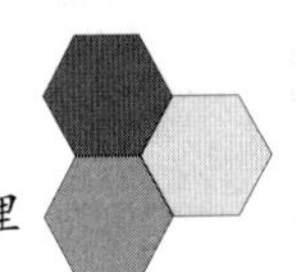

如会计师资格考试、电脑操作资格考试，这类考试成绩常常能客观反映培训的效果。如果不能参加这类考试，企业应当自己组织考试。但是，企业自行设计的考试内容有时会不客观，有可能影响受训者的考试成绩，会对培训效果的分析带来一些干扰。因此，必须使考试内容的设计客观科学、结构合理、覆盖面适当，力争滤掉干扰因素。

（2）受训者的意见反馈

受训人员作为培训的参与者，在培训中和培训后必然会对培训活动形成一些感受、态度及意见，他们的反应可以作为评价培训效果的依据。受训人员对培训的反应涉及培训的各个方面，如培训目标是否合理、培训内容是否实用、培训方式是否合适、培训教师是否有水平等。这些意见既涉及培训方案设计等比较宏观的问题，也涉及教学方法等比较具体的问题。需要注意的是，由于受训者对培训的认识会受主观因素的影响，不同受训人员对同一问题的评价会存在差异，所以应当既客观又灵活地对待受训者的反应。

（3）受训者的行为变化

培训的主要目的之一是改变培训对象的工作行为，提高工作人员的实践能力。受训者在培训中获得的知识和技能能否应用于实际工作，能否实现由学习成果向工作能力的转化，是评价培训效果的最终标准。受训者的行为评估常常在其回到岗位 1 ～ 3 个月后进行。评估的行为变量包括工作积极性、行为规范性、操作熟练性、分析解决问题的有效性等。在评估中，首先对受训者的工作行为是否发生了变化做出判断，然后分析这种变化是否由培训所引起，分析受训者行为变化的程度。

（4）培训工作的投入产出分析

培训效果评价的另一个重要内容，是评估培训费用的使用效果，

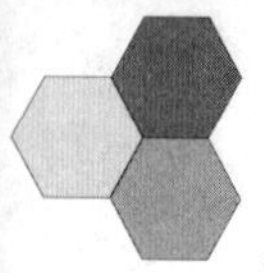

即评估培训对实现企业目标的影响性质和影响程度，如对提高劳动生产率、改进产品质量、扩大产品销售量、降低成本、增加利润、提高服务质量等方面的影响。通过分析培训对企业效益的整体影响，进行企业培训的投入产出分析。

与传统的培训管理相比，在网络经济时代，培训的作用越来越显著，越来越大，将成为企业战略的一个重要内容。网络经济也使培训变得更简单、更容易管理，培训的方式必须跟进国际化的标准，在线培训将成为企业培训的一个重要方面。

传统的培训为了弥补岗位知识的不足和提高员工素质，常常让在职人员利用专门的时间进行脱产学习。而在网络经济条件下，以网络为基础的在线学习中心将在一些大公司或专业的机构涌现，在线培训使学习成为一个实时、全时的过程。公司的培训成本将大大降低，人力资源部更重要的工作将是强调员工要协作学习，自我管理，自我激励，并设计及时有效的培训评估体系以保证培训的效果。公司将在线教育培训计划发布在网上，员工均可自由选择自己想修的课程。未来的网络大学也将提供各种适合社会需要的课程培训，包括专门为企业而设计的技术及管理课程，培训在网上便可完成。

在线培训的好处是显而易见的：第一，节省投资，员工可以随时随地接受培训，减少了差旅费用，且节省时间；第二，能合理地分配资源，每个员工按需接受培训，不必学习一些短时间内不需要的技能；第三，促使企业文化的改变，调动全体员工的学习积极性，使整个企业变成一个学习型组织，随时赶上最新的技术和市场变化。

第四章　网络经济与营销管理

第一节　网络营销概述

一、网络营销概述

（一）市场营销的概念

关于市场营销的定义很多，西方学者麦肯锡于二十世纪六十年代对市场营销下了定义。他指出，市场营销是企业经营活动的职责，它将产品及劳务从生产者直接引向消费者或使用者，以便满足顾客需求及实现公司利润。这个定义指出了满足顾客需求及实现企业盈利成为公司的经营目标。

美国市场营销协会对市场营销的定义影响最为广泛，该协会认为市场营销是对构思、产品及服务进行设计、定价、促销及分销的计划与实施的过程，其目的是产生满足个人和组织目标的交换。这个定义的特点是：①产品概念扩大了，它不仅包括产品或劳务，还包括思想；②强调了交换过程；③突出了市场营销计划的制订与实施。

总之，市场营销是一种企业经营活动，是企业有目的、有意识的行为。满足和引导消费者的需求是市场营销活动的出发点和中心。

（二）网络营销的概念

网络营销这一概念的产生是以互联网的发展为基础的，伴随着

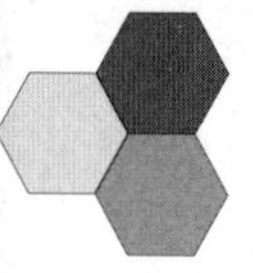

互联网的不断发展壮大，基于 Internet 的应用也在不断增多，网络营销是借助互联网络、信息通信技术和数字交互式媒体来实现营销目的的活动。网络营销通过 Internet 等电子手段促进产品、服务及思想（知识）的交换，以实现买卖双方的目标，从而建立并维护客户关系。这一定义包括以下拓展含义：

1. 网络营销是一个过程

网络营销是确立企业战略、营造市场机会、阐明销售方略、摸清客户情况、设计营销计划、评估销售业绩等一系列活动的持续过程。

2. 建立并维护客户关系

营销的目的是建立并产生持久的客户关系。

3. 网络营销要满足消费者的需求

这种需求不仅包括产品效用的满足，而且包括价值需求；这种需求不仅包括消费者现在的需求，也包括未来潜在的需求。

4. 具有“技术”的特点

网络营销具有传统营销的特点，但更多的营销活动依赖于网络在线执行。利用网络为基础的信息技术，包括利用 Web 技术的网站建设、搜索引擎、电子邮件、链接、数据库、数据仓库和数据挖掘、多媒体技术、虚拟现实技术等，为企业和市场提供了以前无法达到和想象的获得信息和处理信息的技术能力。因此，面对新的营销环境，应该充分利用新的营销手段。

5. 网络营销是通过互联网进行信息交换的

它具有许多网络带来的新特点，如空间的虚拟性、全球性、时间无限制性、信息沟通的互动性和廉价性等。它可以实现无店面销售，可以二十四小时经营和进行信息沟通等。因此，网络营销要特别注意和研究这些网络技术和特性对交易的影响。

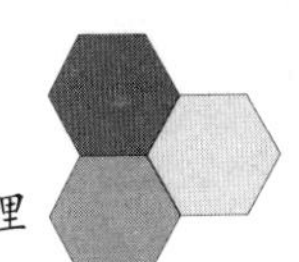

6. 实现企业的目的

网络营销不仅要满足消费者的需求，也要满足企业的目的，包括企业的利润目的。网络营销是一个双向价值的创造过程，客户获得比其付出价格更高的价值，而企业则支付低于交易的价格，实现利润。

（三）网络营销的特点

随着互联网技术发展的成熟以及联网成本的低廉，互联网好比是一种“万能胶”将企业、团体、组织以及个人跨时空联结在一起，使得他们之间信息的交换变得“唾手可得”。市场营销中最重要也最本质的是组织和个人之间进行信息传播和交换。如果没有信息交换，那么交易也就是无本之源。正因如此，互联网具有营销所要求的某些特性，使得网络营销呈现出一些特点。

1. 个性化

互联网上的促销是一对一的、理性的、消费者主导的、非强迫性的、循序渐进式的，而且是一种低成本与人性化的促销，避免推销员强势推销的干扰，并通过信息提供与交互式交谈，与消费者建立长期良好的关系。

2. 交互式

互联网通过展示商品图像，商品信息资料库提供有关的查询，来实现供需互动与双向沟通。还可以进行产品测试与消费者满意调查等活动。互联网为产品联合设计、商品信息发布，以及各项技术服务提供最佳工具。

3. 时域性

营销的最终目的是占有市场份额，由于互联网能够超越时间约束和空间限制进行信息交换，使得营销脱离时空限制进行交易变成可能，企业有了更多时间和更大的空间进行营销，可每周 7 天，每

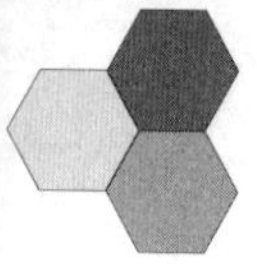

天 24 小时随时随地的提供全球性营销服务。

4. 经济性

通过互联网进行信息交换，代替以前的实物交换，一方面可以减少印刷与邮递成本，可以无店面销售，免交租金，节约水电与人工成本，另一方面可以减少由于迂回多次交换带来的损耗。

5. 技术性

网络营销大部分是通过网上工作者，通过他们的一系列宣传、推广，这其中的技术含量相对较低，对于客户来说是小成本大产出的经营活动。

6. 整合性

一方面，互联网上的营销可由商品信息至收款、售后服务一气呵成，因此也是一种全程的营销渠道。另一方面，企业可以借助互联网将不同的传播营销活动进行统一设计规划和协调实施，以统一的传播咨讯向消费者传达信息，避免不同传播中不一致性产生的消极影响。

7. 富媒体

互联网被设计成可以传输多种媒体的信息，如文字、声音、图像等信息，使得为达成交易进行的信息交换能以多种形式存在和交换，可以充分发挥营销人员的创造性和能动性。

8. 超前性

互联网是一种功能最强大的营销工具，它同时兼具渠道、促销、电子交易、互动顾客服务以及市场信息分析与提供的多种功能。它所具备的一对一营销能力，正是符合定制营销与直复营销的未来趋势。

9. 高效性

计算机可储存大量的信息，代消费者查询，可传送的信息数量

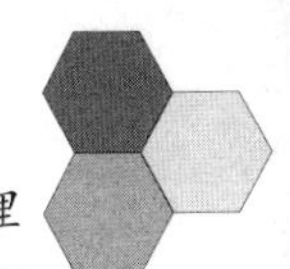

与精确度，远超过其他媒体，并能因应市场需求，及时更新产品或调整价格，因此能及时有效了解并满足顾客的需求。

10. 成长性

互联网使用者数量快速成长并遍及全球，使用者多属年轻、中产阶级、高教育水准，由于这部分群体购买力强而且具有很强市场影响力，因此是一项极具开发潜力的市场渠道。

二、网络营销与传统营销的比较

从本质上说，网络营销是营销的一部分，但它与传统营销相比，仍有很多不同，具体有以下几点：

（一）网络营销具有传统营销无法比拟的优势

它不只是那些有实力的大企业才可以利用的营销方式，中小企业也可以利用网络营销发掘商机，进行商业活动，把小企业做大。

（二）网络营销的互动性极强

在互联网环境下，企业，尤其是中小企业可以通过电子布告栏和电子邮件等方式，与消费者进行双向互动式的沟通，让他们参与产品的设计、生产、推广等，提高消费者的参与性和积极性。同时，企业可以了解全世界同类产品的相关信息，实现了以较低的成本在营销全过程中收集到消费者即时的信息。

（三）网络消费者个性化趋势日益突出

同传统营销相比，网络营销更加关注消费者的变化，把握消费者的需求。网络为消费者充分体现个性化提供了平台。消费者通过网络可以更广泛地选择商品和服务，或向企业直接提出自己的要求。企业也可以通过网络及时了解最终用户的需求，使企业能更好地掌握最终客户的需求信息，能为客户提供个性化的服务。网络缩短了

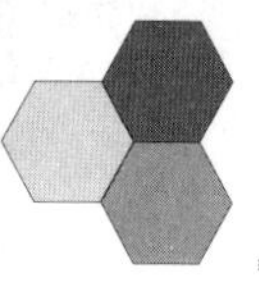

企业与消费者之间的时空距离，从而能制订更有效的营销策略，更好地满足顾客的需要。

（四）网络营销使购物过程更加容易和理智

在传统营销中，企业向顾客传递商品的信息是一种单向的传播沟通手段。而网络营销使消费者通过网络非常方便地了解自己想知道的任何有关商品和企业的信息，足不出户便可获取丰富的商品信息，极大地改变了传统市场中信息不对称造成的消费者处于劣势的境况。消费者可以从容地对各种商品进行比较，选择合适的产品和满意的服务。

（五）网络营销有利于降低企业的成本费用

对企业而言，运用网络营销手段，一方面可以降低企业的采购成本，另一方面也可以降低营销成本。很多网络营销公司依赖于网络直销模式或借助于第三方网络平台的营销模式。

第二节　网络营销的理论基础

网络营销区别于传统营销的根本原因是网络本身的特性和消费者需求的个性化。在这两者的综合作用下，使得传统营销理论不能完全胜任对网络营销的指导。因此需要在传统理论的基础上，从网络的特性和消费者需求的演化这两个角度出发，对营销理论进行重新演绎和创新。

一、营销理论

（一）“4Cs”营销理论

进入网络时代，尽管这些传统要素仍然有效，但已不足以支撑

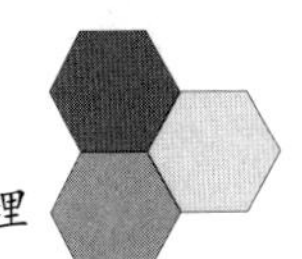

和应对网络经济时代的竞争，因为今天的竞争已变成为争夺消费者对网站的忠诚。对网站的忠诚度是网络经济时代市场营销最主要的目标。美国学者罗伯特·劳朋特教授在二十世纪末期提出了“4Cs”营销理论。它以消费者需求为导向，重新设定了市场营销组合的四个基本要素，即顾客（Customer）、成本（Cost）、便利（Convenience）和沟通（Communication）。它强调企业首先应该把追求顾客满意放在第一位，其次是努力降低顾客的购买成本，然后要充分注意到顾客在购买过程中的便利性，而不是从企业的角度来决定销售渠道策略，最后还应以消费者为中心实施有效的营销沟通。

1.Customer（顾客）

Customer（顾客）主要是指顾客的需求。企业必须先了解和研究顾客，根据顾客的需求来提供产品。同时，企业提供的不仅仅是产品和服务，更重要的是由此产生的客户价值。

2.Cost（成本）

Cost（成本）不单是企业的生产成本，或者说4P中的Price（价格），它还包括顾客的购买成本，同时也意味着产品定价的理想情况，应该是既低于顾客的心理价格，又能够让企业有所盈利。此外，这中间的顾客购买成本不仅包括其货币支出，还包括其为此耗费的时间、体力和精力消耗，以及购买风险。

3.Convenience（便利）

Convenience（便利），即为顾客提供最大的购物和使用便利。“4Cs”营销理论强调企业在制定分销策略时，要更多地考虑顾客的方便，而不是企业自己方便。要通过好的售前、售中和售后服务来让顾客在购物的同时，也享受到便利。便利是客户价值不可或缺的一部分。

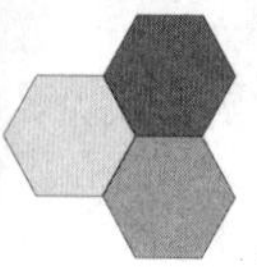

4.Communication（沟通）

Communication沟通）则被用以取代4P中对应的Promotion（促销）。4Cs营销理论认为，企业应通过同顾客进行积极有效的双向沟通，建立基于共同利益的新型企业/顾客关系。这不再是企业单向的促销和劝导顾客，而是在双方的沟通中找到能同时实现各自目标的通途。

（二）网络整合营销理论

在传统市场营销策略中，由于技术手段和物质基础的限制，产品的价格、宣传和销售的渠道、商家（或厂家）所处的地理位置以及企业促销策略等就成了企业经营，市场分析和营销策略的关键性内容。市场营销策略中的4P组合，即产品（Product）、价格（Price）、地点（Place）和宣传（Promotion）。传统的以4P理论为典型代表的营销理论的经济学基础是厂商理论，即利润最大化。所以4P理论的基本出发点是企业的利润，而没有把顾客的需求放到与企业的利润同等重要的位置上，它指导的营销决策是一条单向的链。

而网络互动的特性使得顾客能够真正参与到整个营销过程中来，顾客不仅参与的主动性增强，而且选择的主动性也得到加强，在满足个性化消费需求的驱动之下，企业必须严格地执行以消费者需求为出发点、以满足消费者需求为归宿点的现代市场营销思想，否则顾客就会选择其他企业的产品。所以，网络营销首先要求把顾客整合到整个营销过程中来，从他们的需求出发开始整个营销过程。这样，要求企业同时考虑顾客需求和企业利润。营销学者从顾客需求的角度出发研究市场营销理论，提出了4C组合。其要点是：①先不急于制定产品策略（Product），而以研究消费者的需求和欲望（Customer’s wants and needs）为中心，卖消费者想购买的产品。②暂时把定价策略（Price）放到一边，而研究消费者为满足其需求所愿付出的成

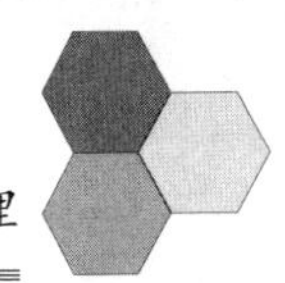

本（Cost）。③忘掉渠道策略（Place），着重考虑怎样给消费者方便（Convenience）以购买到商品。④抛开促销策略（Promotion），着重于加强与消费者沟通和交流（Communication）。

也就是说，4P 反映的是销售者关于能影响购买者的营销工具的观点。从购买者的观点来看，每一种营销工具都是为了传递顾客利益（所谓的 4C）。也就是说企业关于 4P 的每一个决策都应该给顾客带来价值，否则这个决策即使能达到利润最大化的目的也没有任何用处，因为顾客在有很多商品选择余地的情况下，他不会选择对自己没有价值或价值很小的商品。但反过来讲，企业如果从 4P 对应的 4C 出发（而不是从利润最大化出发），在此前提下寻找能实现企业利益的最大化的营销决策，则可能同时达到利润最大和满足顾客需求两个目标。

所以，网络营销的理论模式应该是：营销过程的起点是消费者的兴趣（Interesting）；营销决策（4P）是在满足 4C 要求的前提下的企业利润（Interests）最大化；最终实现的是消费者需求的满足和企业利润最大化。而由于消费者个性化需求的良好满足，他对企业的产品、服务形成良好的印象在他第二次需求该种产品时，会对公司的产品、服务产生偏好，他会首先选择公司的产品和服务，随着第二轮的交互（Interaction），产品和服务可能更好地满足他的需求。如此循环往复，一方面，顾客的个性化需求不断地得到越来越好的满足，建立起对公司产品的忠诚意识；另一方面，由于这种满足是针对差异性很强的个性化（Individuality）需求，就使得其他企业的进入壁垒变得很高。也就是说其他生产者即使也生产类似产品也不能同样程度地满足该消费者的个性消费需求。这样，企业和顾客之间的关系就变得非常紧密，甚至牢不可破，这就形成了“一

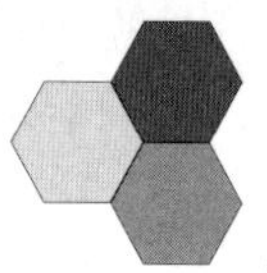

对一”的营销关系。这个理论框架称为网络整合营销理论。它始终体现了以顾客为出发点及企业和顾客不断交互的特点，它的决策过程是一个双向的链。

网络整合营销具备4I原则趣味原则（Interesting）、利益原则（Interests）、互动原则（Interaction）、个性原则（Individuality）。

二、网络“软营销”理论

网络营销是一种“软营销”。这是网络营销中有关消费者心理学的另一个理论基础。导出这个理论基础的原因仍然是网络本身的特点和消费者个性化需求的回归。

“强势营销”是工业化大规模生产时代的营销方式。传统营销中最能体现强势营销特征的是两种促销手段：传统广告和人员推销。这两种营销模式企图以一种信息灌输的方式在消费者心中留下深刻印象，而不管你是否需要和喜欢（或憎恶）它的产品和服务。在网络上这种以企业为主动方的强势营销，无论是有直接商业利润目的的推销行为还是没有直接商业目标的主动服务，是遭到唾弃并可能遭到报复的。网络营销必须遵循一定的规则，这就是“网络礼仪”。网络礼仪是网上一切行为都必须遵守的规则。网络营销也不例外。

“软营销”的特征主要体现在“遵守网络礼仪的同时通过对网络礼仪的巧妙运用从而获得一种微妙的营销效果”。概括地说，软营销和强势营销的一个根本区别就在于，软营销的主动方是消费者而强势营销的主动方是企业。个性化消费需求的回归使消费者在心理上希望成为主动方，网络的互动特性使其成为主动方。他们不欢迎不请自到的广告，但会在某种个性化需求的驱动下自己到网上寻找相关的信息、广告，此时的情况是企业等待消费者的寻觅，一旦被消费者找到，这时企业就应该活跃起来，想办法把他留住。

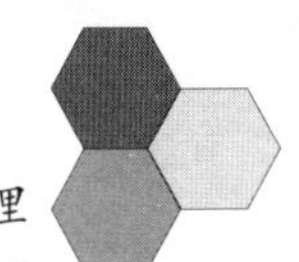

三、网络直复营销理论

网络直销是指生产厂家通过网络直接分销渠道直接销售产品。目前常见的做法有两种：一种做法是企业在因特网上建立自己独立的站点，申请域名，制作主页和销售网页，由网络管理员专门处理有关产品的销售事务；另一种做法是企业委托信息服务商在其网站上发布信息。企业利用有关信息与客户联系，直接销售产品。虽然在这一过程中有信息服务商参加，但主要的销售活动仍然是在买卖双方之间完成的。

网络直销的优点是多方面的。第一，网络直销促成产需直接见面。企业可以直接从市场上搜集到真实的第一手资料，合理地安排生产。第二，网络直销对买卖双方都有直接的经济利益。由于网络营销大大降低了企业的营销成本，企业能够以较低的价格销售自己的产品，消费者也能够买到大大低于市场价格的产品。第三，营销人员可以利用网络工具，如电子邮件、公告牌等，随时根据用户的愿望和需要，开展各种形式的促销活动，迅速扩大产品的市场占有率。第四，企业能够通过网络及时了解到用户对产品的意见和建议，并针对这些意见和建议提供技术服务，解决疑难问题，提高产品质量，改善经营管理。

仅从销售的角度来看，网络营销是一种直复营销。直复营销中的“直”（其实是“直接”，Direct 的缩写），是指不通过中间分销渠道而直接通过媒体连接企业和消费者，网络上销售产品时顾客可通过网络直接向企业下订单付款；直复营销中的“复”（其实是“回复”，Response 的缩写），是指企业与顾客之间的交互，顾客对这种营销努力有一个明确的回复（买还是不买），企业可统计到这种明确回复的数据，由此可对以往的营销效果做出评价。

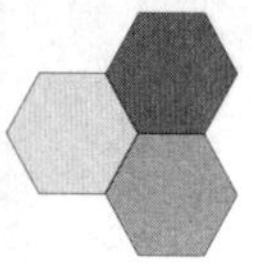

网络上的销售最大的特点就是企业和顾客的交互，不仅可以以订单为测试基础，还可获得顾客的其他数据甚至建议。所以，仅从网上销售来看，网络营销是一类典型的直复营销。网络营销的这个理论基础的关键作用是要说明网络营销是可测试、可度量、可评价的。有了及时的营销效果评价，就可以及时改进以往的营销努力，从而获得更满意的结果。

四、网络关系营销理论

所谓“网络关系”营销，是指企业借助联机网络、电脑通信和数字交互式媒体的威力来实现营销目标。它是一种以消费者为导向、强调个性化的营销方式，适应了定制化时代的要求；它具有极强的互动性，是实现企业全程营销的理想工具；它还能极大地简化顾客的购买程序，节约顾客的交易成本，提高顾客的购物效率。

在网络关系营销理论中，互联网是作为一种有效的双向沟通渠道，企业与顾客之间可以实现低费用成本的沟通和交流，它为企业与顾客建立长期关系提供有效的保障。这是因为，首先，利用互联网企业可以直接接收顾客的订单，顾客可以直接提出自己的个性化的需求。企业根据顾客的个性化需求利用柔性化的生产技术最大限度满足顾客的需求，为顾客在消费产品和服务时创造更多的价值。企业也可以从顾客的需求中了解市场、细分市场和锁定市场，最大限度降低营销费用，提高对市场的反应速度。其次，利用互联网企业可以更好地为顾客提供服务和与顾客保持联系。互联网的不受时间和空间限制的特性能最大限度方便顾客与企业进行沟通，顾客可以借助互联网在最短时间内以简便方式获得企业的服务。同时，通过互联网交易企业可以实现对整个从产品质量、服务质量到交易服务等过程的全程质量的控制。

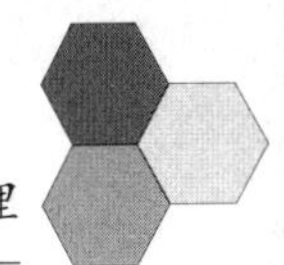

通过互联网，企业还可以实现与企业相关的企业和组织建立关系，实现双赢发展。互联网作为最廉价的沟通渠道，它能以低廉成本帮助企业与企业的供应商、分销商等建立协作伙伴关系。通过建立电子商务系统和管理信息系统实现与分销商的信息共享，降低库存成本和交易费用，同时密切双方的合作关系。

第三节　网络营销的策略和方法

一、网上消费者的购买行为

与消费者的传统购买行为相类似，网上消费者的购买行为早在实际购买之前就已经开始，并且延长到实际购买后的一段时间，有时甚至是一个较长的时期。从酝酿购买开始到购买后的一段时间，其购买过程大致可分为五个阶段：诱发需求、收集信息、比较选择、购买决策和购后评价。

（一）诱发需求

购买过程的起点是诱发需求，这种需求是在内外因素的刺激下产生的。传统的购物过程中，诱发需求的因素是多方面的：有来自人体内部所形成的生理刺激，如冷暖饥渴；有来自外部环境所形成的心理刺激等。

但对于网络营销来说，诱发需求的动因只能局限于视觉和听觉。文字的表述、图片的设计、声音的配置成为诱发网上消费者购买的直接动因。从这方面讲，网络营销对消费者的吸引具有相当的难度。这就要求从事网络营销的经营者注意了解与自己产品有关的实际需求和潜在需求，了解在不同时间段消费者产生这些需求的程度，了解这些需求是由哪些刺激因素诱发的，进而采取相应的促销手段去

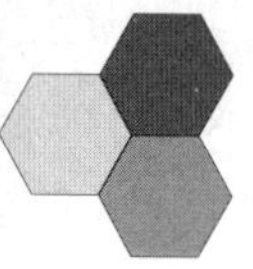

吸引更多的消费者浏览网页，诱导他们的需求欲望。

（二）收集信息

当需求被唤起之后，每个消费者都希望自己的需求能得到满足。所以，收集信息，了解行情，成为消费者购买过程的第二个环节。这个环节的作用就是汇集商品的有关资料，为下一步的比较选择奠定基础。

消费者对信息的收集主要来自个人渠道、商业渠道和公共渠道。在传统的购买过程中，消费者对于信息的收集大都出于被动进行的状况，如，亲朋好友或同事提供的购买信息和体会；厂商的展览推销、上门推销、中介推销、各类广告宣传等。在网上购买过程中，商品信息的收集主要是通过 Internet 进行。与传统购买时不同，网上购买信息的收集具有较大的主动性。一方面，网上消费者可根据已了解的信息，通过 Internet 跟踪查询；另一方面，消费者又在不断地网上浏览中，寻找新的购买机会。由于消费层次的不同，上网消费者大都具有敏锐的购买意识，始终领导着消费潮流。

（三）比较选择

比较选择是购买过程中必不可少的环节。消费者对各条渠道汇集而来的资料进行比较、分析、研究，了解各种商品的特点及性能，从中选择最为满意的一种。一般说来，消费者的综合评价主要考虑商品的功能、质量、可靠性、样式、价格和售后服务等。通常，一般消费品和低值易耗品较易选择，而对耐用消费品的选择则比较慎重。

网上购物不直接接触实物，因此网上消费者对商品的比较主要依赖于厂商对产品的描述，包括文字的表述和图片的描述。经销商对自己的产品描述的不充分，就不能吸引众多的顾客；反之，如果过分夸张的描述，甚至带有虚假的成分，则可能永久地失去顾客。对

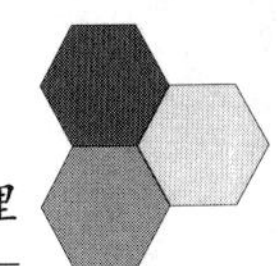

于这种分寸的把握，是每个从事网络营销的厂商都必须认真考虑的。

近年来在传统媒体上所出现的虚假广告现象也不可避免地出现在网络广告上，因此网上消费者也应当从不同角度考察网络广告的可信度。一般可通过如下方式进行：

1. 看发布渠道

一般来说，在著名站点上发布广告的厂商，其经济实力较强，可信度较高，反之，其可信度较低。

2. 看广告用语

语言是广告对外传播信息的一种主要的表达形式，客观地、实事求是地反映商品的特点是网络广告的基本要求。

3. 看主页内容更换的频率

网络营销成功的企业，其主页内容必定经常更换，不时推出新的信息和产品。而不重视网络营销的企业，对主页的内容漠不关心，主页总是以老面孔展现在网民面前。

4. 尝试性购买

若要购买一个不熟悉网站上的商品，可先作一次或几次尝试性购买，了解其产品质量和服务质量，然后再进行大规模购买。

（四）购买决策

网上消费者在完成对商品的比较选择后，便进入到购买决策阶段。网上购买决策是指网上消费者在购买动机的支配下，从两件或两件以上的商品中选择一件满意商品的过程。购买决策是网上消费者购买活动中最主要的组成部分，它基本上反映了网上消费者的购买行为。

与传统的购买方式相比，网上购买者的购买决策有许多独特之处。首先，网上购买者理智动机所占比重较大，而感情动机的比重

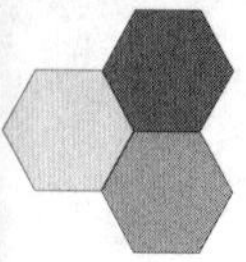

较小，这是因为消费者在网上寻找商品的过程本身就是一个思考的过程。他有足够的时间仔细分析商品的性能、质量、价格和外观，从容地做出自己的选择。其次，网上购买受外界影响较小。购买者常常是独自坐在计算机前上网浏览、选择，与外界接触较少，决策范围有一定的局限性，大部分的购买决策是自己做出的或是与家人商量后做出的。因此，网上购物的决策行为较之传统的购买决策要快得多。

网上消费者在决策购买某种商品时，一般必须具备三个条件：第一，对厂商有信任感；第二，对支付有安全感；第三，对产品有好感。所以，树立企业形象，改进货款支付办法，全面提高产品质量，是每个参与网络营销的厂商必须重点抓好的三项工作。

（五）购后评价

消费者购买商品后，往往通过使用对自己的购买行为进行检验和反省，重新考虑这种购买是否正确，效用是否满意，服务是否周到等问题。这种购后评价往往决定了消费者今后的购买动向。

商品的价格、质量和服务与消费者的预料相匹配，消费者会感到心理上的满足，否则，就会产生厌烦心理。购后评价为消费者发泄内心的不满提供了一条非常好的渠道，同时也为厂商改进工作收集了大量第一手资料。

为了提高企业的竞争力，最大限度地占领市场，企业必须虚心倾听顾客反馈的意见和建议。Internet 为网络营销者收集消费者购后评价意见和建议提供了得天独厚的条件，企业从网上收集到这些评价后，通过计算机的分析、归纳，可以迅速找出工作中的缺陷和不足，及时改进自己的产品和服务。

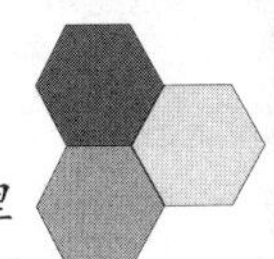

二、网络营销策略和方法

（一）网络营销的策略探讨

网络营销策略是企业根据自身所在市场中所处地位不同而采取的一些网络营销组合，它包括网络营销产品服务策略、网络营销价格策略、网络营销渠道策略和网络营销促销策略。在采取网络营销实现企业营销目标时，必须采取与企业相适应营销策略，因为网络营销虽然是非常有效的营销工具，但企业实施网络营销时是需要进行投入的和有风险的。同时企业在制定网络营销策略时，还应该考虑到产品周期对网络营销策略制定的影响。网络营销的策略在解决方案中具有重要的地位。如通过口碑营销在微博、小红书等上取得了明显成绩；通过捆绑营销联合国儿童基金会能够为它带来每年上千万的捐款；通过行业整合营销、资讯整合营销等策略帮助相关客户获得了网络方面的竞争优势。这些策略是能够帮助企业实现各自不同的目标。

1. 产品和服务以顾客为中心

一方面，由于互联网络具有很好的互动性和引导性，用户通过互联网络在企业的引导下对产品或服务进行选择或提出具体要求，企业可以根据顾客的选择和要求及时进行生产并提供及时服务，使得顾客跨时空得到满足所要求的产品和服务；另一方面，企业还可以及时了解顾客需求，并根据顾客要求组织及时生产和销售，提供企业的生产效益和营销效率。

在网络营销中，产品的整体概念可分为5个层次，相应地有不同的策略：

（1）核心利益层次

是指产品能够提供给消费者的基本效用或益处，是消费者真正

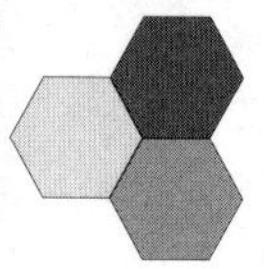

想要购买的基本效用或益处。如消费者购买电脑是为了学习电脑、利用电脑作为上网工具；购买软件是为了压缩磁盘空间、播放音乐或上网冲浪等。由于网络营销是一种以顾客为中心的营销策略，企业在设计和开发产品核心利益时要从顾客的角度出发，要根据上次营销效果来制定本次产品设计开发。要注意的是网络营销的全球性，企业在提供核心利益和服务时要针对全球性市场提供，如医疗服务可以借助网络实现远程医疗。

（2）有形产品层次

是产品在市场上出现时的具体物质形态。对于物质产品来说，第一，产品的品质必须保障；第二，必须注重产品的品牌；第三，注意产品的包装；第四，在式样和特征方面要根据不同地区的文化来进行针对性加工。

（3）期望产品层次

在网络营销中，顾客处于主导地位，消费呈现出个性化的特征，不同的消费者可能对产品的要求不一样，因此产品的设计和开发必须满足顾客这种个性化的消费需求。这种顾客在购买产品前对所购产品的质量、使用方便程度、特点等方面的期望值，就是期望产品。为满足这种需求，对于物质类产品，要求企业的设计、生产和供应等环节必须实行柔性化的生产和管理。对于无形产品如服务、软件等，要求企业能根据顾客的需要来提供服务。

（4）延伸产品层次

是指由产品的生产者或经营者提供的购买者有需求的产品层次，主要是帮助用户更好地使用核心利益的服务。在网络营销中，对于物质产品来说，延伸产品层次要注意提供满意的售后服务、送货保证、质量保证等。

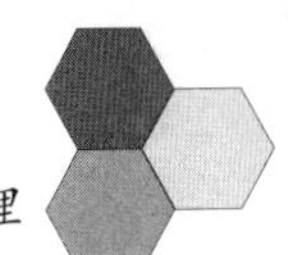

（5）潜在产品层次

是指在延伸产品层次之外，由企业提供能满足顾客潜在需求的产品层次。它主要是产品的一种增值服务，与延伸产品的主要区别是顾客没有潜在产品层次仍然可以很好地使用需要的产品的核心利益和服务。在高新技术发展日益迅猛的时代，有许多潜在需求和利益还没有被顾客认识到，这需要企业通过引导和支持更好地满足顾客的潜在需求。

2.以顾客能接受的成本定价

传统的以生产成本为基准的定价在以市场为导向的营销中是必须摒弃的。新型的价格应以顾客能接受的成本来定价，并依据该成本来组织生产和销售。企业以顾客为中心定价，必须测定市场中顾客的需求以及对价格认同的标准，否则以顾客接受成本来定价便是空中楼阁。在互联网络上企业则可以很容易地实现这一定价策略，顾客可以通过互联网络提出能接受的成本，企业根据顾客的成本提供柔性的产品设计和生产方案供用户选择，直到顾客认同确认后再组织生产和销售，所有这一切都是顾客在公司的服务器程序的导引下完成的，并不需要专门的服务人员，因此成本也极其低廉。例如汽车公司允许顾客在互联网络上，通过公司的有关导引系统自己设计和组装满足自己需要的汽车，用户首先确定能接受的价格标准，然后系统根据价格的限定从中显示满足要求式样的汽车，用户还可以进行适当的修改，公司最终生产的产品恰好能满足顾客对价格和性能的要求。

（1）低价定价策略

借助互联网进行销售，比传统销售渠道的费用低廉，因此网上销售价格一般来说比流行的市场价格要低。由于网上的信息是公开

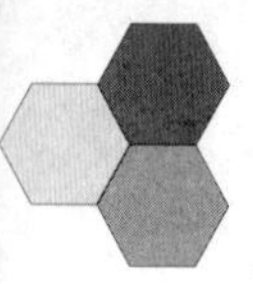

的和易于搜索比较的，因此网上的价格信息对消费者的购买起着重要作用。

直接低价定价策略就是由于定价时大多采用成本加一定利润，有的甚至是零利润，因此这种定价在公开价格时就比同类产品要低。它一般是制造业企业在网上进行直销时采用的定价方式，如戴尔公司电脑定价比同性能的其他公司产品低 10% ～ 15%。采用低价策略的基础是前面分析中指出的，互联网企业可以节省大量的成本费用。

另外一种低价定价策略是折扣策略，它是在原价基础上进行折扣来定价的。这种定价方式可以让顾客直接了解产品的降价幅度以促进顾客的购买。这类价格策略主要用在一些网上商店，它们一般按照市面上的流行价格进行折扣定价。如当当网的图书价格一般都要进行折扣，而且折扣达到 3 ～ 5 折。

企业如果是为了拓展网上市场，但产品价格又不具有竞争优势时，则可以采用网上促销定价策略。由于网上的消费者范围很广而且具有很强的购买能力，许多企业为打开网上销售局面和推广新产品，采用临时促销定价策略。促销定价除了前面提到的折扣策略外，比较常用的是有奖销售和附带赠品销售。

（2）定制生产定价策略

定制生产就是按照顾客需求进行生产，以满足网络时代顾客的个性化需求。由于消费者的个性化需求差异较大，加上消费者的需求量又少，因此企业实行定制生产必须在管理、供应、生产和配送各个环节上，适应这种小批量、多式样、多规格和多品种的生产和销售变化。

定制定价策略是指在企业能实行定制生产的基础上，利用网络技术和辅助设计软件，帮助消费者选择配置或者自行设计能满足自

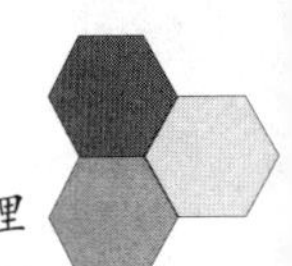

己需求的个性化产品，同时承担自己愿意付出的价格成本。目前这种允许消费者定制定价订货的尝试还只是初步阶段，消费者只能在有限的范围内进行挑选，还不能完全要求企业满足自己所有的个性化需求。

（3）使用定价策略

所谓使用定价，就是顾客通过互联网注册后可以直接使用某公司的产品，顾客只需要根据使用次数进行付费，而不需要将产品完全购买。这种定价策略一方面减少了企业为完全出售产品而进行的不必要的大量的生产和包装浪费，同时还可以吸引过去那些有顾虑的顾客使用产品，扩大市场份额。顾客每次只是根据使用次数付款，节省了购买产品、安装产品、处置产品的麻烦，还可以节省不必要的开销。

采用按使用次数定价时，一般要考虑产品是否适合通过互联网传输，是否可以实现远程调用。目前，比较适合的产品有软件、音乐、电影等产品。对于软件，如我国的用友软件公司推出网络财务软件，用户在网上注册后在网上直接处理账务，而无须购买软件和担心软件的升级、维护等非常麻烦的事情；对于音乐产品，也可以通过网上下载或使用专用软件点播；对于电影产品，则可以通过现在的视频点播系统 VOD 来实现远程点播，无须购买影带。另外，采用按次数定价对互联网的带宽提出了很高的要求，因为许多信息都要通过互联网进行传输，如互联网带宽不够将影响数据传输，势必会影响顾客租赁使用和观看。

（4）拍卖竞价策略

网上拍卖是目前发展比较快的领域，经济学家认为市场要想形成最合理价格，拍卖竞价是最合理的方式。网上拍卖是指由消费者

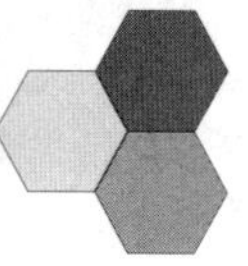

通过互联网轮流公开竞价，在规定时间内价高者赢得产品。

根据供需关系，网上拍卖竞价方式有以下几种：

①竞价拍卖

最大量的是C2C的交易，包括二手货、收藏品，普通商品也可以以拍卖方式进行出售。

②竞价拍买

是竞价拍卖的反向过程，指消费者提出一个价格范围，求购某一商品，由商家出价，出价可以是公开的或隐蔽的，消费者将与出价最低或最接近的商家成交。

③集体议价

在互联网出现以前，这种方式在国外主要是多个零售商结合起来，向批发商（或生产商）以数量还价格的方式进行。互联网出现后，使得普通的消费者也能使用这种方式购买商品。这在目前的国内网络竞价市场中，还是一种全新的交易方式。

（5）免费价格策略

免费价格策略是市场营销中常用的营销策略，它主要用于促销和推广产品，这种策略一般是短期和临时性的。但在网络营销中，免费价格不仅仅是一种促销策略，它还是一种非常有效的产品和服务定价策略。

具体说，免费价格策略就是将企业的产品和服务以零价格形式提供给顾客使用，满足顾客的需求。免费价格形式有这样几类形式：第一类是产品和服务完全免费，即产品（服务）从购买、使用和售后服务所有环节都实行免费服务；第二类对产品和服务实行限制免费，即产品（服务）可以被有限次使用，超过一定期限或者次数后，取消这种免费服务；第三类是对产品和服务实行部分免费，如一些

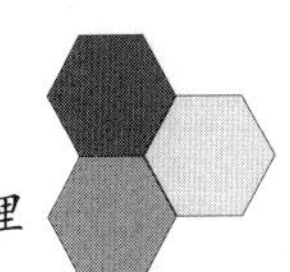

著名研究公司的网站公布部分研究成果，如果要获取全部成果必须付款作为公司客户；第四类是对产品和服务实行捆绑式免费，即购买某产品或者服务时赠送其他产品和服务。

网络营销中产品实行免费策略是要受到一定的环境制约的，并不是所有的产品都适合于免费策略。互联网作为全球性开放网络，它可以快速实现全球信息交换，只有那些适合互联网特性的产品才适合采用免费价格策略。

一般说来，免费产品具有易于数字化无形化、零制造成本、成长性、冲击性、间接收益等特点。

免费价格策略一般与企业的商业计划和战略发展规划紧密关联，企业要降低免费策略带来的风险，提高免费价格策略的成功性，应遵循下面步骤：①互联网作为成长性的市场。获取成功的关键是要有一个可能获得成功的商业运作模式，因此考虑免费价格策略时必须考虑与商业运作模式能否吻合。②分析采用免费策略的产品（或服务）能否获得市场认可。也就是提供的产品（服务）是否是市场迫切需求的。互联网上通过免费策略已经获得成功的公司都有一个特点，就是提供的产品（服务）受到市场的极大欢迎。如Yahoo的搜索引擎克服了在互联网上查找信息的困难，给用户带来了便利；我国的新浪网站提供了大量实时性的新闻报道，满足了用户对新闻的需求。③分析免费策略产品推出的时机。在互联网上的游戏规则是win take all（赢家通吃，只承认第一，不承认第二）。因此在互联网上推出免费产品是为了抢占市场，如果市场已经被占领或者已经比较成熟，则要审视推出的产品（服务）的竞争能力。④考虑免费价格产品（服务）是否适合采用免费价格策略。目前国内外很多提供免费PC的ISP，对用户也不是毫无要求：它们有的要求用户接受广告，有的要求用户

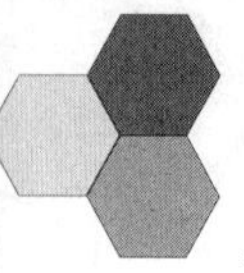

每月在其站点上购买多少钱的商品，还有的提供接入费用等。⑤策划推广免费价格产品（服务）。互联网是信息海洋，对于免费的产品（服务），网上用户已经习惯。因此，要吸引用户关注免费产品（服务），应当与推广其他产品一样有严密营销策划。在推广免费价格产品（服务）时，主要考虑通过互联网渠道进行宣传。

这几种价格策略是企业在利用网络营销拓展市场时可以考虑的几种比较有效的策略。并不是所有的产品和服务都可以采用上述定价方法的，企业应根据产品的特性和网上市场发展的状况来决定定价策略的选择。不管采用何种策略，企业的定价策略应与其他策略配合，以保证企业总体营销策略的实施。

3. 产品的分销以方便顾客为主

网络营销是一对一的分销渠道，是跨时空进行销售的，顾客可以随时随地利用互联网络订货和购买产品。

（1）网上直销

网上直销与传统直接分销渠道一样，都是没有中间营销商。网上直销渠道一样也要具有上面营销渠道中的订货功能、支付功能和配送功能。网上直销与传统直接分销渠道不一样的是：生产企业可以通过建设网络营销站点，让顾客可以直接从网站进行订货。通过与一些电子商务服务机构如网上银行合作，直接提供支付结算功能，简化了过去资金流转的问题。对于配送方面，网上直销渠道可以利用互联网技术来构造有效的物流系统，也可以通过互联网与一些专业物流公司进行合作，建立有效的物流体系。

与传统分销渠道相比，网上营销渠道有许多更具竞争优势的地方。第一，利用互联网的交互特性，网上营销渠道从过去单向信息沟通变成双向直接信息沟通，增强了生产者与消费者的直接连接。第二，

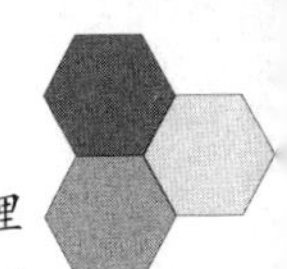

网上营销渠道可以提供更加便捷的相关服务。第三，网上营销渠道的高效性，可以大大减少过去传统分销渠道中的流通环节，有效降低成本。

（2）网络时代的新型中间商

由于网络的信息资源丰富、信息处理速度快，基于网络的服务可以便于搜索产品，但在产品（信息、软件产品除外）实体分销方面却难以胜任。目前出现许多基于网络的提供信息服务中介功能的新型中间商，可称为电子中间商。电子中间商提供的服务有以下几类:

①目录服务

利用 Internet 上的目录化的 Web 站点提供菜单驱动进行搜索，现在这种服务是免费的，将来可能收取一定的费用。

②搜索服务

与目录不同，搜索站点为用户提供基于关键词的检索服务，站点利用大型数据库分类存储各种站点介绍和页面内容。搜索站点不允许用户直接浏览数据库，但允许用户向数据库添加条目。

③虚拟商业街

虚拟商业街是指在一个站点内连接两个或以上的商业站点，虚拟商业街与目录服务的区别是，虚拟商业街定位某一地理位置和某一特定类型的生产者和零售商，在虚拟商业街销售各种商品、提供不同服务，站点的主要收入来源依靠其他商业站点对其的租用。

④网上出版

由于网络信息传输及时而且具有交互性，网络出版 Web 站点可以提供大量有趣和有用的信息给消费者，目前出现的联机报纸、联机杂志属于此类型。由于内容丰富而且基本上免费，此类站点访问量特别大，因此出版商利用站点做 Internet 广告或提供产品目录，

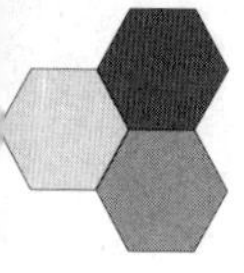

并以广告访问次数进行收费。

⑤虚拟零售店（网上商店）

虚拟零售店不同于虚拟商业街，虚拟零售店拥有自己的货物清单，直接销售产品给消费者。

⑥站点评估

消费者在访问生产者站点时，由于内容繁多站点庞杂，往往显得束手无措不知该访问哪一个站点，提供站点评估的站点，可以帮助消费者根据以往数据和评估等级，选择合适站点访问，通常一些目录和搜索站点也提供一些站点评估服务。

⑦电子支付

电子商务要求能在网络上交易的同时，实现买方和卖方之间的授权支付。

⑧虚拟市场和交换网络

虚拟市场提供一个虚拟场所，任何符合条件的产品都可以在虚拟市场站点内进行展示和销售，消费者可以在站点中任意选择和购买，站点主持者收取一定的管理费用。

（二）网络营销的方法选择

网络营销需借助一定的方式来实现。随着移动互联网、智能设备等的发展，各种新的网络营销方法层出不穷。在选择时，应结合自身实际采用。

1. 搜索引擎营销

搜索引擎营销是英文 Search Engine Marketing 的翻译，简称为 SEM，它是目前最主要的网站推广营销手段之一。简单来说，搜索引擎营销就是基于搜索引擎平台的网络营销，利用人们对搜索引擎的依赖和使用习惯，在人们检索信息的时候尽可能将营销信息传递

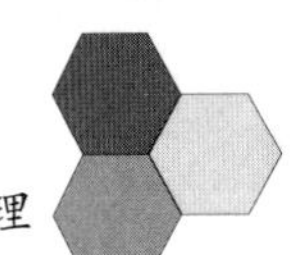

给目标客户。搜索引擎营销追求最高的性价比，以最小的投入，获最大的来自搜索引擎的访问量，并产生商业价值。搜索引擎营销的服务方式主要有4种：

（1）竞价排名

竞价排名是指网站付费后才能出现在搜索结果页面，付费越高者排名越靠前；竞价排名服务，是由客户为自己的网页购买关键字排名，按点击计费的一种服务。客户可以通过调整每次点击付费价格，控制自己在特定关键字搜索结果中的排名，并可以通过设定不同的关键词捕捉到不同类型的目标访问者。

值得一提的是即使是做了PPC（Pay Per Click，按照点击收费）付费广告和竞价排名，最好也应该对网站进行搜索引擎优化设计，并将网站登录到各大免费的搜索引擎中。

（2）购买关键词广告

购买关键词广告即在搜索结果页面显示广告内容，实现高级定位投放，用户可以根据需要更换关键词，相当于在不同页面轮换投放广告。

（3）搜索引擎优化（SEO）

搜索引擎优化是指通过对网站优化设计，使得网站在搜索结果中靠前。搜索引擎优化（SEO）又包括网站内容优化、关键词优化、外部链接优化、内部链接优化、代码优化、图片优化、搜索引擎登录等。

2. 网络广告

网络广告作为最重要的促销工具之一，目前得到迅猛发展。它作为新型媒体，同传统的报纸杂志、无线广播和电视等相比具有交互性和直接性。网络广告是网上开展促销活动最有效的沟通渠道之一。

传统广告是基于印象的联想型劝诱机制，通过反复的感官冲击

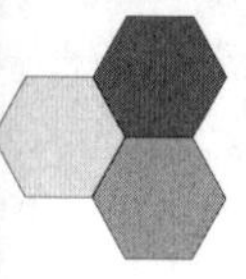

使受众留下印象。传统广告与消费者的交互作用较弱，其广告效果的测试也是比较困难的。网络广告的沟通方式不是传统促销中“推”的形式而是“拉”的形式，不是传统的“强势”营销而是“软”营销。网络广告主要基于信息的理性说服机制，通过提供海量信息、信息展现、信息比较，使消费者更易做出理性的判断。同时，网络广告是一种即时交互式广告，它的营销效果是可以测试的，在一定程度上克服了传统广告效果测试的困难。

企业发布网络广告，一般有以下几种方式：

（1）按钮型广告（Button）

这是网络广告中最早和最常见的方式，通常是一个链接着公司的主页或站点的公司标志，并注明“Click Me”，希望网络浏览者主动点击。

（2）旗帜型广告（Banner）

网络媒体在自己网站的页面中分割出一定大小的一个个画面来发布广告，因像一面旗帜，故称旗帜广告。旗帜广告允许客户用极简练的语言和图片介绍企业的产品或宣传企业的形象。

（3）移动广告（Mobile）

这是一种为改变旗帜广告比较呆板的缺点而出现的新广告形式。该广告是一种可以在屏幕上移动的小型图片，当用户单击该图片时，该广告会自动扩大到全屏。

（4）主页广告（Homepage）

企业将所要发布的信息内容分门别类地制作成主页，放置在网络服务商的站点或企业自己建立的站点上。主页广告可以详细地介绍企业信息。

（5）分类广告（Classifieds）

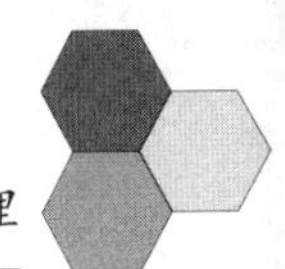

它类似于报纸杂志中的分类广告，是一种专门提供广告信息服务的站点，在站点中提供按产品或企业等可以分别检索的深度广告信息。这种形式的广告向那些想了解广告信息的访问者提供了一种快捷、有效的途径。

3.广告联盟营销

广告联盟营销也称为网络联盟营销，是指商家（又称广告主，在网上销售或宣传自己产品和服务的厂商）利用专业联盟营销机构提供的网站联盟服务拓展其线上及线下业务，扩大销售空间和销售渠道，并按照营销实际效果支付费用的新型网络营销模式。网络广告联盟包括三要素：广告主、联盟会员和联盟营销平台。

（1）按照用户指定行为的不同，广告联盟营销主要分成三种付费方式：

①按点击量付费（Pay Per Click）

用户只要单击联盟链接，广告主就要支付一定数额的佣金。一般广告主把按点击量收费作为联盟营销的辅助手段。

②按引导付费（Pay Per Lead）

用户单击联盟链接来到广告主网站后，需要完成某个引导行为，如注册用户账号、下载试用软件等。这里的引导行为通常都是免费的，不需要用户付费购买。

③按销售付费（Pay Per Sale）

用户单击联盟链接来到广告主网站后，需要完成购买并产生销售额，广告主才按商定的金额支付佣金。按销售付费是最常见的联盟计划营销付费方式。

（2）广告联盟营销的主要优势有以下几点：

①双赢局面

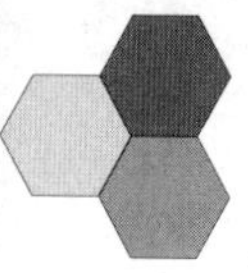

对于广告主，这种“按效果付费”的营销方式意味着他们只需要在对方真正带来了“生意”才付钱，而且客户的每一个点击行为和在线活动都可以被管理软件记录下来，从而更清楚地了解广告费用的用途。

②更广的网络覆盖面以及品牌强化

如果广告主的网站在百度搜索结果中的排名较低，而联盟会员网站却可能在排名较高的位置中占据了很高比例，那么，广告主无须特别对自身网站进行网站优化就可直接凭借自己在联盟会员网站上的链接和旗帜广告吸引目标市场的大部分潜在用户，这对于提高访问量和强化品牌是非常有效的。

③可计算的结果

强大的联盟营销管理平台具有跟踪记录、分析记录，并使用这些记录分析来为产品开发和营销策略提供科学决策依据的功能。由于通过这种方式可以基本上解决网站访问量的问题，因此商家可以集中精力放到产品开发、客户服务以及销售渠道上面，从而大大提高工作效率。

④额外的增值服务

提供中间联盟营销管理平台的服务商可以为广告双方提供许多额外的增值服务，包括有价值的市场营销报告和广告主在联盟营销平台上的业绩报告。中间服务商还可以为网站促销活动提供策划及运作、E-mail营销支持、与联盟网站进行交流及宣传活动等支持服务，以提高广告主的营销活动效果。

（3）使用广告联盟营销最主要的方式是使用第三方联盟计划服务

①广告商注册及管理。网站在第三方联盟平台注册信息。②链

接管理。广告商可以在后台上传自己的广告旗帜、图标、推荐的广告语等，也可以在后台上传自己的产品数据库。③跟踪。联盟计划平台会跟踪用户的行为。④统计。广告商的统计报表包括各个联署网站的点击率、引导或销售数字及转化率、佣金数额等；联盟会员网站站长的统计报表包括所有站长参加的广告商联署计划列表、点击率、显示率、转化率、佣金数额等。⑤付费。广告商按指定付费方式付费。⑥推广联盟计划。积极推广广告商的联署计划。

4. 电子邮件营销

电子邮件营销是互联网上最早出现的商业活动之一。电子邮件营销是网络营销信息传递的有效方式，也是主要的顾客服务手段之一。电子邮件营销（E-mail 营销）是指通过电子邮件的方式向目标用户传递有价值信息的一种网络营销手段。电子邮件营销的定义中强调了三个基本因素：基于用户许可、通过电子邮件传递信息、信息对用户是有价值的。三个因素缺少一个，都不能称之为有效的电子邮件营销。

（1）电子邮件营销的主要优势

①范围广

随着国际互联网的迅猛发展，全球网民总数已经超过 49 亿。面对如此巨大的用户群，只要企业拥有足够多的电子邮件地址，就可以在很短的时间内向数千万目标用户发布广告信息，营销范围可以是中国全境乃至全球。

②成本低廉

电子邮件营销是一种低成本的营销方式，所有的费用支出就是上网费，成本比传统广告形式要低得多。

③应用范围广

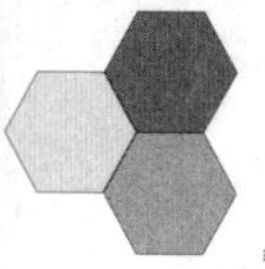

广告的内容不受限制，适合各行各业。因为广告的载体就是电子邮件，所以具有信息量大、保存期长的特点。电子邮件具有长期的宣传效果，而且收藏和传阅简单方便。

④针对性强、反馈率高

电子邮件是点对点的传播，可以实现非常有针对性、高精准的传播，如针对某一特点的人群发送特定邮件，也可以根据需要按行业和地域等进行分类，然后针对目标客户进行邮件群发，使宣传一步到位。

⑤实现连续推销

电子邮件营销可以使网站营销人员与邮件订阅者保持长期联系，实现连续沟通。以这种方式建立的强烈信任和品牌价值是很少有其他网络营销方式能够达到的。网站有任何新产品，或有打折促销活动，都能及时传达给长期订户，销售转化率也比随机来到网站的用户高得多。

（2）开展电子邮件营销的一般过程

开展电子邮件营销的过程，就是将有关营销信息通过电子邮件的方式传递给用户的过程。为了将信息发送到目标用户电子邮件，首先应该明确向哪些用户发送信息，发送什么信息，以及如何发送信息。开展电子邮件营销一般要经历下列几个主要步骤：①制订电子邮件营销计划，分析目前所拥有的电子邮件营销资源，如果公司本身拥有用户的电子邮件地址资源，则应先利用内部资源。②决定是否利用外部列表投放电子邮件广告，并且要选择合适的外部列表服务商。③针对内部和外部邮件列表分别设计邮件内容。④根据计划向潜在用户发送电子邮件信息。⑤对电子邮件营销活动的效果进行分析和总结。

（3）开展电子邮件营销需要注意的问题

电子邮件是企业和现有客户沟通常用的渠道之一。但是做好电子邮件营销也并非那么简单，不恰当的邮件投放不仅不能收到理想的投资回报，甚至可能造成收信人的反感。在开展电子邮件营销时需要注意以下问题：

①不要在未经用户允许的情况下发送电子邮件，切忌滥发邮件

如果强制性地将邮件发送到目标者的邮箱，那么在违背了邮件营销的基本概念下，一方面降低了自己网站的品牌美誉度，另一方面有可能使收件人将网站拉入黑名单。获得用户允许的方式一般包含线上与线下两大类，线上的方式有注册、订阅、促销活动等，线下的方式有名片交换、展会收集用户信息等。

②邮件的内容要注意精挑细选

邮件内容的可读性决定着阅读者是否愿意花费时间去阅读。邮件的内容一定要保证主题鲜明、精简、灵活，切忌邮件没有主题、内容繁杂或采用附件形式。

③发送邮件要有一个固定周期

为发送邮件设置一个固定时间，如每周二中午，按时发送邮件一方面反映出企业的专业化，增加用户的信心，另一方面也有助于规范营销人员的工作。切忌邮件没有一定的发送周期或发送过于频繁，有时每周发送几次，有时又连续几个星期没有任何音讯。这样不仅使用户无法对接收邮件产生一定的预期，而且还可能招致用户反感。

④及时回复邮件

评价电子邮件营销成效的标志之一是顾客反应率。但有了顾客回应还必须及时回复。顾客对服务及时性的要求越来越高，希望能在几个小时之内获得来自企业对自己咨询问题的及时回复，否则就

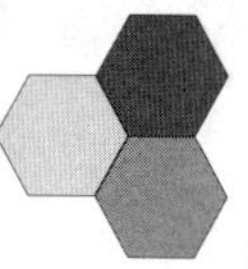

会失去耐心。

⑤清晰的邮件退订说明

所有电子邮件必须包含有关收件人如何退订或修改首选项的清晰说明。每封电子邮件必须包含一个链接让收件人可以选择退出接收来自发件人的邮件。通过单击该链接，收件人将自动从邮件列表中移除其电子邮件地址，并停止接收来自发件人的邮件。不能退订的邮件或没有明确告诉用户退订方法的邮件，实则等同于垃圾邮件，反而引起用户的反感。

⑥最佳的邮件格式

邮件内容需要有一定的格式，如纯文本格式。HTML 格式和富媒体格式，或是这些格式的组合。哪种邮件格式更好，目前没有绝对的结论，与邮件的内容和用户的阅读特点等因素有关，如果可能，则最好给用户提供不同内容格式的选择。

⑦发件人信息要明确

发件人显示的内容也是一种信息传递方式，即使收件人不打开邮件阅读，从发件人名称也可以对该公司的品牌增加一些印象。切忌隐藏发件人姓名和地址，使收件人产生疑惑和不信任，甚至直接加入垃圾邮件列表。

5. 社会化媒体营销

社会化媒体主要是指一个具有网络性质的综合站点，其内容大多由用户自愿提供，而用户与站点不存在直接的雇佣关系。如微信、QQ、微博，它们极大地改变了人们的生活，将我们带入了一个社交网络的时代。社会化媒体营销是指利用社交网络、在线社区、博客、百科或其他互联网协作平台媒体来传播和发布资讯，从而形成营销、销售、公共关系处理和客户关系服务维护及开拓的一种方式。

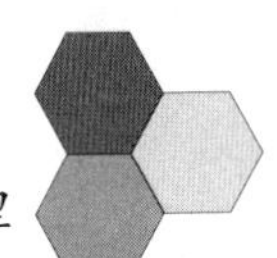

（1）社会化媒体营销的优势

由于社会化媒体具有用户互动交流、由用户产生和共享内容、形成用户关系和社区的特点，因此使得社会化媒体营销具备了如下主要优势：

①提高网络曝光量和点击流量

社会化媒体一般都拥有海量注册用户，企业利用社交媒体网络上的粉丝关注效用和社群效应，增加企业的产品与服务信息的曝光量，增加注册用户数量并实现与潜在用户之间更为广泛的沟通，持续深化关系。由于社会化媒体用户数量巨大，且用户之间分享、互动频繁，因此品牌信息极容易被迅速传播，尤其是当品牌信息与社会焦点事件相关联时，提升了品牌知名度。

②准确定向目标客户

通过社交网络可以了解用户大量极具价值的信息，如年龄、工作等基础数据并通过对用户发布和分享内容的分析，有效判断用户的喜好、消费习惯及购买能力等信息。此外，随着移动互联网的发展，社交用户使用移动终端的比例越来越高，移动互联网基于地理位置的特性也将给营销带来了极大的变革。这样通过对目标用户的精准人群定向以及地理位置定向，企业在社交网络的推广信息自然能收到比在传统网络媒体更好的效果。

③吸引更多的业务合作伙伴

社交媒体的属性特征使得用户在社交媒体上能够获得比搜索引擎更加全面和完善的资讯，也更容易判断合作伙伴的经验和能力，从而为企业带来更多潜在的合作机会。企业的社会化营销团队还可以实时发起与潜在用户的互动，持续深化与潜在用户的关系，促进对企业产品与服务的兴趣，并且适时地发起社会化营销活动来促进

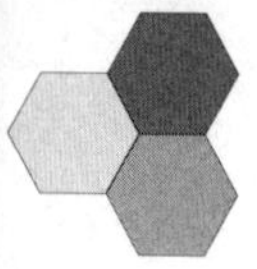

成交。

④提升搜索排名

传统的官方网站以产品信息发布为主，内容多是静态信息和资讯，内容更新频率比较低，主要通过关键词来被搜索引擎收录。而社交媒体上的信息更新与内容互动要频繁得多，企业在社交媒体上频道页面的更新率非常高，容易在搜索中排在更靠前的位置。

⑤带来高质量的销售机会

社交媒体对于销售机会具有显著的促进效应。企业通过社交媒体发布消息，发放网络优惠券，发起与产品有关的话题，监控感兴趣的客户行为，结合邮件营销、视频营销、病毒营销和博客营销等，带来了大量的销售机会。

⑥有利于进行舆论监控和市场调查

首先，在社交网络出现以前，企业想对用户进行舆论监控，难度是很大的。而如今，社交媒体在企业危机公关时发挥的作用已经得到了广泛认可，任何一个负面消息都是从小范围开始扩散的，只要企业能随时进行舆论监控，便可有效地降低企业品牌危机产生和扩散的可能。其次，通过对社交平台大量数据的分析，或进行市场调查，企业能有效地挖掘出用户的需求，为产品设计开发提供很好的市场依据。

（2）社会化媒体营销对策

社会化媒体营销对于很多企业来说已经是企业营销的必备项目，在营销中关键的几点有：让目标客户触手可及并参与讨论；传播和发布对目标客户有价值的信息；让消费者与品牌或产品产生联系；与目标客户形成互动。具体对策包括以下几点：

①精准定位

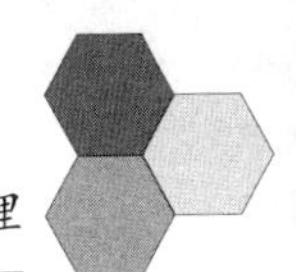

企业应精准定位目标群体。不同的社交平台有着不同的用户群特征，企业第一步就要根据自身定位和客户群特征来判断和选择适合企业的社交平台。

②建构品牌社群

在开放的网络结构下，消费者的身份已经从原来的受众、顾客，转变成了品牌建构全程的参与者，甚至消费者比品牌本身拥有更大的品牌建构权，在开放的网络结构里，品牌与消费者是相互作用的关系。企业利用社交媒体建立起自己的品牌社群。

③建立关系链

在社会化属性日益增强的互联网中，关系链自然是社会化媒体最重要的组成部分。社会化媒体营销的一个显著优势就是用户对于信息的信任度高，而信任度高的原因就是社交关系链。社会化媒体营销一定要增大营销内容的传播动力，通过社交关系链实现内容的快速传播。

④做好数据监测和报告

实时的监控和定期的数据分析是必不可少的。企业需要有一套监控机制来服务，找到关心的问题和相关人物。哪些客户在社交网络上提到了自己？他们对品牌的评价如何？哪些人是最关心自己的，他们是否有消费的需求？企业需要找到这些内容，并加以回馈。同时，定期的报告和总结也是推动企业社会化营销的关键，互联网上的信息千变万化，企业的营销策略也应该与之相适应。

6. 口碑营销

口碑营销是指企业在品牌建立过程中，通过客户间的相互交流将自己的产品信息或品牌传播开来。在今天信息爆炸的时代里，消费者对广告甚至新闻都具有极强的免疫能力，只有制造新颖的口碑

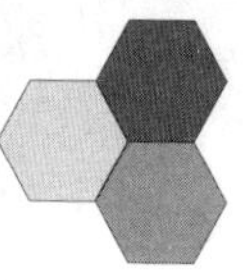

传播内容才能吸引大众的关注与议论。口碑营销具有宣传费用低、可信任度高、针对性强、提升企业形象、发掘潜在消费者成功率高、缔结品牌忠诚度、更加具有亲和力等优势。

有效的口碑营销的基本要素如下：

（1）提供有价值的产品或服务

大多数病毒营销计划提供有价值的免费产品或服务来引起注意，因为“免费”一直是最有效的营销工具。

（2）提供无须努力向他人传递信息的方式

携带营销信息的媒体必须易于传递和复制，如微信、微博、电子邮件等。

（3）信息传递范围很容易从小规模向大规模扩散

信息传递方法必须有利于从小到大迅速改变。

（4）利用公共的积极性

巧妙的病毒性营销计划会让公众产生积极性。

（5）利用现有的关系网络

大多数人都是社会性的，每个人都有自己的“朋友圈”和关系网络。只有把信息置于人们现有的通信网络之中，才能迅速地把信息扩散出去。

（6）利用他人的资源

最具创造性的病毒性营销计划利用他人的资源达到自己的目的，如会员制计划。在别人的网站设立自己的文本或图片链接，对对方网站进行推广的同时也为自己带来了访问量。

7. 定制营销

定制营销是指在大规模生产的基础上，将市场细分到极限程度，把每一位顾客视为一个潜在的细分市场，并根据每一位顾客的特定

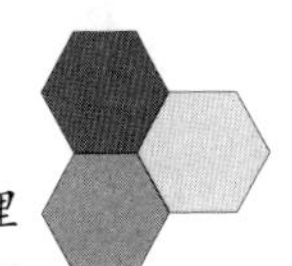

要求，单独设计、生产产品并迅捷交货的营销方式。它的核心目标是以顾客愿意支付的价格并以能获得一定利润的成本，高效率地进行产品定制。美国著名营销学者科特勒将定制营销誉为二十一世纪市场营销的最新领域之一。

全新的网络环境为定制营销的形成提供了技术基础。定制营销的一个重要特征就是数据库营销，通过建立和管理比较完全的顾客数据库，向企业的研发、生产、销售和服务等部门和人员提供全面的、个性化的信息，来理解顾客的期望、态度和行为，根据消费者的要求及在需求上存在的差异，将信息或服务化整为零或提供定时定量服务，顾客根据自己的喜好去选择和组合，形成定制营销。

（1）定制营销的优势

①能体现以顾客为中心的营销观念

从顾客需要出发，与每一位顾客建立良好关系，并为其开展差异性服务，满足其个性化需求。

②实现了以销定产，降低了成本

定制化营销将确定和满足客户的个性化需求放在企业的首要位置，同时又不牺牲效率，它的基本任务是以客户愿意支付的价格并以能获得一定利润的成本，高效率地进行产品定制。

③在一定程度上减少了企业新产品开发和决策的风险

在定制营销中，顾客可直接参与产品的设计，企业也根据顾客的意见直接改进产品，从而实现一定程度上的产品创新，并能始终与顾客的需求保持一致。

（2）定制营销的不足

①成本、经营风险加大

由于定制营销将每一位顾客视作一个单独的细分市场，这固然

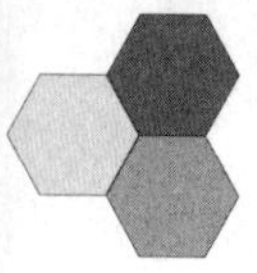

可使每一个顾客按其不同的需求和特征得到有区别的对待，使企业更好地服务于顾客。但另一方面也将导致市场营销工作的复杂化、经营成本的增加以及经营风险的加大。

②工作难度大

技术的进步和信息的快速传播，使产品的差异日趋淡化，今日的特殊产品及服务，到明天则可能就大众化了。产品、服务独特性的长期维护工作因此变得极为不容易。

（3）定制营销的实施要求企业具有过硬的软硬件条件

第一，企业应加强信息基础设施建设；第二，企业必须建立柔性生产系统；第三，也是最重要的，定制营销的成功实施必须建立在企业卓越的管理系统之上。

第五章 网络经济电子商务与企业经营

第一节 电子商务企业概述

一、电子商务企业的相关概念

（一）电子商务企业与企业电子商务

1. 电子商务企业与企业电子商务是两个既有联系又有区别的概念

电子商务企业指的是通过网络或电子化的方式来提供产品和服务，实行经营运作的企业。电子商务企业的内涵是较为广泛的，如信息门户类网站、提供各种免费资源的网站、虚拟社区类企业、网络游戏类企业、电子商务平台，这些都属于电子商务企业的范畴。

企业电子商务是指利用 Internet 来组织企业内部经营管理活动，与企业展开的电子商贸活动保持协调一致。最典型的是供应链管理，它从市场需求出发，利用网络将企业的销、产、供、研等活动串在一起，实现了企业的网络化、数字化管理，最大限度地适应网络时代市场需求的变化，也就是企业内部的电子商务实现。

因此，电子商务企业强调的是企业的经营模式与电子商务的关系；而企业电子商务强调的是电子商务作为一种新工具引入传统企业中的意义，代表了传统企业的未来的发展方向。

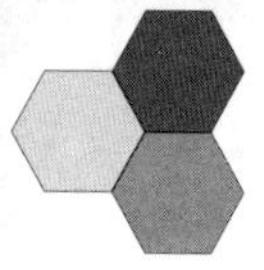

2. 电子商务企业与传统企业

通过对电子商务企业商业模式与经营模式、价值驱动因素的分析，电子商务与传统企业有很大差别。电子商务企业与互联网企业一样，是建立在对全新的科研成果和新兴技术的应用上的，通过与实体经济的结合，不仅仅是借助于网络平台实现商品服务交易，更是一种全新的商业模式。电子商务企业与传统企业区别在于：

⑴风险性

相对于投资传统企业，投资电子商务企业失败的比率要高得多，但其预期收益率也远高于投资传统企业。电子商务企业产品和服务的生命周期特征类似于高科技企业，在其生命周期发展中，产品和服务的更新换代的周期以及消费者偏好的变动都比传统行业频繁，企业前期大量的资金和人员、技术等资产的投入都有可能因为跟不上技术进步和创新而化为乌有。经过激烈的市场竞争后，每个行业内能够最终成为赢家存活下来的也只有那些规模较大、服务有特色的少数几家企业。这时在行业中成功生存的电子商务企业由于占据大部分市场，将从中获得高额的收益。因此，电子商务企业一个显著特点就是“高投入、高风险、高收益”。

（2）赢利性

传统企业的资源配置结构以有形资产为主，如厂房、机器、原材料、人力等，它们是实现企业盈利的主要力量；然而在电子商务企业中，无形资产等技术上和战略发展上的创新活动在企业创造收益的过程中起着极大的作用。电子商务企业由于刚成立几乎没有收入，而网站等运营推广又需要大量资金，因而大多数电子商务企业在最初几年时间盈利均为负。只要没有在竞争中被淘汰，随着规模的形成，其投入将越来越少，并开始实现盈利。传统企业从投入到赢利的周

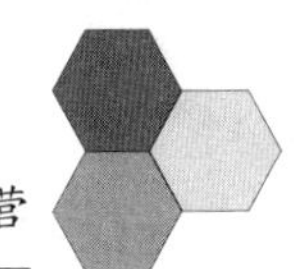

期从6个月到2年不等，除了最初的硬件投入额较大外，以后经营的成本投入与产出将趋于稳定。

（3）整体性

从整体与部分的关系来说，企业要作为一个整体，服从特定的目标才能发挥其最大的价值。传统企业中各部分的价值是可以独立评估的，而电子商务企业各部分资产在发挥作用时有高度的黏性，且以无形资产、知识型人才为主，因此它的价值不能拆分估计，只能作为一个整体。

（4）网络效应

随着用户数量的增加，如互联网的价值将按其平方数增加，也就是说互联网的规模效应很强。电子商务企业同样有这样的网络效应，只要企业能形成规模，拥有大量的客户，企业就有巨大的价值潜力。而且电子商务行业的竞争格局多半带有垄断性质，一旦获得市场认可，就能很快扩张，进入高成长阶段。

（5）融资模式

传统企业融资渠道相对较广，如借款、发行债券、发行股票等，而电子商务企业融资方式就比较少。电子商务企业初创期融资主要是获得风险投资，在一段时间发展后，企业有了利润点，则可以通过IPO实现股权融资。现有电子商务企业没有发行债券的权利，主要的融资方式就是权益融资。

（二）电子商务企业的分类

1. 与传统企业一致的分类方法

一般来说，对传统企业的分类方法对电子商务企业依然适用，即按产品和行业分类、按行业结构分类、按战略行为分类、按所处价值链环节的位置分类。按产品和行业分类，就是主要依据企业生产什

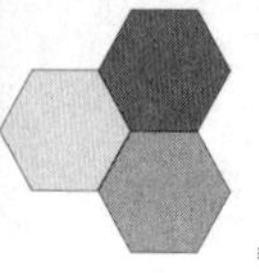

么产品或者提供什么服务，或者依据企业所在的行业对企业进行分类。按行业结构分类，就是依据企业所处行业垄断或者竞争程度的大小和进出退出的障碍进行分类。按战略行为分类，就是依据企业是寻求低成本的领导优势还是通过产品差别化来获取和创造价值的战略行为来分类，主要是由产品的性质来决定的。按所处价值链环节的位置进行分类，其实也就是根据企业所处的整个产业链的上游、中游或下游的位置，甚至是处于什么样的生产环节而进行的分类。

2. 电子商务应用企业和电子商务服务企业

从某种意义上讲，传统企业与电子商务服务业企业开展电子商务的内涵不尽相同，为了突出这种区别，电子商务从业企业划分为电子商务应用企业和电子商务服务企业两大类。

电子商务应用企业指国民经济各行业（诸如工业、IT、批发零售等）中开展电子商务的企业，如华为、中兴等，这些企业开展电子商务的直接目的是降低经营成本，拓宽销售渠道，发展网络营销。

电子商务服务业指提供基于网络的交易服务、业务外包服务以及信息技术外包服务的新兴服务业。其中，交易服务包括：面向行业、区域、企业及消费者的第三方交易及相关信息增值服务；业务外包服务包括：生产经营性业务外包，如基于网络的研发设计、生产制造、现代物流、财务管理等，辅助性业务外包，如在线人力资源、管理咨询、技能培训等；信息技术外包服务包括：信息处理、数据托管、应用系统等技术外包；基础电信运营，软件供应商、系统集成商的业务转型中的适合内容等。广义上讲，所有属于电子商务服务业范畴的企业都应是电子商务服务企业。

3. 电子商务专业企业和第三方服务平台企业

从业务专业性的角度来看，可以分为电子商务专业企业和第三

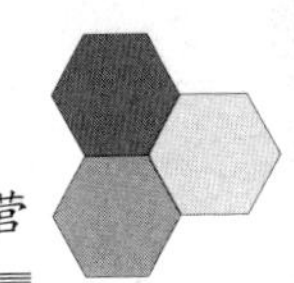

方服务平台企业。电子商务专业企业是指仅通过互联网与其他企业、单位或个人进行产品或服务交易的企业；与非专业企业相比，电子商务专业企业的所有业务和服务全部依赖网络和电子商务形式进行，对互联网的依存度很高。电子商务第三方服务平台企业是指为其他企业、单位或个人开展电子商务提供交易或服务的平台企业。这些企业的突出特征是其自身并不直接开展电子商务，而是为其他企业开展电子商务提供专业服务。

二、当前企业电子商务发展的特点

近年来，在政府支持，企业参与和各界共同努力下，我国的电子商务呈现出良好的发展势头，已经广泛渗透到社会经济生活的各个领域，市场规模不断扩大，企业电子商务应用迅速普及，电子商务对传统产业的影响和带动作用日益增强。目前电子商务发展呈现出以下几个特点。

中国电子商务进入了一个平稳增长的发展阶段。产业支撑不断改进，网络基础条件逐步改善，企业入网率不断提升，企业在线销售、在线采购的开展比例增长，电子支付、物流快递、电子认证等支撑服务业，市场网店建设、代运营、信息处理、数据分析、人员培养等各类衍生服务业快速发展。

线上线下不断融合发展。电子商务与传统产业由竞争关系走向融合发展，传统企业向互联网转型步伐明显加快，电商企业更加注重与线下资源的整合，传统零售企业积极利用电子商务加快转型升级。《国务院办公厅关于深入实施“互联网+流通”行动计划的意见》进一步提振了流通企业线上线下融合发展的信心。一方面，线上企业加速布局线下。另一方面，线下企业主动拥抱互联网。线上线下正从渠道、供应链、数据、场景等多方面逐步打通，为消费者提供

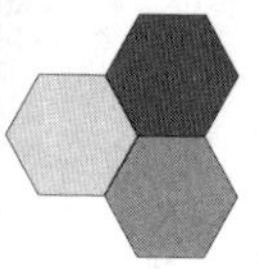

全方位、不间断、跨时空的服务，打造零售新生态。

电子商务服务业增长迅速。随着电子商务迅速不断提升，促进了包括交易服务业，支撑服务业和相关衍生服务业的快速发展，以电子商务交易服务为核心，物流配送安全支付和信用认证、软件开发等相配套的电子商务服务业规模不断地扩大。

电子商务交易进农村。电子商务向三四线城市乃至农村延伸，电子商务呈现出由沿海地区向内陆地区逐渐扩大，由一二线城市向三四线城市渗透，农村农产品（行情，问诊）电子商务加速发展，电子商务成为拉动农村消费，引导农业生产，保障和促进农民增收的有效手段。

第二节　电子商务的交易模式

一、B2B 电子商务模式

（一）B2B 模式的定义

B2B 即 business to business，有时写作 B to B，但为了简便干脆用其谐音 B2B。它是指商家（泛指企业）对商家的电子商务，即企业与企业之间通过互联网进行产品、服务及信息的交换。通俗的说法是指进行电子商务交易的供需双方都是商家（或企业、公司），他们使用 Internet 的技术或各种商务网络平台，完成商务交易的过程。

B2B 过程包括发布供求信息、订货及确认订货、支付过程及票据的签发、传送和接收、确定配送方案并监控配送过程等。B2B 的典型是阿里巴巴、企业环球资源网、中国供应商、中国制造网等。

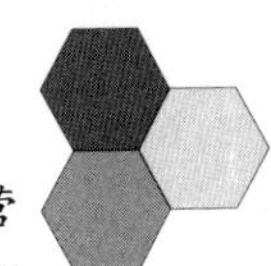

（二）B2B 模式的类型

1. 根据电子商务面向行业的范围不同

（1）垂直 B2B 电子商务

主要面向实体企业，包括制造业、商业等行业的企业。这种模式的特点为：所交易的物品是一种产品链的形式，可提供行业中所有相关产品、互补产品或服务，追求的是“专”。由于垂直网站面对的是一个特定的行业或专业领域，所以运作这类网站需要较深的专业技能。专业化程度越高的网站，越需要投入昂贵的人力资本来处理较狭窄、专门性的业务，这样才能发挥该虚拟市场的商业潜能。我国比较有名的垂直 B2B 电子商务网站有我的钢铁网、中国化工网、鲁文建筑服务网等。垂直 B2B 电子商务可以分为上游和下游两个方向。生产商或零售商可以与上游的供应商之间形成供货关系，如戴尔公司与上游的芯片和主板制造商就是通过这种方式进行合作的。生产商与下游的经销商可以形成销货关系，如思科系统公司与其分销商之间进行的交易就是采取这种方式。

（2）水平 B2B 电子商务

主要面向所有行业，是一种综合式的 B2B 电子商务模式，它将各个行业中相近的交易过程集中到一个场所，为买方和卖方创建一个信息沟通和交易的平台，让他们能够分享信息、发布广告、竞拍投标，为他们提供一个交易机会。水平 B2B 电子商务网站并不一定是拥有产品的企业，也不一定是经营商品的商家，它只为买卖双方提供一个交易的平台，将他们汇集在一起。这类网站追求的是“全”。我国这类网站比较多，现在发展得也较好，如阿里巴巴、慧聪网、全球制造网等。

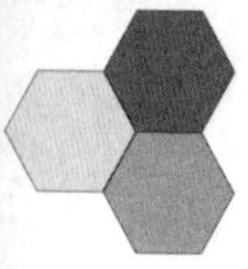

2. 按交易的媒介不同分类

（1）企业间模式

包括企业内联网模式和企业与外部企业间模式。企业内联网模式是指企业有限地对商业伙伴开放，允许已有的或潜在的商业伙伴有条件地进入自己的内部计算机网络，进行商业交易相关操作。这种模式有利于信息的定向收集与保密，也可以与合作伙伴进行更为专业和深入地沟通、交流。但企业在采用这种模式时一定要注意网络的安全性问题。企业与外部企业间模式下，企业与其已有的或潜在的商业伙伴主要通过互联网进行沟通和交流。企业利用自己的网站或网络服务商的信息发布平台，发布买卖、合作、招投标等商业信息。

（2）中介模式

是指以网络商品中介为媒介进行 B2B 电子商务交易的模式。它是通过网络商品交易中心，即虚拟市场进行的商品交易，是现在 B2B 电子商务交易中一种重要且常见的模式。在这种交易过程中，网络商品交易中心以互联网为基础，利用先进的计算机软件技术和网络通信技术，将卖方、买方、银行、认证中心等紧密地联系起来，为客户提供市场信息、商品交易、货款结算、配送储存的全方位服务。

（3）专业服务模式

是指网上机构通过标准化的网上服务，为企业内部的管理提供专业化的解决方案的 B2B 电子商务模式。这种模式不仅能带给企业非常专业的服务，而且能帮助企业减少开支、降低成本，还能提高客户对企业的信任度和忠诚度。

3.B2B 模式的交易流程

B2B 电子商务的交易流程可简单归纳为交易前、交易中、交易后等几个步骤。在进行交易前准备时，买方首先应明确自己想要购买

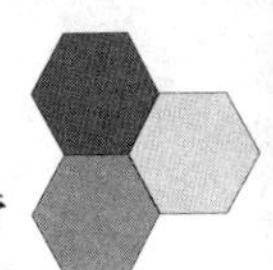

的商品，准备好足够的货款，并制订相应的购买计划；然后搜寻信息，寻找合适的卖家。找到卖家后，买卖双方可就交易事宜进行沟通，如买方向卖方询价，卖方再向买方报价，并说明商品的具体信息，落实商品的种类、数量、价格、交易方式等。买卖双方在进行交易之前都需要尽可能详细地了解对方的情况，如对方的信用状况、财务状况、送货情况等。如果进行的是国际贸易，还要注意了解对方国家的贸易政策、交易习惯等。买卖双方应尽可能向对方提供更多的信息，以促成交易的成功。

买卖双方利用电子商务系统就所有的交易细节进行商谈，然后将协商结果制作成文件，签订合同，明确双方各自的权利、义务，标的商品的种类、数量、价格、交货时间、交货地点、交货方式、违约条款等。最后，双方还需要到银行、保险公司、运输公司、税务部门等办理预付款、投保、托运、纳税等相关手续。

交易后这个环节的核心任务是商品的配送与接收。卖方须根据合同约定，在完成备货、组货后将向买方发货；买方在收到卖方发来的货物后，也必须按照约定检验并接收货物。如果交接活动正常进行，买卖双方将在完成发货和接货后，进行款项的结算，至此整个交易过程告终；如果中途出现违约情况，双方将根据合同约定进行索赔和赔付。

二、B2C 电子商务模式

（一）B2C 模式的定义

B2C 即 business to customer。B2C 模式是我国最早产生的电子商务模式，以网上商城正式运营为标志。B2C 即企业通过互联网为消费者提供一个新型的购物环境，网上商店，消费者通过网络在网上购物、在网上支付。由于这种模式节省了客户和企业的时间和空间，

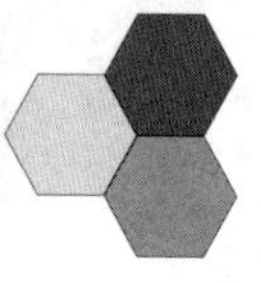

大大提高了交易效率，节省了宝贵的时间。B2C 的典型有天猫、京东商城、当当网等。

（二）B2C 模式的类型

1. 从企业和消费者买卖关系的角度看

B2C 电子商务可分为卖方企业—买方个人的电子商务、买方企业—卖方个人的电子商务以及综合模式的电子商务 3 种模式。

（1）卖方企业—买方个人的电子商务模式

卖方企业—买方个人是一种卖方（企业）向买方（个人）销售商品或服务的模式。在这种模式中，卖方首先应在网站上开设网上商店，建立交易平台，公布商品或服务的名称、价格、品种、规格、性能等，供消费者选购；然后消费者在线选购、下订单并支付货款；最后由商家或第三方物流企业将商品送到消费者手中。

在这种模式中，企业不需要开设实体店铺即可与消费者进行“零距离”的沟通和交易，不仅节省了店铺租金和人员工资，还能及时得到消费者的反馈，及时调整库存和配送计划，进一步节约运营成本。对于消费者而言，他们足不出户即可“货比三家”，能够获取更多、更透明的商品信息，极大地降低了购物的烦琐性，又节约了购物时间，获得了更多的便利。这种模式中比较典型的代表是天猫。

（2）买方企业—卖方个人的电子商务模式

买方企业—卖方个人是一种买方（企业）向卖方（个人）求购商品或产品的模式。这种模式在企业网上招聘人才活动中应用最多。在这种模式中，企业首先在网上发布需求信息，然后应聘者上网与企业洽谈。这种方式在当今社会中极为流行，因为它建立起了企业与个人之间的联系平台，使得人力资源得以充分利用。

（3）综合模式的电子商务

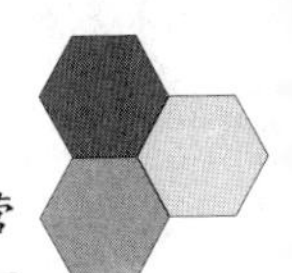

综合模式的电子商务结合了上述两种模式，企业和个人都在网上发布信息，然后企业进行网上面试或者个人上网寻找企业进行洽谈。现在许多的人才招聘网站都在采用这种模式。

2. 按照交易的客体分类

按照交易中的客体的性质，可将B2C电子商务模式分为销售无形产品或服务的电子商务模式和销售有形产品的电子商务模式。前者是一种完全的电子商务模式，后者则是一种不完全的电子商务模式。

（1）销售无形产品或服务的电子商务模式

无形产品又称为虚拟产品，如电子信息、音乐、电影、充值卡、计算机软件、游戏等，它们可以直接通过网络传输而获得。销售无形产品或服务的电子商务模式主要有网上订阅、付费浏览、广告支持和网上赠予四种。

网上订阅。网上订阅是指消费者在网上订阅企业提供的无形产品或服务，并通过网络进行浏览或消费的模式。网上订阅主要被商业在线机构用来销售报纸杂志、有线电视节目等，其形式又分为在线服务、在线出版、在线娱乐等。

付费浏览。付费浏览是指企业通过网页安排向消费者提供计次收费性网上信息浏览和信息下载的电子商务模式。在这种模式中。消费者可以根据自己的需要，有偿购买企业所提供产品和服务的其中一部分，从而可以作为一种产品或服务的试用体验。

广告支持。广告支持是指在线服务商免费向消费者或用户提供信息在线服务，而营业活动全部用广告收入来获得的模式。此模式是目前最成功的电子商务模式之一。

网上赠予。网上赠予是一种非传统的商业运作模式，是企业借助于国际互联网用户遍及全球的优势，向互联网用户赠送软件产品，

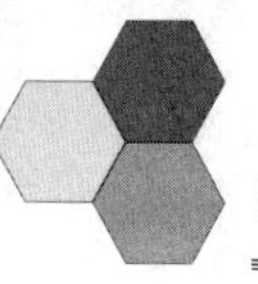

以扩大企业的知名度和市场份额。通过让消费者使用该产品，促使消费者下载一款新版本的软件或购买另外一个相关的软件。

（2）销售有形产品的电子商务模式

有形产品是指传统意义上的实物产品，其电子商务活动中的查询、订购、支付等环节虽然可以通过网络实现，但最后的交付环节仍然要通过传统的方式来实现。

3. 按照销售的模式分类

（1）商品直销模式

商品直销模式是网络销售中最常见的一种模式。它是消费者与生产者之间或者需求方与供给方之间，直接通过网络开展买卖活动的模式。其最大特点是减少了中间环节，供需双方直接交易，费用低、速度快。

（2）网上专卖店模式

网上专卖店模式一般面向价值相对较高、专业化程度较高或个人需求差异较明显的商品，如汽车、高档首饰、高档服装等。这主要是由于网上专卖店能为消费者提供一对一的定制服务，而提供这种服务的成本往往较高，普通商品的利润不足以支撑这种服务。

（3）网上销售联盟模式

在B2C电子商务活动中，有些交易并不是以单个企业对消费者的形式出现的，而是同类型、同行业的多家企业同时为消费者进行服务。将这些企业联合起来的中介称为销售联盟中介，所形成的模式称为网上销售联盟模式。

采用网上销售联盟模式的企业往往比较分散，纪律性不强，自发集中交易的成本比较高。在销售联盟中介出现后，便能以较低的成本将各个分散的企业迅速集中起来，随时发现并响应消费者提出的

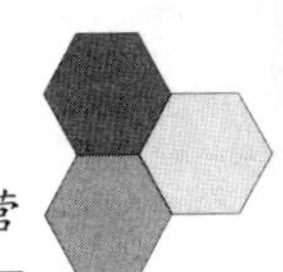

组合服务需求。例如，消费者通常借助旅行社来预订整个旅途上的食、住、行等活动，旅行社根据消费者的具体需求将相关活动分拆给整条线路上的各个饭店、旅店、航空公司等，此时就由旅行社来担任销售联盟中介的角色。

（4）网上代理模式

网上代理也是近些年迅速发展的B2C电子商务模式之一，其形式包括买卖履行、市场交换、购买者集体议价、中介代理、拍卖代理、反向代理、搜索代理等，有些大型企业为了将精力更好地集中于核心业务，而将一些非核心的服务业务转交给一些代理公司，让其为消费者提供售前、售后咨询等业务，这样不仅可以降低企业的运营成本，还可以为消费者提供更加专业的服务。

（三）B2C模式的交易流程

B2C电子商务交易中的参与方主要有消费者、商户（企业）、银行、认证中心等。简要介绍B2C模式的交易流程。

1. 注册

消费者要在某个商户的网站上进行购物，一般需要注册为该网站的会员，填写相关信息，以便商户维护客户和后期送货。

2. 浏览搜索商品

消费者在登录商户网站后，即可浏览并搜索自己想要的商品。利用提供的搜索栏，消费者可以进行较为精确的搜索。

3. 选定商品并提交订单

当消费者选定自己想要的商品后，点击“购买”，即可将商品放入“购物车”。在“购物车”中，消费者可以查看商品的名称、价格、数量以及金额总计等信息，并可以调整商品的数量，取消某些商品，甚至清空“购物车”，重新选择商品。

4. 确认订单信息

消费者进一步确认购物车里的商品信息后，点击“结算”，进入确认订单信息环节。在这一环节，消费者主要确认收货人信息、送货方式、付款方式、商品清单，以及确认是否需要发票或使用礼品卡、礼券。

为了保证商品配送的顺利进行，消费者需要认真核对收货人信息栏中的收货人姓名、地址、联系电话等信息。

5. 提交订单，完成支付

当所有订单信息确认无误后，点击“提交订单”，网站将自动生成订单号。如果消费者选择的是网上支付方式，则需要继续进行网上支付操作。至此，网上操作部分基本结束。

6. 商户送货

商户在收到消费者订单后便需要尽快组织送货，并根据消费者提交的送货信息合理安排配送时间和配送方式。消费者也可通过提交订单后生成的订单号在网站上实时查询订单现状，了解送货进度。

另外，如果消费者对此次购买不满意，还可以修改订单，甚至取消订单。

三、C2C 电子商务模式

（一）C2C 模式的定义

C2C 即 consumer to consumer。C2C 同 B2B、B2C 一样，都是电子商务的模式之一。不同的是，C2C 是用户对用户的模式。C2C 商务平台就是通过为买卖双方提供一个在线交易平台，使卖方可以主动提供商品上网拍卖，而买方可以自行选择商品进行竞价。

随着网民数量的不断增加和网络购物市场的日趋成熟，以及第

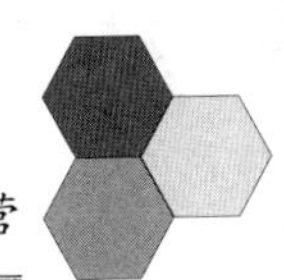

三方支付平台的出现和信用评价体系的建立，C2C 电子商务模式更灵活和自由的模式受到越来越多用户的认可，C2C 的典型是淘宝网。

（二）C2C 模式的类型

C2C 电子商务模式主要分为拍卖模式和店铺模式两种。其中，拍卖模式主要是指电子商务企业为买卖双方提供一个网络拍卖平台，按比例收取交易费用的模式。

网络拍卖是利用网络进行在线交易的一种新模式，它可以让商品所有者或某些权益所有人在其平台上独立开展以竞价、议价方式为主的在线交易模式。目前网络拍卖主体的形式有拍卖公司、网络公司以及拍卖公司和网络公司或其他公司联合形成的主体。其中较为常见的是网络公司，我国主要以淘宝网为代表。

店铺模式主要是指电子商务企业为个人提供开设网上商店的平台，以收取会员费、广告费或其他服务收费来获取利润的模式。

开设网上商店是现在较为常见的创业方式。用户只需要了解目标网上商城的入驻条件、竞争力、基本功能和服务等情况，就可以开设网店了。虽然入门门槛不高，但要建设和经营好一家网上商店则需要用户积累丰富的经验并投入大量的精力。

（三）C2C 模式的交易流程

下面以手机淘宝为例，简要介绍 C2C 模式的交易流程。

1. 用户注册

与淘宝网的用户机制相似，所有的手机淘宝用户首先需要进行注册，用户通过手机登录淘宝注册页面填写注册信息。对于卖家则必须通过实名认证并且发布 10 件以上的宝贝，才可以在淘宝上免费开店。移动淘宝为卖家免费提供电子店铺主页、橱窗位等以供展示商品。用户还可以参加各种促销活动。

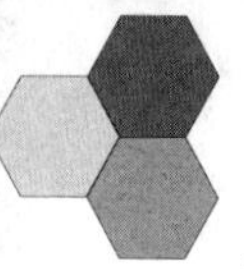

2. 商品信息的发布

卖家只有通过个人实名认证和支付宝认证，发布的宝贝才可以让买家看到。卖方发布商品可在PC机终端上完成，也可通过手机完成。在商品图片获得及上传方面，手机有拍照功能，使用起来更加便捷。“移动淘宝”中的商品数据信息必须与PC登录网站时看到的商品数据库实现共享，避免同时在固网平台中开店的卖方将商品信息向手机淘宝复制造成麻烦。同样，对于卖方的需求信息的发布也是如此。淘宝有自己的投诉机制，对炒作信用度、哄抬价格、知识产权侵权等恶性行为进行惩戒。如果会员被投诉或者被举报信用炒作，该被投诉或被举报会员应提供相应的凭证证实自己的交易是真实有效的，以供淘宝核实，对于有炒作信用度行为的账户，淘宝亦有权视情节对该账户做永久冻结处理。

3. 买方对商品信息的获得

买方在任何有购物欲望的时候都可以拿出手机输入自己有意购买的商品的名称及产品型号等参数对移动C2C平台中的商品信息进行搜索、查询。而卖方以及移动C2C平台的提供商也可以通过网络向手机用户发送商品介绍、降价促销等内容的广告信息来达到吸引客户、增大销量的目的。

4. 交易的达成及确认

当买方查到其想购买的商品后，便可以通过手机拍下该商品，并在系统中进行确认，从买方决定购买到交易确认的过程中，交易双方可以通过阿里旺旺对商品的性能、质量、价格等进行沟通，最终达成交易意向。沟通的记录可以保存起来以备在发生欺诈行为时作为举证之用。当交易确定以后，买方在系统中做出确认，进入下一步的付款程序。

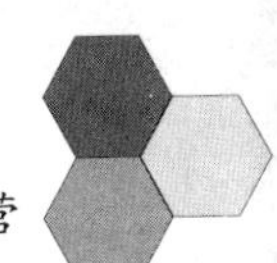

5. 系统的移动支付流程

手机淘宝采用安全支付流程。支付是电子商务实现过程中非常重要的一个环节。安全、便捷的移动电子支付是体现移动 C2C 模式价值的关键，是移动 C2C 模式的特色之一。

“支付宝钱包”是淘宝网公司为了解决移动网络交易安全所开发的一个软件，该软件为首先使用的“第三方担保交易模式”，这是手机淘宝 C2C 交易平台的一大亮点，也是手机淘宝能受到众多网上购物者青睐的重要因素。目前支付宝已非常普及，不仅是作为淘宝支付的中介，也成为理财的一个渠道。在现在诸多的商业银行提供的手机银行服务中增加一种与支付宝类似的信用中介的代收代转的安全保障功能，便可轻松地实现更为方便、安全的移动支付。

6. 物流环节的实现

通常，C2C 模式下的买卖双方在地域上非常的分散，商品的成交频率很高，但每次成交的商品数量与价值却不会太大。除了虚拟商品可以通过网络数据传输送达消费方外，其他实物商品的交送基本依靠第三方的物流公司或邮局来完成。手机淘宝通过加强与实力强、信誉好的专业物流公司的联盟，协调交易双方来实现物流这一环节。

将以上 6 个主要的步骤进行整合，便可以得到一个较为完整的移动 C2C 的业务模型。其间，电子商务的信息流、资金流以及物流之间得到了较合理的协调和统一，而信息流贯穿于整个交易过程中，对系统的全过程起到了决定性的作用，而信息流的实现最终依靠的是各种移动信息技术在整个系统中的应用。

四、其他电子商务模式

（一）G2B 电子商务模式

G2B 模式即政府与企业之间通过网络进行交易活动的运作模式，

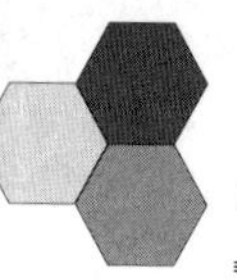

如电子报税、电子通关、电子采购等。

C2B 模式比较典型的例子是政府网上采购。政府往往通过这种模式在网上进行产品或服务的采购和招标。G2B 模式操作相对透明，不仅能有效降低采购成本，还有利于找到更加合适的供货商。

G2B 模式的推广让需求商对供应商的选择扩展到全世界的范围，双方能够得到更多的产品和需求信息，供应商也能通过网络获得更多的投标机会。

（二）G2C 电子商务模式

G2C 模式是指个人消费者与政府部门之间的电子商务。其中的“C”可以理解为 consumer，也可理解为 citizen。政府可通过 G2C 网站向公民提供各种服务。目前，我国 G2C 模式的网站主要由政府主导，但一般并不限于 G2C 一种功能。

（三）ASP 电子商务模式

ASP 模式即信息化应用服务提供商运作模式，是指由电信网络作为中介，牵头组织多家拥有优质产品和丰富行业经验的上下游企业参与运作，通过整合电信基础业务产品与电信增值业务产品，为中小企业的信息化提供优质的企业信息化解决方案和服务。

ASP 模式的优势在于可以充分利用各方的比较优势，为供应商提供更多机会，为客户提供价格低廉、稳定可靠、多样化的电子商务产品，从而实现双赢甚至多赢局面。

（四）P2P 电子商务模式

P2P 是 peer to peer 的缩写，可以理解为“伙伴对伙伴”的意思，即对等联网。P2P 模式的优势是可以直接将人们联系起来，让人们通过互联网直接交互。这种模式消除了中间商的环节，使买卖双方的沟通变得更加容易和直接。

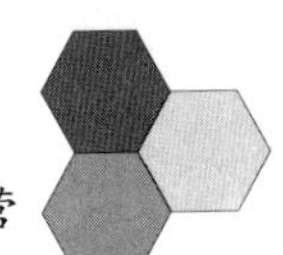

（五）X2X 电子商务模式

X2X 是 exchange to exchange 的缩写，可理解为“交易到交易”模式，它是在网上电子交易市场的不断增加，导致不同的交易市场之间也需要实时动态传递和共享信息的情况下产生的，是 B2B 电子商务模式的一次深入发展。

（六）O2O 电子商务模式

O2O（online to online）是指将线下商务的机会与互联网结合在一起，让互联网成为线下交易的前台。这样线下服务就可以用线上来揽客，消费者可以用线上来筛选服务，并在线支付相应的费用，去线下供应商那里完成消费。该模式最重要的特点是推广效果可查，每笔交易可跟踪。如美团网、百度糯米、大众点评等团购类网站。

O2O 与 B2C、C2C 不同。首先，O2O 更侧重服务性消费（包括餐饮、电影、美容、旅游、健身、租车、租房等）；B2C、C2C 更侧重购物（实物商品，如电器、服饰等）。其次，O2O 的消费者到现场获得服务，涉及客流；B2C、C2C 的消费者待在办公室或家里，等货上门，涉及物流。再次，O2O 中库存是服务；B2C 中库存是商品。

第三节 企业开展电子商务的融资方式

一、融资需求

网络经济的支撑产业群是信息技术产业，网络经济与传统产业融合形成的许多新的商业模式也是以信息技术为依托的。因此，电子商务企业的融资需求带有鲜明的信息技术和信息技术产业萌生、发展和成熟过程的特点。

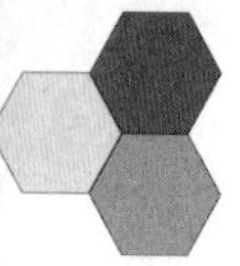

（一）融资介入的时间早，在技术开发阶段已需要大量资金支持

在工业经济中，大量的资金需求一般是在新技术和新产品已研制出来，需要进行大规模生产阶段，即产业化的阶段。而在电子商务经济中，由于技术创新贯穿企业诞生、成长和发展始终，而且技术创新需要的各种资源较多，所以，在技术开发成功以前或在企业成立之前，已需要融资活动介入。

（二）信息技术产业的高风险、高收益和高成长性

信息技术产业的高风险、高收益和高成长性导致投资的高风险、高收益。信息产业发展的高风险、高收益和高成长性有以下三个原因。

首先，技术创新速度迅猛，方向众多，技术创新是产业发展的灵魂。旧的工业经济是由规模经济驱动的，网络经济是由创新驱动的。网络经济发展的核心就是不断的快速技术创新。而且人类的科学进步和技术创新活动呈现出越来越快的发展趋势，十九世纪以来，人类科学技术的重大发明和创新甚至比以前所有时代的科学技术成果的数量都多，而且意义更重大和深远。作为最先进的经济形态——网络经济基础的信息产业和信息技术发展速度更是登峰造极。第一台计算机是二十世纪四十年代才发明的，到了七八十年代开始普遍使用。而第一代网络也不过是六十年代才开始构想，已给人类的社会生活和经济生活带来了翻天覆地的变化。IT界的“光纤定律”说明计算机芯片的功能每9个月翻一番，而价格以减半数下降，事实上，快速的性能提高和成本下降都来源于快速的技术创新。网络经济中，技术发展方向众多，难以确定。比如，从技术创新的目的来讲，就可分为提高产品质量、降低产品成本或者更加易学易用等多个方向，每个大方向又有众多具体的技术选择。每个厂家在众多技术中进行

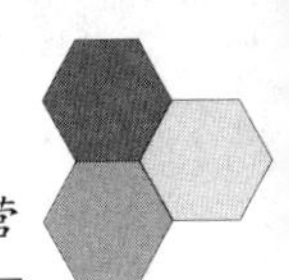

选择的正确与否不仅取决于对市场和用户偏好的了解、科学技术本身的发展规律等许多因素，甚至取决于战争、某项国家政策等偶然的因素。

其次，现代的技术创新不是单纯的科研活动，其成败也不单是由技术水平和科研能力决定的，技术创新已成为一个综合的动态过程，包含了从科技发明到产品开发和市场实现的全过程。从需求的角度来看，它涉及市场的认同及是否符合或引导了新的技术标准；从供给的角度来看，它需要高质量的人力资源、巨额的资金投入和匹配的制造业水平；更为重要的是，技术创新的成败还取决于技术创新的机制和制度环境。只有适当的机制和制度安排才能集中大量的资源、有效地配置这些资源，并最大限度地分散技术创新的风险。因此，技术创新能力的高低是由创新资源的多寡、研发制造能力、营销能力、控制技术标准的能力和创新机制等一系列因素构成的。这些因素缺一不可，其中一个环节薄弱，高投入和高收益就变成了高投入和高损失，这些还不包括单纯的技术风险。

最后，供给方规模经济和需求方规模经济的双重作用导致高风险、高收益和高成长性。人们常说高新技术产业具有高风险、高收益的特点，其原因在于供给方最适生产规模很大，可达市场份额的很高比例，甚至高于市场份额，因此形成供给方的寡头垄断甚至垄断。信息产业中这种产业特点被放大了数倍，其原因在于该行业具有供给方规模经济和需求方规模经济的双重作用。高风险、高收益不仅来自传统的生产环节的规模效应，也来自消费环节的规模效应。

（三）融资市场上存在高度的信息不完全和信息不对称

信息技术产业作为高新技术产业，技术更新和淘汰的速度极快，专业性非常强，一般非专业人士很难了解和评估某一特定项目的风险和潜在收益，因此拥有新技术新产品的资金需求方在信息拥有方面占绝对优势，而资金供给者在获取信息、理解信息和利用信息方面的成本很高，信息极不充分，双方的信息极不对称，这造成融资前易发生逆向选择，融资后又容易引起道德风险。因此整个融资活动及相应的风险资本市场的组织和制度安排，必须能有效地控制信息不完全和信息不对称所导致的逆向选择和道德风险问题，降低融资过程的交易成本。

（四）中小型企业比大型企业具有更强的技术创新能力

信息产业是以技术创新的速度为灵魂的产业，在这个产业内小企业的形成不断加速，中小企业的比例不断增长是自然的趋势。新生创新型小企业的不断出现要求有适应其特点的资本形式与之配套：一方面，由于创新型企业的投资回收周期比一般企业长，因而增加了对长期资本的需求，降低了投资的流动性。另一方面，由于创新型中小企业既无良好的财务状况和信誉，也无足够的固定资产做抵押，有的只是极为诱人的盈利前景和对等的风险，现有的融资形式很难与其吻合，需要发展新的筹融资形式。

二、风险资本市场

（一）风险资本市场概述

风险资本市场是资本市场培育高新技术产业的一种创新的制度安排，它是为了适应高新技术产业发展特点，在技术创新和金融创新相互作用过程中重复形成的一种创新资本市场形态。风险资本市场的组成和范围明确，其运行遵循其本身的特殊规律，它在运作机制和治理结构上的独创性使其成为适应网络经济甚至知识经济的现代金融体系的极为重要的组成部分。风险资本市场是适应高新技术创

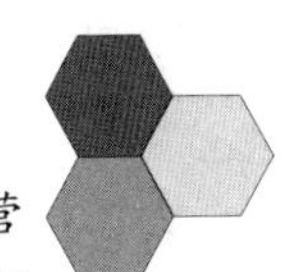

业企业的筹融资特点而逐渐自发形成的对现行金融体系的有益补充。它无论从服务对象、资金的来源、资金的管理方式和整套制度设计方面都与传统的资本市场不同。风险资本市场主要服务中小型的新兴高科技企业，通过投资者较高的素质和参与管理的深度来降低信息不完全和信息不对称的程度，并利用一整套合理严密的制度设计在将投资风险分散化、社会化的同时，提高投资的成功率和收益率。

风险投资的英文是Venture Capital（VC），也有学者将其译为创业风险资本，科学技术部曾定义，风险投资（又称创业投资）是指向主要属于科技型的高成长性创业企业提供股权资本，并为其提供经营管理和咨询服务，以期在被投资企业发展成熟后，通过股权转让获取中长期资本增值收益的投资行为。

一般来讲，资本市场分为间接资本市场和直接资本市场，间接资本市场主要指银行的借贷市场；直接资本市场又分为风险资本市场和一般资本市场。一般资本市场是成熟的大中型企业筹集长期资本的市场，它包括通常意义上的证券市场，银行和证券市场是传统工业经济最重要的融资场所。风险资本市场则是处于发育成长期的新兴高新技术企业进行直接融资的场所。从市场的开放程度和所参与企业的发展阶段来划分，风险资本市场又包含了三个子市场：非正式的私人风险投资市场，风险投资和专门为中小高成长性企业设立的证券市场（又称二板市场、小盘股市场、创业板等）。因此，风险资本市场是一个与一般资本市场相对应的概念，是资本市场中一个具有较大风险的子市场。非正式的私人风险投资市场是一个没有中介的私人股份融资场所，它是富裕的家庭和个人直接向企业进行股份投资的场所，投资者自行负责投资项目的选择、投资过程的管理、投资后的监控直到获取投资收益。

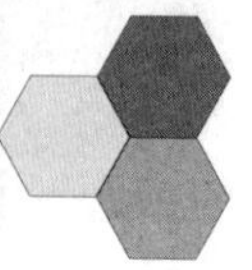

（二）风险资本市场的功能

1. 为高新技术企业提供融资渠道

高新技术企业由于筹融资的独特性使得现行的间接资本市场和一般直接资本市场不能为其提供充足的资金，而风险资本市场可为其提供较为充分的资金，支持高新技术企业持续不断的技术创新。

2. 为投资者提供高额回报

人类物质文明发展到目前阶段，传统工业经济中利润平均化的程度已经非常之高，投资于传统产业的收益有限。但由于社会已积累了一定的财富，资金闲置本身就是一种浪费，因此闲置资金迫切寻找具有高额回报的投资机会，而且能够承担一定的风险。从理论上讲，风险资本有向具有高回报和高增长潜质的高新技术企业进行投资的冲动。

3. 为技术创新者和投资者提供风险分散机制

在网络经济中，高新技术企业在创立、成长和成熟过程中，技术创新不仅有技术风险，而且还伴有生产风险、管理风险、市场风险和退出风险等多种风险。若将这一系列风险都置于创业者身上，他个人无疑是无法承担的，这些风险对于企业的早期投资者来说也是比较大的。这种过高、过于集中的风险会阻碍高新技术产业的形成和发展。如同股份制有效地分散了大型工业企业发展和壮大过程中的风险，风险资本市场也通过股份制为高新技术企业在萌生、成长和成熟过程中分散了风险。尤其是在风险资本市场中投资呈现明显的阶段性，即私人风险投资、风险投资、二板市场，风险投资中又分为多个注资阶段，有效地将风险一步步分散到技术创新者、私人风险投资者、风险投资基金、机构投资者和公众中。当然随着风险的分散，投资的收益也在逐步下降。

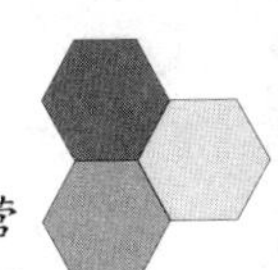

4. 为高新技术企业提供企业管理、资本运作及市场开拓方面的经验和技能

由于高新技术企业成功与否，只部分取决于技术开发本身的成功与否，更多地取决于企业的组织管理、生产控制、市场开拓及资本的再筹集、运作及退出方面的成功与否。而这些都是高技术专业人才难以控制的。而风险资本市场除了为企业提供资金，还为企业提供这些方面的帮助。一般风险资本家在为企业注资之前，要对其进行严格的筛选，考察其潜在价值和市场潜力。注资之后，风险资本家又会参与企业关键环节的管理，为高新技术企业带来管理资源、业务资源和社会资源，从而大大提高高新技术企业创业的成功率。

（三）风险投资的特征

风险投资是一个复杂的系统工程，在其运作过程中主要涉及三方参与主体：投资者（风险投资供给主体）、风险投资人（风险投资运作主体）与创业企业（风险投资需求主体）。风险投资系统由五个关键的子系统构成：风险投资供给系统、风险投资组织系统、风险投资决策系统、风险投资需求系统和风险投资退出系统。

风险投资的基本特征如下：

1. 权益投资

风险投资是一种权益资本，以通过上市或出售达到退资并取得高额回报的目的。

2. 无担保、有高风险的投资

风险投资主要用于支持刚刚起步或尚未起步的高技术企业或高技术产品，这些企业一方面没有固定资产或资金作为贷款的抵押和担保，因此无法从传统融资渠道获取资金，只能开辟新的渠道；另一方面，技术、管理、市场、政策等风险都非常大。

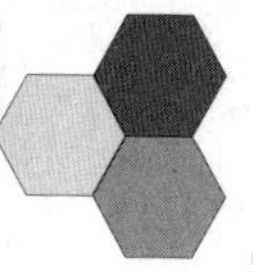

3. 流动性较小的中长期投资

在风险企业初创时就投入资金，一般需经 3 ～ 8 年才能通过退资取得收益，并不断地对企业进行增资，流动性较小。

4. 高专业化和程序化的组合投资

要求创业资本管理者具有很高的专业水准，在项目选择上要求高度专业化和程序化，精心组织、安排和挑选，尽可能地锁定投资风险。

5. 投资人积极参与的投资

风险投资公司在向风险企业注入资金的同时，为降低投资风险，必然介入该企业的经营管理，提供咨询，参与重大问题的决策，帮助该企业取得成功。

6. 超额回报的财务性投资

风险投资是以追求超额利润回报为主要目的，投资人把它作为一种实现超额回报的手段，因此风险投资具有较强的财务性投资属性。

7. 对剩余索取权进行配置的资本

风险投资人以权益的方式向创业企业投入资本，要求企业向自己让渡相应数量的所有权或剩余索取权，风险投资人能够享有增长带来的收益。

三、风险资本运作

风险资本的投资模式是在高度的信息不对称和信息不完全的环境中形成的。它在理论上涉及多方面的问题，在实践中有多种变种。下面从实际应用的角度分析最基本的投资活动步骤。

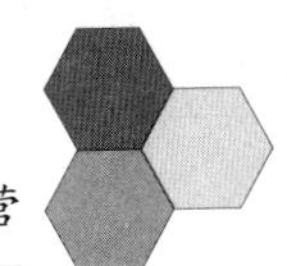

（一）交易发起

在交易发起阶段，风险资本家面对的是一个内容十分宽泛的投资机会选择范围，通常遇到的问题是潜在投资机会因规模太小而可见度低。在这种情况下，风险资本家与企业之间的中介扮演了十分重要的角色，它向风险资本家和需要投资的企业提供信息服务。

风险资本的投资机会获取方式主要有三种：第一种是企业家主动提出投资申请，并提供相应的商业计划，大约 1/4 的投资机会是通过这种方式获取的。第二种方式是推介，即通过其他风险资本家、银行或投资中介者（机构）推荐介绍。在风险资本家获取的投资机会中，有大约 50% 是通过推介获取的。在推介方式中，有一种被称为辛迪加的方式越来越普遍。在这种方式下，一位风险资本家作为某个企业的主要投资人，由他向其他风险资本家推介，让其他风险资本家参与进来，进行联合投资。投资机会获取的第三种方式是由风险资本家主动搜寻潜在的投资机会。风险资本家经常会主动寻找那些处于创业阶段或急需扩张资金的企业。他们主要通过非正式的业内网络，参加贸易洽谈会、展览会、科技专业学术会等方式及时掌握科技、商业动态，并寻找潜在的投资机会。当风险资本家要选择自己投资的科技领域或为所投资的企业选择管理人员时，通常采用上述积极主动的搜寻方式。在这种情况下，风险资本家部分地充当了企业家的角色。

（二）机会筛选

一个独立的合伙制基金一般有 6 ～ 10 位专业人员，他们要从大量的投资机会中选择一部分进行深入研究，其中只有极小部分被认为是有投资价值的项目被选中进入下一步评价。由于可供筛选的项目太多，而基金的人力又有限，基金一般选择与自己熟悉的技术、

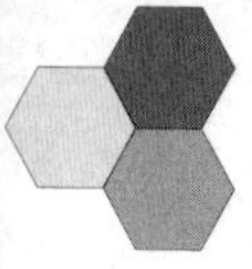

产品和市场相关的项目。机会筛选过程中一般要考虑以下四个方面的问题：

1. 投资规模与投资政策

投资规模的选择是一个规模效益与风险分散的平衡问题。如果单项投资的规模过小，整个基金的管理成本就会上升，出现规模不经济的问题。但如果规模太大，单项投资的成败决定整个基金的收益，则基金的风险太高。风险资本家要从上述两方面的平衡中确定合适的投资规模。由于他们的风险偏好和基金规模不同，所确定的合理规模也有差异。另外，为了克服上述两方面的矛盾，越来越多的风险资本家采用辛迪加式的投资政策，多家风险资本联合对规模较大的项目进行投资。

2. 技术与市场

多数风险资本在进行机会筛选时，会把技术与市场作为选择标准之一。从某种意义上说，风险资本投资的不是一个企业，而是一种技术或市场的未来。因此，他们必须对项目所涉及的技术和市场有深入的了解。由于他们不可能了解所有的技术，因而在项目筛选时只能考虑自己熟知的领域内的技术。风险资本家一般倾向于新兴技术而非成熟的技术。

3. 地理位置

对地理位置的考量主要是从方便管理出发。投资一旦发生，风险资本家就要和企业家保持经常性的接触。从时间和费用两方面考虑，风险资本家希望选择离自己较近的项目，一般倾向于选择位于主要城市附近的项目。然而，随着通信技术的发展，对地理位置方面的考虑正趋于淡化。

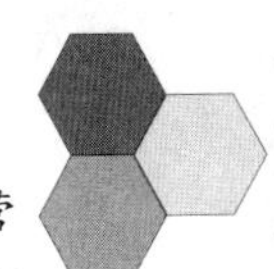

4. 投资阶段

风险企业对风险资本的需求发生在企业生命周期的不同阶段。对不同发育阶段的企业进行投资选择，体现了风险资本家不同的风险偏好和对收益与风险的平衡。一般来说，企业早期投资的风险较大，但收益较高；反之，后期投资的风险较小，但收益也小。

（三）机会评价

传统的公司财务理论认为，投资者寻求的回报应与该项投资的非分散性风险有关。根据资产定价模型（CAPM），投资所获取的报酬应与无风险的长期利率成正相关，同时也随股票市场预期报酬率与长期利率之差同方向变化。因此，标准的投资评价方法是根据现金流现值和分红现值作为基础。但是，这种方法显然不适用于对风险资本的投资评估。对一个处于发育早期、充满不确定性的企业进行未来现金流的预测是不现实的；同时，这种企业几乎没有现金分红，投资者的报酬体现在退出时的股份增值中。由于风险资本投资的是未来的增长机会，期权理论为风险投资项目的评价提供了一个极好的理论工具。风险投资的多阶段特征使投资者拥有现在投资或稍后投资的选择权利。当第一次投资发生后，投资者没有义务做后续投资，但有权利在获取进一步的信息后进行后续再投资。由于后续投资是一种权利而非义务，投资者在企业未来的价值增值中拥有一个有价期权。用期权定价方法评价风险资本的投资已有大量的理论研究和少量的实际应用。但是，绝大多数风险资本家是依据对企业商业计划的主观评估来做出投资决策的。主观评估的过程一般包括三个步骤：因素评价、收益风险评估和投资决策。

因素评价中有收益因素和风险因素的评价，收益因素主要是市场前景和产品新意，前者是最重要的。风险因素主要是管理能力和

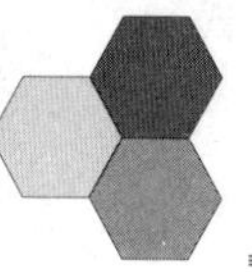

环境适应能力，其中管理能力是最重要的。通过对各个因素的分析，风险资本家获得该项投资的预期收益和预期风险，然后依据自己的风险偏好，在对比分析各个项目的这两项指标后做出投资决策。

（四）交易设计

风险资本家做出投资决策后，必须和企业家一道设计出一个双方都可以接受的投资合同。从风险资本家的角度看，设计投资合同有三个方面的用途：①合同设定了交易价格，即风险资本家的风险投资可以换取的股份数量；②合同设定了对风险投资的保护性契约，它可以限制资本消耗和管理人员工资，也可以规定在什么样的情况下风险资本家可以接管董事会，强制改变企业的管理，通过发行股票、收购兼并、股份回购等方法变现投资，保护性条款还可以限制企业从其他途径筹集资金，避免股份摊薄；③通过一种被称为赚出的机制设计，合同可以将企业家所取得的股份与企业目标的实现挂起钩来，激励企业家努力工作。

（五）投资后管理

交易设计完成并签订合同后，风险资本家的角色从投资者扩张到合作者，他们通过在董事会中的席位影响企业的决策，通过在产品市场、原料市场和资本市场上的优势帮助企业发展。风险资本家之间对企业正常管理活动的参与程度差别较大，总的说来，大多数风险资本家不倾向于过多涉及企业日常管理。但在出现财务危机或管理危机时，风险资本家会进行干涉，直至更换企业管理队伍。风险资本家参与企业管理的程度受多种因素的影响，其中最主要的因素包括企业高级主管的经验与技能、企业所处的发育阶段、企业所采用技术的创新程度，以及企业高级主管与风险资本家在企业发展目标上的一致性。风险资本家将大约一半的工作时间用于所投资企

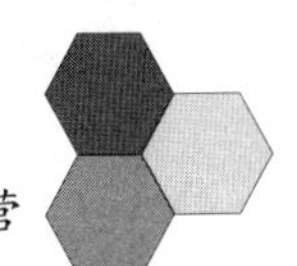

业的投资后管理。平均每人负责 9 个企业，每个企业每年平均耗费 110 个小时。风险资本家在投资后管理中做得最多的两项工作是帮助企业筹集资金和提高管理能力。前者是风险资本家运用自己在资本市场上的联系和技能为企业的进一步发展筹集资金；后者是通过在市场上寻找和吸收高素质的经理人员，及时更换不称职的企业主管来实现的。由于多数风险资本家都认为管理是决定投资成败的关键因素，因而提高企业的管理能力成为他们在投资后管理中最重要的工作。

第四节　企业开展电子商务的经营模式

经营模式是企业在市场竞争中逐步形成的企业特有的、赖以盈利的商务结构及其对应的业务结构，是企业的一种获利方式。商务结构主要是指企业外部交易对象、交易内容、交易规模、交易方式、交易渠道等；业务结构指满足商务结构需要的企业内部从事的研发、采购、生产、营销、管理等业务内容。业务结构直接反映的是企业资源配置的效率，商务结构直接反映的是企业资源配置的效益。当前，电子商务的经营模式主要包括：在线销售产品、会员制、网络广告、搜索引擎、数字内容等。

一、在线销售产品

在线销售产品是目前非常流行的一种经营模式，它具体可以分为通过网站销售自己的产品的经营模式和通过网站销售别人产品的经营模式两种。这两种具体的经营模式有很多相似之处，但也有所区别。

（一）销售自己的产品的经营模式

凡客诚品是通过网站销售自己产品的经营模式的一个非常成功

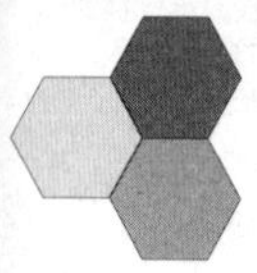

的例子。成立后短短几年时间，成为中国互联网上遥遥领先的服装品牌网站，也从最初的单一男装品牌直销网站拓展成为涵盖男装、女装、童装、鞋、配饰、家具、化妆品等多品类的综合型销售网站。

凡客诚品采用的是轻资产的经营模式，没有厂房，没有设备，没有门店，只有设计部、市场部、呼叫中心和仓库。设计部负责产品的设计，它通过聘请国际著名的设计师和与国外的设计工作室建立合作关系，使自己的产品保持时尚却不奢华，这样既能吸引众多顾客，绝大多数顾客也消费得起。市场部主要负责网站运营和网站产品的推广、销售，凡客诚品采用的主要推广方式是投放网络广告、采用按照销售额分成的网络营销手段和请名人代言。凡客诚品在几乎所有的主要门户和专业网站上面做了大量的广告和链接，引导消费者到凡客诚品网站上面去消费。而凡客诚品创新性地采用的按照销售额分成的网络营销手段，是指只要是中国境内的合法网站（包括个人网站）、博客、网店均可免费注册加盟，登录联盟平台获取广告代码放置到网站或者博客的广告位，当消费者通过点击专属广告进入凡客诚品的官网形成有效的购买后，会在一个月后得到来自凡客联盟的广告佣金。这样不仅降低了广告费，而且增加了网站的访问量及购买量。除此之外，凡客诚品还着重打造自己的品牌形象，提升自己的品牌知名度和美誉度，聘请网络明星人物为其代言。呼叫中心和仓库主要负责的是产品的物流和暂时存储。凡客诚品在自营物流建设中，成立了自己的物流子公司，该公司只为凡客服务，但是该公司并不能承担凡客诚品的全部配送业务，而只是主要承担北京、上海、广州、苏州、杭州这五大核心城市的物流配送。除了自己建立物流公司，凡客诚品还与多家第三方物流公司开展了合作，以保证将顾客购买的商品快速安全地送达。

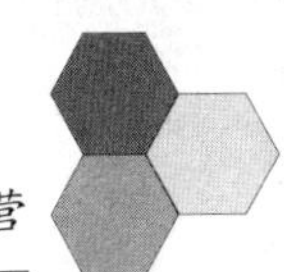

从凡客诚品的案例看到，通过网站销售自己产品的经营模式的成功，主要依靠生产出具有竞争力的产品、采用创新式的营销手段和选择最合适的经营模式，能够设计生产出具有竞争力的产品是对销售自己产品的网站的最基本，也是最重要的要求。而营销手段决定了网站产品的销售情况，经营模式是从整体上关注网站的工作效率、成本和发展。因此这种赢利模式更加适合在产品上有核心竞争力，并且善于运用网上营销手段的企业或者网站。而这种经营模式的优势是，一旦你成功地塑造了自己的品牌形象后，顾客就会接踵而至，而你也可以在该市场占据重要地位，从而获得巨额利润；并且在后期，你可以减少在营销推广上面的投入，只需专心做好产品设计生产和物流就可以了。而它的缺陷是，在网站初期营销推广时比较困难，特别是在和类似的网站竞争市场时，要比拼耐力和持久力，更需要巨额资金投入。

（二）网站经销别人的产品的经营模式

亚马孙是采用通过网站经销别人商品的经营模式取得成功的经典网站，它的盈利主要来自卖出商品收入与成本的差额。同时，因为是经销别人商品，不需要自己设计和生产产品，亚马孙把主要精力集中在网站的推广和物流这两个关键部分，这也是它取得成功的关键。

亚马孙的推广手段主要有竞价排名和网络营销联盟。它通过向google和百度等搜索公司支付文本搜索广告费用的方式，使消费者使用这些公司的搜索引擎搜索时，亚马孙公司的网页和文本广告等被排在最前面，从而给亚马孙带来巨大销量。这种经营模式的优点是它使网站经营变得更加简单，只需集中主要精力解决网站推广和物流问题，不用为经销的商品付出过多精力。它的缺点是在网站建

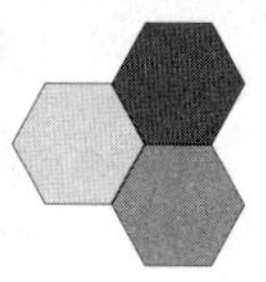

设初期，需要投入巨量精力和资金来做网站推广，打造网站品牌，从而吸引更多消费者。这种经营模式比较适合背后有雄厚资金做后盾，对于网站推广和物流配送已经积累了丰富经验的网站，不管是通过网站销售自己的产品，还是通过网站经销别人的产品，都需要大力推广自己的网站，打造自己的品牌形象，积极发展物流配送网络，并需要大量资金做后盾。这是所有以销售商品为经营模式的网站的共同点，而是否需要设计生产自己的、具有竞争力的产品，是通过网站销售自己的产品与通过网站经销别人的产品的最大区别。

二、会员制

会员制收费模式是指包括网上店铺出租、公司认证、产品信息推荐等多种服务组合而成的套餐式增值服务。它必须根据客户的需要不断完善服务的内容。会员制服务可以把网站的各种增值服务打包销售，服务对象可以包括大大小小所有企业。会员制收费模式一般适用于提供企业之间交易平台的 B2B 电子商务网站，其典型代表网站是阿里巴巴。

阿里巴巴的会员分为免费会员和收费会员两种，其中收费会员又可以分为中国供应商和诚信通会员。“中国供应商”服务主要面对中国的出口型企业，依托网上贸易社区，向国际上通过电子商务平台进行采购的国外企业推荐中国出口供应商，从而帮助出口供应商获得国际订单。其服务包括提供独立的“中国供应商”账号和密码，并为其建立英文网站，让全球二百多个国家逾四十万专业买家在线浏览其企业网站，从而帮助供应商销售其产品。“诚信通”针对的是国内贸易商，通过向注册会员出示第三方对其进行的诚信评估，以及在阿里巴巴的交易诚信记录，帮助“诚信通”会员获得采购方的信任。“诚信通”服务主要包括：网站空间权限提高，可以任意修改产品

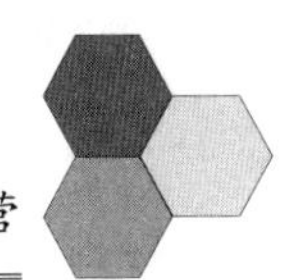

资料；发布的供应产品信息在阿里巴巴的关键词搜索中排名更靠前；商标使用权，专业的认证机构做认证，使店铺可信度更高；可以使用支付宝交易，在网络的交易中更安全，让客户产生更多信任和保障；免费提供采购会、展会等行业信息。

阿里巴巴采用注册会员、收取会员费的经营模式取得成功的关键因素有两点：第一，阿里巴巴在创业初期就对市场和自己的网站有良好的定位，在发展初期集中精力专做信息流，汇聚海量的市场供求信息，而绕开物流，前瞻性地观望资金流并在恰当的时候介入支付环节，从而吸引了庞大的注册用户，占据大量的市场；第二，阿里巴巴采取第三方认证（企业资信调查机构提供信用认证，认证的内容包括工商部门的合法注册记录，业务授权等）、网下的证书和荣誉、阿里巴巴活动记录、会员评价、资信参考人等多种方式来保证商家的诚信，这就解决了中国电子商务的诚信问题，让商家没有后顾之忧。

因此，注册会员、收取会员费的经营模式更加适合大型、专业性非常强的网站。小型或者不够专业的网站很难付出巨大的代价来提供大量供求信息，也难以确实有效地保证商家的诚信，而这些功能都是注册会员交易类型网站的核心功能，缺少这些功能，就吸引不了各行各业的大量商家注册会员，而收取会员费的经营模式也就走不通了。这种经营模式的优势是，当网站在各行各业拥有了固定企业会员后，网站要做的就是简单的更新和管理这些企业会员的供求信息，辅助它们进行交易。而网站每年对这些企业会员收取一定的会员费，从而获得巨大的利益。而这种经营模式的弊端就是网站在初期要做大量的工作来吸引会员，并在其心中树立公正、安全的形象；而且在初期，网站不但不会赢利，还需要不断投入大量资金，这就需要雄厚的资本做后盾。

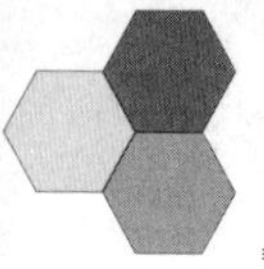

三、网络广告

网络广告就是在网络平台上投放的广告，利用网站上的广告横幅、文本链接、多媒体的方法，在互联网刊登或发布广告，是通过网络传递到互联网用户的一种高科技广告运作方式。网络广告盈利模式是主要依靠网络广告获得收入的盈利方式。网络广告的经营模式主要分为两种：在线广告经营模式和广告联盟的经营模式（广告中介）。

（一）在线广告的经营模式

在线广告经营模式是指在自己的个人网站、博客上投放广告，当有人浏览自己的个人网站或博客时，广告自动弹出或者浏览者点击进入，从而获得利益的经营模式。

新浪是采用在线广告的经营模式的一个非常典型的网站，主要通过大量的各类免费资讯、大小热点新闻和服务去吸引大量的浏览者，形成固定的客户群，并保持着很高的点击率和知名度，从而吸引各企业纷纷在新浪网站上投放广告，通过新浪的广告推广自己的产品。而新浪则从广告投放商那里获得收益，这些收益要远远超过它自身提供的免费资讯、新闻、服务的成本，并且占新浪网站总收入的绝大部分。

在线广告的经营模式更加适合有大量稳定的访问量和点击率的网站采用，例如新浪、腾讯、搜狐等大型门户网站都是主要采用的这种经营模式来赢利的。在线广告的经营模式也有其特殊性，它的门槛比较低，除了大型门户网站以外，其他任何网站、博客等也都可以采用，但因为这些网站的访问量和点击率不够大或者不稳定，这种经营模式不能为网站带来大额利润或者赢利不稳定。但是因为这种经营模式简单、易操作，那些不是专门依靠网站赢利，只是偶

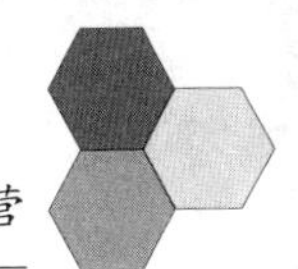

尔利用网站赚取一点额外收入的小网站主、博客主也是比较青睐这种经营模式的。

（二）广告联盟的经营模式

广告联盟是位于广告商和网站站长之间的“承包商”，广告商将需要推广的产品或网站交给处于中间环节的广告联盟，广告联盟制作出各种类型的广告代码，中小型网站站长则向广告联盟申请广告，将其投放到自己的网站上，广告联盟通过赚取广告商付给自己的和自己需要付给站长的资金之间的差额，达到赢利的目的。

这种经营模式的优点是门槛低：对网站本身的技术要求不高；网站经营简单，只需要对自身网站进行推广，吸引更多的广告主和网站主，并根据广告主需要推广的产品和网站做出相应的广告即可，不涉及实体产品设计和生产，不涉及物流与配送；不需大量资本。缺点是这种类型网站的利润低，竞争激烈，都难以成长为大型网站平台。

四、搜索引擎

搜索引擎的主要收益来自其他网络公司和一些希望借搜索引擎推广自己产品的企业。可以概括地说，搜索引擎的收入来自两个方面，一个是技术授权；另一个就是广告收入。而广告收入又分为关键词广告和竞价排名等。搜索引擎的广告不同于各类网页上的传统弹出式广告，基本是文本广告。这些广告让人感觉就是搜索结果的一部分，而不是商家推出的广告，但在不知不觉中，就让用户留下了深刻的印象。

（一）技术授权

由于搜索引擎自身对技术的要求很高，有些公司不愿将巨大的人力物力花费在搜索引擎的研究上。它们可以从一些大的搜索引擎

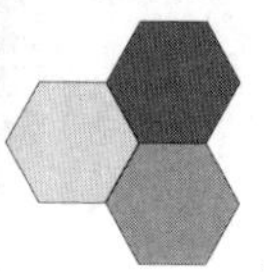

公司买到搜索技术转为已用，这可以为搜索引擎公司带来不小的收益。这种盈利方式主要是在较大门户网站和搜索引擎公司之间进行，虽然发生金额一般较大，但频率一般较低。

（二）关键词广告

关键词是目前采用较多的一种盈利方式。在用户向搜索引擎输入需要查询的关键词或主题后，可以得到这些关键词或与主题的各条链接。如果厂商需要，搜索引擎可把和这些关键词或与主题密切相关的介绍性广告也都搜索出来。但为了不影响用户在搜索结果中快速寻找自己想要的结果，这些链接广告一般单独排在网页的右边，用户可以选择性地查看或不查看，不会影响用户使用搜索引擎的效果和心情。经过检验，这种区别于传统广告方式的营销方式具有非常明显的效果，商家产品的广告可以准确地送到它们期待的目标消费者群体。搜索引擎公司则可以根据网络广告的点击量，按照事先约定的单价向厂商收取一定的费用。关键词广告为搜索引擎公司带来经济利益，拓展了搜索引擎公司的盈利模式，也给搜索市场的发展带来了更大的空间。

（三）竞价排名

竞价排名的主旨思想是根据用户的点击率进行收费，在用户搜索的结果中，排名企业的推广信息优先显示在用户面前，该条广告如果没有被用户点击，则不收取广告费。若被点击，则根据点击的次数来收取费用。在各个相同关键词的广告中，为每次点击支付价格最高的广告会排在第一位，其他位置同样按照广告主自己设定的广告点击价格来决定广告的排名位置。相对于其他收费模式来说，竞价排名按照点击效果付费，厂商的广告费用能够用到刀刃上，厂商可以根据点击情况判断自己产品的受关注程度。传统广告、弹出广

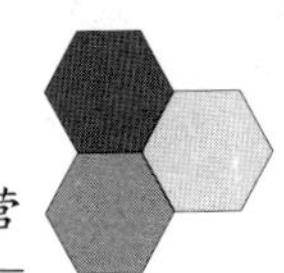

告或固定排名等一般收费固定，并且费用较高，一般实力雄厚的大企业才会运用这种方式，因此这种根据点击率收费的方式受到各层次厂商尤其是中小企业的青睐。但是，竞价排名在给网站带来收益的同时，也引发了突出的社会问题，让搜索引擎面临更多的法律争议，应谨慎对待。我国也在积极研究相应的法律法规，予以引导和规范。

（四）网络实名

第一代上网方式是用 IP 地址上网，第二代上网方式是用域名上网，网络实名现被称为第三代中文上网方式。这种上网方式就是各种机构可以将本机构的名称、品牌、产品等注册为网络实名，也就是相关的中文名称。用户以后想要进入该机构的网站无须记忆复杂的域名网址，直接在搜索引擎窗口或浏览器地址栏中输入已经注册的中文网络实名，即可进入网站。通过这种方式搜索出来的不是有关的网络链接，而是直接将指定的网页打开，搜索引擎公司可以为用户提供这种查询服务。这种服务的好处是跨过了显示网络链接的中间环节，方便用户直接进入该机构的网页，可以带动访问量，这时搜索引擎公司主要是靠出售网络实名来盈利。网络实名与网络广告等传统互联网营销模式相比，网络实名的查找指向性更强，能方便用户有目的地查找相关商业信息。网络实名尽管面向几乎所有的互联网用户，但营销成本只有网络广告的几十分之一，甚至几百分之一。

（五）数字内容

数字内容是指以互联网技术为核心，将图像、文字、声音、影像等内容运用数字化处理技术进行整合和运用的产品或服务，包括新闻、报刊、图书、软件、游戏、动漫、音乐等。数字内容盈利模式的网站以数字内容为主要收入来源。

数字内容提供多种盈利方式，其中，内容和版权盈利是数字内容

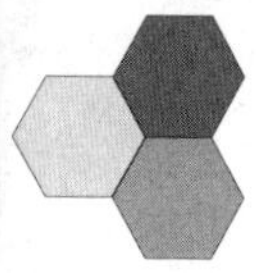

产业最根本也是最原始的盈利模式。内容和版权盈利模式指在数字内容产业中，主要依靠所生产的数字内容产品对外版权收费和内容产品使用收费的盈利模式。主要表现为数字内容（视频、音频、电子文字、图片）的版权使用以及以数字化内容组合而成产品的对外销售服务模式，如超星数字图书馆、中国知网、佐罗网等。

然而，数字娱乐是对相关产业带动最广、增长最快、发展潜力最大的一种盈利方式。数字娱乐指以动漫、卡通、网络游戏等基于数字技术的娱乐产品。数字娱乐是涉及移动内容、互联网、游戏、动画、影音、数字出版和数字化教育培训等多个领域。

这几种电子商务经营模式是最常见的、使用最多的，除此之外，还有许多使用不是很频繁，或者是新兴的电子商务网站经营模式。例如企业信息化服务、按询盘付费、移动电子商务、协同商务等。不管电子商务企业采取的是哪一种经营模式，都应当看到网络外部性原理在企业经营模式中的体现。用户数量对电子商务企业的生存至关重要，通过实施产品主流化战略来扩大市场份额与建立稳定的用户基础同时进行。在市场份额扩张的过程中，电子商务企业通过对顾客的锁定来帮助产品主流化的实施，主要内容是采取多种措施提高用户的转移成本。主流化战略一旦成功，正反馈效应将会出现，市场份额的增长进入自我加强的良性循环，使产品迅速实现更大规模的主流化。

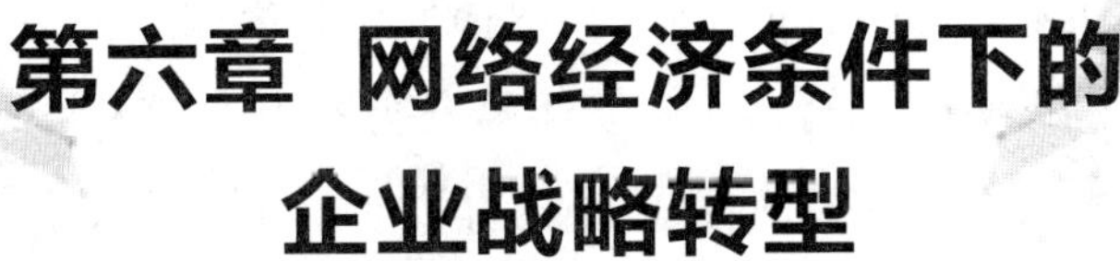

第六章 网络经济条件下的企业战略转型

第一节 企业战略转型理论概述

一、网络经济理论

（一）网络经济的基本概念和内涵

1. 网络经济的基本概念

随着世界科学技术的快速发展，尤其是电子信息技术的不断创新，使得人们的工作和生活方式发生了巨大的变化。网络经济就是在这种环境下产生的，它是企业利用计算机网络信息技术接收、分析、整合和利用各种信息，并依靠企业建立的内外部网络开展工作的一种商务活动，其贯穿于企业运营的整个过程，包括采购、研发、生产、销售和售后等整个产品周期管理过程。这是一种新型的经济环境，和传统的经济环境有所不同，因此其在某种程度上改变了企业的经营模式，需要经营者转变经营理念，及时充分的利用网络经济的优势，从而加强企业的适应能力，提高核心竞争力。

2. 网络经济的内涵

从网络经济的概念可以看出，计算机信息技术和智能网络是其核心和基础，它标志着人类社会进入新的阶段，具有划时代的意义。

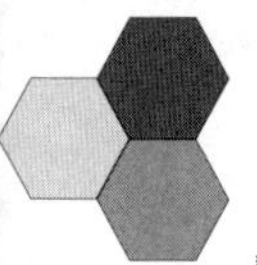

而追求其内在的涵义，目前主要存在以下几种代表性的观点：第一，狭义上的网络经济。这是指目前我国最为火爆的电子商务活动，其主要是在计算机和因特网的基础上，打造用于企业与企业、企业与消费者之间的网络购物平台，并在有第三方担保的前提下进行交易的一种商业模式，这种模式简便了人们的生活，节约了人们的购物成本，给人们提供了更大的生活空间，这也成为商业模式发展的方向。第二，广义化的网络经济。这是指电子商务模式只是网络经济环境下的一种产物之一，其并不足以包括整个网络经济的内涵和特征。计算机和因特网只是一个载体和工具，从宏观层面来讲，在网络经济环境下，企业需要利用这种工具建立简易、快捷的内外部沟通交流方式，从而和企业上下游的供应商、客户（消费者）以及经销商搭建成一个个链条，最终形成经济活动网络，使得企业的一切生产经营活动都能在这个网络中快速响应，提高工作效率。第三，网络经济主要来源于知识经济。知识经济就是在人类社会发展到一定程度之后，将先进的科学技术，包括计算机、通信技术、数码技术、卫星技术等知识，转化为社会生产力，使信息传递更加快捷，实现企业发展的全球化和网络化，因此知识经济实质上是一种以现代技术为核心的全球网络经济。

（二）网络经济的特点

根据网络经济的概念和内涵，再结合当今社会经济发展现状及趋势，网络经济主要具有以下几个特点：

1. 方便快捷性

网络经济的基础就是计算机和互联网技术，通过将这二者结合起来，就可以突破地域和时空的限制，利用网络将整个世界连在一起，人们可以在任何地方、任何时间都进行交流，并且是接近于实

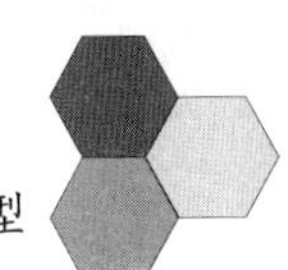

时的速度收集、分析、处理和应用信息，从而开展商业活动，省去了很多传统商业模式中的程序和工作，使人们的工作效率大幅提高，工作成本大幅减少，整个世界经济的全球化进程大大加快。此外，这种无摩擦经济交易方式还大大节约了交易成本，这在一定程度上影响到商品的价格。

2. 交易的虚拟性

网络经济是一种全新的经济形态，在交易模式和方式上与传统的经济形态存在很大的不同，其中有一点就是交易的虚拟性。首先，网络经济是通过建立网络平台，利用计算机信息技术将买卖双方联系起来，并进行谈判交易，双方交易的过程是不可见的，这就区别于传统经济中的“一手交钱，一手交货”方式。其次，在农业和工业经济中，人们都是实物交易，而在网络经济中，卖方更多的是利用图片或者文字对商品进行描述，买方则需要自己判断商品的真实性，从某种程度上说，这种虚拟产品就具有一定的不安全性，而排除这种不安全性的方式就是诚实和信任。

3. 高风险性

由于网络经济的模式都是在网络上完成的，这都没有现实中的交易来的可靠和实在，若由于一方没有诚信，存心欺诈，在网上发布虚假信息，则就会给交易的另外一方带来较高的风险。此外，由于技术、法制体系的不健全与不完善，经营者的经营平台存在高度风险性，比如黑客入侵、网络犯罪、病毒侵入等都会给企业和消费者的交易造成风险。

4. 自我膨胀性

网络经济的价值等于网络节点数的平方，也就是在网络经济环境下产生的效益和社会生产力，是随着网络用户的增加而不断增长

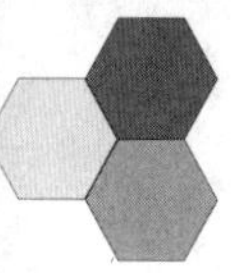

的，这必然的持续膨胀会将网络经济的机制不断放大。通信系统的宽带速度在未来将会以每年3倍增长的趋势发展，并且传输的所耗成本和费用也会相应的降低，并渐渐接近于零，这也会在很大程度上促进网络经济的发展。以上的法则和定律主要就向我们展示了网络经济未来自我膨胀的规模和速度，并揭示了其内在规律。

二、企业战略理论

企业战略是企业为了提高竞争力，并寻求长期稳定的发展，充分利用内部和外部的人力、物力、财力等资源，确立未来发展的目标，并制定达到目标的相关途径和方法，最终制定企业的发展策略。企业战略理论认为企业在制定战略规划时需要考虑以下几个要素：

（一）内、外部环境分析

在战略制定之前，需要对企业内部和外部环境进行分析，内部环境包括：企业资源（人、物、财、技术、信息）分析；企业文化分析（是否能使企业产生向心力具有活力），企业能力分析（能否充分利用相关资源）。外部环境包括：宏观环境分析（政治环境、经济环境、技术环境、社会文化环境）；微观环境分析（竞争对手、消费者、供应商、替代品）。通过对内部和外部环境分析，找到自身企业的优势和劣势，从而根据实际情况，发挥优势，隐藏劣势，提高企业的竞争力，保持健康稳定的发展。

（二）确定未来发展目标

当企业对内部和外部环境进行分析之后，就需要评估整个行业的环境以及自身的优势和能力，确立在未来5年的发展目标，这个目标要对企业的发展方向具有一定的指导性，并且具有可实现性，从而激励企业朝这个目标发展。

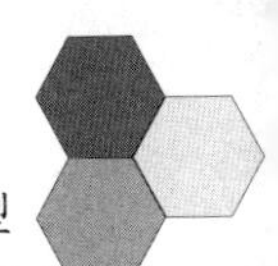

（三）制定战略计划

根据企业为了发展的目标制定战略计划，主要方式是对战略目标进行分解，将总目标分解成各阶段要达成的小目标，从而找到完成小目标需要采取的措施和手段，并制订详细的工作计划，最终保证企业总体战略的实现。

企业战略是企业在一定时期发展的行动指南和最高纲要，它标志了企业未来发展的性质和目标，对企业的发展具有现实的指导意义。

三、战略管理理论

战略管理理论起源于二十世纪，它萌芽于二十年代，形成于六十年代，在七十年代得到大发展，八十年代受到冷落，九十年代又重新受到重视。三种战略管理理论，包括：资源配置战略理论、竞争战略理论和目标战略理论。

（一）资源配置战略理论

企业经营的本质就是将所有的资源集合起来，并加以科学合理地管理和应用，从而实现企业目标的过程，因此资源管理就成为企业经营过程中需要重点研究的内容之一。企业资源配置战略是服务于企业最高总体战略的，是总体战略的分支之一，一般包括采购战略、财务战略、人才战略和信息资源战略。

1. 采购战略

企业生产过程中必然需要生产资料，当这些生产资料并不适合自身企业生产时，就需要从外采购，在这个环节中，既要保证采购生产资料的质量，又要尽量降低采购价格，并且考虑对方持续供货的能力，因此在选择供应商时必须建立企业评估机制，从而根据实际情

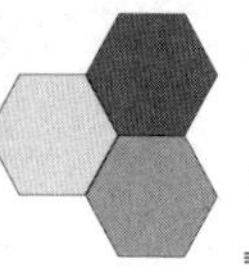

况，选择适合企业发展的供应商，主要指标包括：供应商企业的信誉、供应商企业产品的质量是否满足需求、供应商企业产品价格是否合理（优惠）、生产资料运输的线路和方式，以及产生的成本是否可接受，供应商企业的供货能力是否满足生产需求。根据以上几个指标对供应商企业进行打分，最终选取向分数最高的企业采购生产资料。

2. 财务战略

资金是企业发展的命脉，是企业开始的源头，因此对资金合理的使用是企业能够长期、健康、稳定发展的重要前提条件之一。一般情况下，企业财务战略包括投资战略和筹资战略。制定企业投资战略，首先要明确企业发展的方向，在此基础上确定投资的产业、领域和渠道，并做好投资收益的评估机制，从而采取正确的方式和途径进行投资。在这个过程中，目前大部分企业遇到的最大的问题就是对资金如何进行分配，也就是如何确定不同投资项目的投资金额，这需要经营管理者具有准确的判断力和对未来发展趋势的把握力，从而取得丰富的收益。

3. 人才战略

在二十一世纪，企业之间的竞争实际上就是人才的竞争，人力资源是企业核心竞争力的主要来源，对企业的发展具有重要的战略意义。企业人才战略，首先要吸引人才加盟，要具有求贤若渴的态度，设计一套科学合理的薪酬制度和绩效考核制度，保证其具有较强工作动力；再根据企业和个人的实际情况建立激励机制，从而促进员工更加努力的工作，激发其工作积极性和创造力；当满足人的基本需求后，还有根据马斯洛层次需求理论，满足其社交的需要和自我实现的需要，因此企业具有健全的升迁制度。

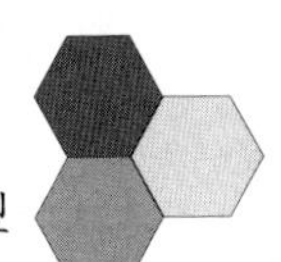

4. 信息资源战略

在现代社会，信息成为人们越来越重视的资源之一，尤其是在网络经济环境中，信息资源更为重要，一条有价值的信息可以成就一个企业，也可以直接毁掉一个企业。因此企业需要通过建立的内外部网络，及时的掌握市场的动态，主要包括消费者的信息和竞争对手的信息，并对信息进行分析，从而具有针对性的挖掘内部资源，制定企业战略，最终保证企业在竞争中立于不败之地。

（二）竞争战略理论

企业竞争战略主要是在企业总体发展战略的指导下，为取得竞争优势而采取的相关经营活动。波特的竞争战略理论可以从四个方面理解：五力模型、三大战略、价值链和产业集群。

1. 五力模型

企业要想在所处的行业能够有较大的作为和发展，必须具备“产业吸引力”，而获得这种吸引力就需要制定合理的竞争战略，主要包括以下五个方面：行业现有的竞争状况、供应商的议价能力、客户的议价能力、替代产品或服务的威胁、新进入者的威胁。这五大竞争驱动力在一定程度上影响了企业发展的方向、产品的功能和特性、产品的成本和价格等因素，因此也就决定了企业的盈利能力，并指出公司战略的核心应在于选择正确的行业，以及行业中最具有吸引力的竞争位置。

2. 三大战略

在宏观经济环境下，企业需要根据具体特殊的行业和市场情况，以及竞争对手的战略，制定适合自身产品发展的竞争战略，包括进攻型战略、防御性战略等。企业一般采取以下三种战略：成本领先战略、差异化策略和集中化战略。

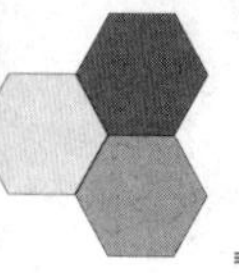

3. 价值链

任何一个企业的生产经营活动都是以一种独特的方式将九种基本活动联系在一起，从而形成了企业的价值链，这也是企业区别于其他企业的不同之处，并在价值链中找到差异以及具有潜在竞争力的活动，企业正是通过比其竞争对手更廉价或更出色地开展这些重要的战略活动来赢得竞争优势的。具体包括：内部后勤、生产作业、外部后勤、市场和销售、服务五种基本活动和采购、技术开发、人力资源管理、企业基础设施四种辅助活动。

4. 产业集群

一个产业的竞争力直接影响了产业内企业的竞争力，因此若一个企业和其产业相关的政府组织、上下游企业、客户以及竞争对手形成一个产业群体，大家形成一个战略联盟，并且做好分工，从而促进集群产业的效率和创新，推动市场的不断拓展，使整个区域和产业的竞争力得到提高。

（三）目标战略理论

目标战略理论在二十世纪六十年代出现，该理论认为企业发展战略和一切经营活动都要以企业目标为导向，所有的资源也都是为达到目标而服务的，也就是说企业的目标是第一位的，几乎决定了一切。企业的目标并不是单一的，其是由很多子目标所组成，共同构成一个企业的战略目标体系。

总目标和子目标反应的是企业在未来一段时期内所要完成的任务，主要具有宏观性、长期性、相对稳定性、全面性和可分解性、可接受性、可检验性和可挑战性和可实现性等特点。

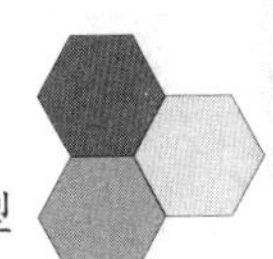

第二节　网络经济对企业发展的影响

一、网络经济对企业经营的影响

网络经济是一种特殊的经济形态，其在一定程度上改变了我国传统企业的经营模式，对企业的生产和发展产生了巨大的影响。

（一）使得企业生存环境发生变化

在网络经济到来之前，企业生存在一个相对稳定的经营环境中，市场变化较慢，企业更加关注的是产品的规模和质量，很多大型企业也能够长期的在一个行业中保持竞争优势。然而，网络经济来临之后，通过计算机和互联网将所有的人连在一起，也将相关价值链上的企业连在一起，人们更加注重信息的交流、分析和应用，企业可能因为市场一瞬间的变动而成功或失败，企业之间时刻都充满竞争，并且一个企业并不是独立的，它关系着整个价值链上所有企业的生存。尤其是电子商务的迅速发展，让人们认识到了未来电商的发展空间，如阿里巴巴的巨大成功，也让更多传统的企业开始反思，在这个节奏越来越快，人们越来越“懒”的社会，互联网改变了人们的生活方式和购物方式，企业必须跟上时代的步伐，充分利用网络经济环境中瞬息万变的信息，以及快速便捷的购物平台，让消费者在网上了解自己的产品，并能买到自己的产品，从而在网络经济的浪潮中保持竞争力，让企业立于不败之地。

（二）导致企业市场进一步细分

传统企业与消费者都有很大的距离，互相之间并不了解，企业只管生产产品，然后由消费者选择购买，因此那些具有品牌效应且

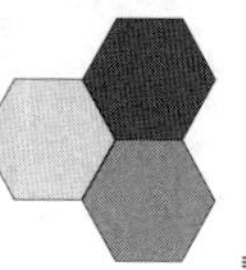

产品种类多的企业就能轻松地获得竞争优势。但在网络经济环境下，企业通过计算机和互联网与消费者进行沟通，彼此之间的距离逐渐缩小，企业通过相关调查，很容易就能了解到不同客户的不同需求，以及各类消费者的购物心理，从而有针对性地设计和生产产品，以便满足不同的客户需求。这种低成本沟通后的产品设计，其实就是对市场进行调查，然后再细分的过程，并且由于与消费者的“零”距离接触，使得企业对消费者的了解更加透彻，对市场的细分也就更加细致，这在一定程度上也使得企业之间的竞争更加剧烈，谁抓住了消费者的心理和需求，谁就能够获得成功。

（三）促使企业经营模式发生改变

传统企业的经营模式是通过渠道找到经销商，或利用直销专卖店销售产品，这种方式存在一定的风险和价格制约。然而网络经济环境下的经营方式正在悄然改变，电子商务的出现使这些销售活动变得简单，企业只需要选择正确的网络营销手段让消费者了解到产品，并且客观的将产品质量和性能等方面真实的在网上呈现，然后在网上进行支付交易，这种经营方式大大地降低了企业经营成本。因此在网络经济的条件下，企业必须充分发挥网络的优势，将自己通过网络的渠道推销出去，并且借助网络营销的模式，来拓展自己的客户群体，开拓自己的原材料获取的道路，这对企业在未来的竞争和发展都有重要的意义和作用。

二、网络经济对企业竞争的影响

网络经济环境是一个时刻动态变化的环境，任何市场信息的变化都直接影响到企业的发展战略和发展方向，若把握市场信息准确，企业就会获得成功，若判断失误，则会给企业带来灾难。因此网络经济的产生，不仅给企业带来了较多的机遇，也让企业面临更多的挑战。

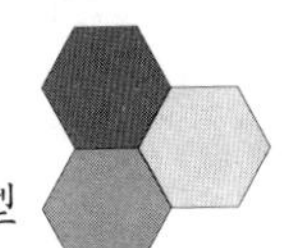

（一）加剧现有竞争者之间的竞争程度

在市场经济体制下，众多企业都是在公平、公正、有法律保障的一个环境下竞争，在传统经济时代，企业要想获得竞争优势，就必须比对手具有更多的资本和资源，在市场竞争中占有主动权，靠资源垄断、技术优势或价格策略战胜对手。而现在进入全新的网络经济时代，企业与消费者的距离更加接近，谁能够抓住消费者的需求，并且快速响应，就能赢得市场主动权。因此企业在网络经济时代最重要的是比竞争对手更早掌握动态信息，更快速地对信息进行处理和应用，从而战胜此前不可能战胜的对手。然而，信息和快速反应虽然重要，但是这是建立在信息有效准确的基础之上的，当企业对信息进行分析后，必然对其资源作出反应，但若信息有误，则会给企业带来重大的损失。

（二）增加与消费者的博弈难度

在五力竞争模型中，企业与消费者的博弈主要是需要考虑到消费者讨价还价的能力。在网络经济环境下，企业通过互联网与消费者进行“零”距离交流，这样就能够准确把握消费者的心态和需求，也就更容易生产出消费者喜爱的产品。根据心理学原理，人们对自己喜爱的事物都会情愿花费更高的代价，这也在一定程度上增强了企业定价的能力。此外，网络经济下的企业销售和管理成本相对降低，也就使整个产品的成本降低，这给企业定价留下来更多的空间。然而，对企业来讲，消费者仍是它们最看重的因素，因此企业必须合理定价，在自身取得一定利润的同时，让消费者得到实惠，如若不然，企业产品高高在上，必将遭到消费者的抛弃。

（三）增加与供应商的博弈难度

在企业整个价值链中，消费者处在下游，供应商处在上游，而

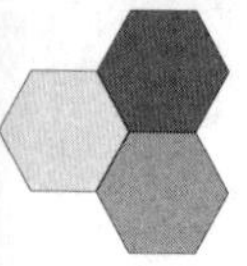

当企业向供应商购买生产资料时，企业就又扮演消费者的角色，但是企业需要考虑的方面更多一些，包括供应商的产品质量、价格区间、供货能力、运输成本等。在网络经济环境中，企业之间的信息透明度加大，因此企业可以对供应商有更多的了解，选择的范围也就更为广泛，这也无形中增加了企业讨价还价的能力。此外，网络经济还要求企业及其相关上下游企业组成一个产业链，大家寻求长期稳定的合作关系，这种方式能够加强产业链上的所有企业的抗风险能力，相互合作，共同发展。

（四）增加来自潜在进入者的威胁和替代品的压力

根据之前所述，网络经济环境更加开放，更加透明，竞争更加激烈，这也就给潜在进入者带来了机遇，同时也给原有企业带来了更大的挑战。首先，网络经济下，企业更容易打破行业壁垒，降低行业进入的门槛，潜在进入的企业就会增多，并且由于市场的细分，使得消费者的所有需求基本上都将得到满足，而一家企业的产品是无法做到这一点的，势必留下一定的市场空白，也就更容易产生潜在进入者；其次，网络经济的敏捷性决定了产品的多样性和快速更新性，并且随着科技的快速发展，一些曾经辉煌的企业科技将会被逐渐淘汰。在这种情况下，企业面对潜在进入者和替代品的压力，必须寻求在准确把握信息的基础上，根据消费者的需求进行快速地技术创新、产品创新和服务创新，保证企业的产品始终能够走在市场的最前端，成为市场的引导者而不是追随者，自然也就减轻了潜在进入者和替代品的压力，从而保证在激烈的网络竞争中立于不败之地。

三、网络经济对企业战略转型的影响

企业战略转型是指企业长期经营方向、运营模式及其相应的组织方式、资源配置方式的整体性转变，是企业重塑竞争优势、提升社

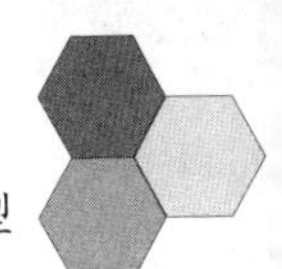

会价值，达到新的企业形态的过程。一般情况下，企业都是由于内部动因或者外部动因而进行企业战略转型，尤其在网络经济环境下，企业面对新的经济环境形势，必须适应环境，调整自身的经营理念和模式，并且企业以往的内部资源也无法满足在新的经济形势下发展的需要，因此必须进行战略转型。而且在企业进行战略转型之前，必须对企业所处的内外环境进行深刻的分析，找到影响其战略转型的影响因素，从而有针对性地去解决问题，使企业得到重生。

（一）通过经济环境变化影响战略制定的前提

企业作为一个团体在社会中出现，就必须是适应环境，满足时代发展需要的，因此当外部环境发生变化时，企业就需要作出改变。一般外部环境包括宏观（政治法律环境、经济环境、社会文化环境、技术环境）、微观（竞争对手、消费者、供应商、潜在进入者、替代品）。而目前企业处在网络经济环境下，市场变化更加迅速，产品种类更加多样化，企业经营半径不断缩小，竞争日益加剧。在这种情况下，企业的经营理念和经营方式都将发生变化，传统企业的生产经营方式已无法跟上时代的脚步，若仍然保持旧的套路，必将被其他竞争对手所取代，因此外部环境的变化促使企业内部结构和生产关系发生变革，其是导致网络经济下的企业发生战略转型的主要原因。

（二）通过企业核心能力转变影响战略制定的内容

企业核心能力是企业能够在激烈的竞争中生存的重要力量，它属于一种企业的隐形知识，包括：技术创新能力、管理能力、销售能力、资本运作能力等多个方面的内容，其在一定程度上决定了企业的生与死。因此企业在网络经济环境下进行战略转型时，必须明确自身的核心能力，找到自己的优势和不足，再结合网络经济下的企业发展需要什么样的能力，比如：具备高度信息化的管理平台，具有高素质、

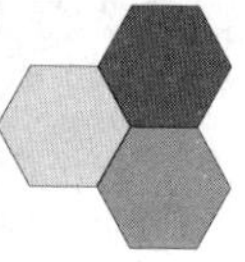

强能力专业网络人才，具备准确有效的信息来源等。当这两种能力相互吻合或接近的时候，企业战略转型就能更加顺利，能在转型之后发挥自身的核心能力，保持一定的竞争力；而当这两种能力不相吻合或接近时，企业需要在保持之前核心能力的同时，采取相应的措施提高新的核心能力从而满足在战略转型之后企业发展的需要，而在这种情况下转型，企业也将承受更大的风险，需要慎重考虑。

（三）通过企业文化转变影响战略的执行

企业文化是员工普遍认同的价值观念和行为准则的总和，其直接影响到员工的工作满意度、积极性、创造力以及团队的向心力，良好的企业文化能够给企业带来正能量，促进企业更好的发展。当企业发生战略转型时，必将带来内部组织上的变革，也同时会影响到企业的内部文化，因此管理者必须对此加以重视，通过采取措施，保留以往较好的企业文化的精髓，并融入因企业战略转型而带来新的企业文化，从而能够让大家所欣然接受，形成良好的团队氛围，为了企业的战略目标而共同努力。尤其是在网络经济下的企业战略转型，需要传统企业中的老员工接触新理念、新事物和新方法，这就对管理者提出了更高的要求，要考虑如何排除他们的抵触心理，并很快地接受新的企业文化，最终实现顺利过渡。

（四）通过政策因素影响战略制定和实施的法律环境

企业在战略转型时还需要考虑当地政策因素，任何企业都不是单独在社会上存在的，都需要当地政府的法律保障，保证具有客观、公平的市场竞争环境，并且政府在不同时期、不同的地域都会根据实际情况，对特殊的产业进行特别关注和扶持，或进行产业升级，淘汰一批落后的企业，这对企业的发展具有重要的影响。因此若企业能够充分及时地了解或判断政策信息，及时地对企业进行战略转

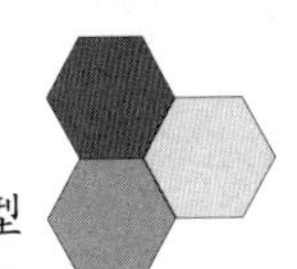

型且方向正确，则会给企业带来市场先机；若不然，企业的转型就会滞后甚至是失败。

第三节　网络经济下企业战略转型要求

一、网络经济下企业战略转型原则

网络经济是一种全新的经济环境，它的到来给人类的生活翻天覆地的变化，打破了许多传统的企业行为运作模式，呈现出许多新的特点。网络经济具有方便快捷性、交易的虚拟性、高风险性和自我膨胀性等特点，网络经济的效益是呈边际递增的，是随着网络用户的不断增加而快速增长的。这些特性都是以往经济环境所没有的，环境的变化就要求企业及时做出战略和战术上的调整，以满足企业长期持续的发展。因此根据网络经济的特性，企业做出战略转型依据的原则有以下几点。

（一）注重创新和适应环境变化

创新是一个企业的根本，在新时代特别是网络经济时代，信息高速传递，科学技术日新月异，不仅是企业的产品需要创新，同时为了适应未来不断变化的环境，企业的战略制定和管理措施也应该跟上时代步伐，及时创新。领先的战略会给企业指出一条光明大道，带领企业迈向更加成功的未来。

（二）注重贴近企业自身文化

所谓企业文化是指企业在日常经营管理过程中慢慢形成的，被大多数企业员工所认同的价值观念和行为准则，它影响的是企业员工的思考方式。企业文化对于一个现代企业来说至关重要，是现代企业管理中不可缺少的一个内容，它就像一个无形的手引导员工形

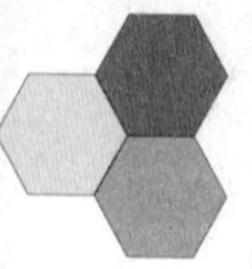

成共同的价值观和共同的行为准则。企业做战略转型同时应该注重新的战略与企业自身文化相融合，这样有利于减少战略转型的阻力。

（三）注重企业未来长期的发展

战略是在以后一段较长时间内指导企业发展的一个目标，网络经济时代复杂多变，信息更新速度加快，企业战略转型应该充分考虑到未来较长一段时间企业的发展问题，充分注重企业的可持续发展，为企业未来发展做好人才战略、信息战略和资源战略。

（四）注重市场原则

网络经济时代虽然有许多自己特殊的性质，但是企业的各项经营活动还是处在市场经济环境下，企业必须严格遵守市场经济的基本规律，战略转型的目标也应该是努力扩大企业的效益。

不管什么企业，在调整战略的时候必须先明确企业自身的情况，充分了解企业自身的需求和发展目标，然后围绕这个发展的目标和使命制定相应的战略或者对原有战略进行调整，从而适应企业内部环境和外部环境变化带来的影响，合理地开展企业管理经营活动，最终获取最大限度的经济效益。企业适应网络经济开展网络营销等也只是采取了新型的运作模式，其根本目的都是使企业获得更持续而且更大的经济收益，这就是企业制定和调整战略的根本出发点。在企业实际的战略转型中也应该时刻注意这一根本目标，围绕这个目标采取相应的管理手段和措施，采取清晰的市场定位，充分利用好网络经济带来的好处，使得企业在网络经济时代可以脱颖而出。

二、网络经济下企业战略转型内容

（一）企业信息管理系统转型

在现代社会，信息成为人们越来越重视的资源之一，尤其是在

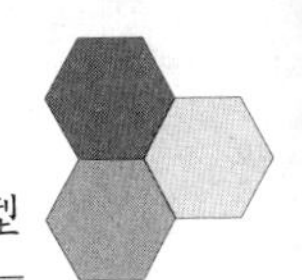

网络经济环境中，信息资源更为重要，一条有价值的信息可以成就一个企业，也可以直接毁掉一个企业。因此企业需要通过建立的内外部网络，及时掌握市场的动态，主要包括消费者的信息和竞争对手的信息，并对信息进行分析，从而具有针对性的挖掘内部资源，制定企业战略，最终保证企业在竞争中立于不败之地。

促进现代化企业管理工作的信息化，提高管理体系效率。网络经济时代信息爆炸，企业战略转型必须寻求一条适应时代发展的道路，现代企业管理工作复杂多变，不管是企业外部还是在企业生产运作过程中都不可避免地会产生大量的数据和信息，现代企业必须将计算机技术和网络技术同现代管理方式结合起来，促进管理体系的信息化，提高整合和处理信息的能力，使企业日常运行工作中的管理信息与记录处理纳入计算机管理轨道，这样对于提高企业信息管理体系的效率有很大的推动作用。对网络经济时代的企业来说，一个高效的、能整合好数据信息的信息化管理体系是十分必要的。

（二）企业上下游供应链转型

传统企业的经营模式是通过渠道找到经销商，或利用直销专卖店销售产品，这种方式存在一定的风险和价格制约，然而网络经济环境下的经营方式正在悄然改变，企业可以直接面对消费者，及时了解消费者的需求，处理消费者的信息，市场是进一步细分，这时企业能否提供更好更差异化的服务也决定了企业的生存境遇。这就要求企业对于消费者的需求非常敏感，同时构建高效的企业供应链，把企业上游的供应商和下游的分销商等联系起来，使信息在供应链上快速传递。这样不仅可以降低企业经营成本，同时可以使企业及时发现消费需求，提升企业服务的质量和产品认可度。因此在网络经济的条件下，企业必须充分发挥网络的优势，将自己通过网络的

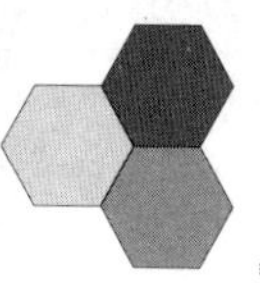

渠道推销出去，并且借助网络营销的模式来拓展自己的客户群体，构建实时高效的企业供应链，这对企业在未来的竞争和发展都有重要的意义和作用。

企业所在供应链的竞争力直接影响了企业的竞争力，因此若一个企业和其上下游企业、客户以及竞争对手形成一个高效协作、对消费需求做出迅速反应的供应链体系，大家形成一个战略联盟，并且做好分工，实现供应链间信息的充分共享，从而促进企业经营的效率和创新，推动市场的不断拓展，就能使整条供应链上企业的竞争力都得到不断提高。

（三）企业核心竞争力转型

企业核心能力是企业能够在激烈的竞争中生存的重要力量，它属于一种企业的隐形知识，包括技术创新能力、管理能力、销售能力、资本运作能力等多个方面的内容，是企业在激烈的市场竞争中赖以生存的关键，其在一定程度上决定了企业的生与死。因此，企业在网络经济环境下进行战略转型时，必须明确自身的核心能力，找到自己的优势和不足，再结合网络经济的特点，完善和突出企业的核心能力。

一个企业的核心能力可以是产品技术创新、优秀的员工认同的企业文化、核心员工的能力，甚至可以是品牌的知名度和影响力等。在网络经济时代，企业适应新的环境不得不做出战略转型时，也应该充分发挥原有核心能力的作用。在信息科技快速发展的时代，产品的创新能力能给企业带来技术上的领先，优秀的企业文化可以使员工更具凝聚力，品牌知名度可以依靠网络信息的传递得到更好的提升，因此充分突出核心能力，并使它与网络经济的特点相适应，可以相辅相成，更好地促进企业的发展。

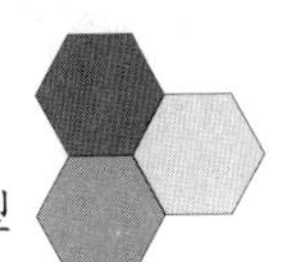

（四）业务外包转型

网络经济时代竞争更趋激烈，每个企业的基本信息都容易被竞争对手掌握，不管是优点还是缺点都容易暴露在其他竞争对手面前，这就要求企业把自己的关键资源投入到核心竞争力相关的业务或者产品上，而其他经济收益不好却占据企业重要资源的业务就可以适当外包出去。这样不仅可以帮企业减轻负担，把重要资源从经济收益不好的业务上解放出来，提高企业自身资源的利用效率，还能加强外包出去的这部分业务的专业程度，利用外部资源来弥补企业有关业务的缺陷和不足。企业整合外部最优秀的专业化资源，从而达到降低成本、提高效率、充分发挥自身核心竞争力和增强企业对环境的应变能力的目的。

（五）企业文化转型

企业文化是企业行动指南，有着思想指导的作用，是服务于企业的整体战略的。企业本身需要不断适应外部不断变化的环境，在面临网络经济时代的新特点和新挑战的时候，企业文化也要跟着企业战略步调走，进行相应的转型。企业文化转型的时候，要对原有的企业文化进行重新审视，保留其中在网络经济时代也有突出指导特色的精华部分，改革那些不符合企业战略、不符合网络经济环境的观念，在企业自上而下推进企业文化转型，使它服务于整体的战略转型和企业管理。

（六）企业制度转型

企业制度是企业进行正常经营运作管理的保障，服务于企业整体的发展目标和战略。在网络经济时代，企业战略转型可能涉及新业务，这些业务在原来的企业管理运营制度中是没有做出过相应的规定的，这就要求企业对原有的企业制度进行转型，增加对新出现

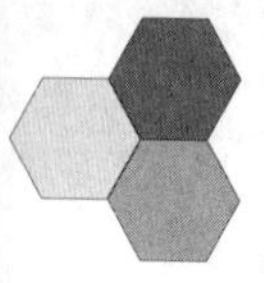

的各种业务、管理、运营等情况的规定和规范，为企业的正常运作和企业整体战略的转型提供可靠的制度保障。

三、网络经济下企业战略转型路径

随着网络经济的快速发展，企业必须做好应对措施，必须跟随时代步伐，必须选择新的战略转型路径，只有如此，才能真正地促进企业的快速发展。

（一）企业内部网络的改革

面对网络经济时代日益增加的竞争压力和信息爆炸对传统企业经营模式的挑战，企业积极寻求内部网络创新和改革是一条有效的战略发展途径，它可以为企业赢得发展的空间。这里说的内部网络创新主要是指对于内部组织的转型和创新。企业内部组织转型创新要围绕其所在的外部环境、战略目标和组织结构设计三个方面进行分析设计，然后使三者达到一种协调配合的状态，这样的组织转型创新才能真正推动企业的发展。

随着环境的不断快速变化，企业相关部门面临的业务也不再是重复的，企业可以通过竞争形成内部组织，内部组织可以对内和对外提供特定服务，这种组织形式打破了相关部门垄断某一业务的可能，使企业每一个有能力的员工或者团队成为企业的核心和利润中心，同时在企业内部形成一种很好的竞争环境。随着环境中不确定性因素的增加，组织结构中起“缓冲”作用的各部门都可以采取内部企业的组织形式，这样处理类似于将这些附属部门从组织结构中剥离出来。高级的内部企业组织就是剥离到只剩下核心技术部门为止。

当前企业组织所发生的转型式创新对企业管理活动所产生的影响将是深远的。首先，它将迫使企业的领导方式做出变革，主要职责需要从组织设计为主转向制度设计为主，制度设计的内容主要是

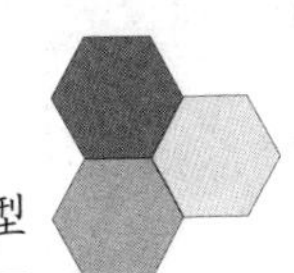

内部市场的制度，即企业要学会像政府领导经济那样采取间接控制的方式来领导它的流程团队，而内部市场就是一种间接控制的方式。其次，转型式的组织还影响到企业竞争优势所依赖的基础。企业组织拥有的核心技术或核心企业是组织得以生存的根本。核心企业的能力、核心企业与内部企业结合所形成的能力以及核心企业与外部企业结合所形成的能力都有可能成为企业取得竞争优势的基础。最后，虚拟企业和网络企业的出现将使企业和市场之间的关系也发生变化，企业与市场之间的关系不再是清晰可见的，企业的边界将是弹性和可变的，需要使用新的管理手段和技术。因此，说当前的组织创新将导致一场企业管理上的变革是毫不过分的。

（二）企业外部网络的构建

企业外部网络的构建是指对外寻求战略联盟，将战略联盟间的人力资本、物质资本、技术资本等充分共享，战略联盟间优势互补，对战略联盟中企业之间的组织形式进行重新设计，达到协作共进，以增强所在战略联盟的整体竞争力。

目前企业战略转型和制定的形式主要有三种层次：基于公司层次的发展战略、基于业务层次的发展战略和基于产品层次的发展战略。基于公司层次的发展是指对于企业现有的全部资源、组织、管理流程等全面进行调整转型，以适应经济环境快速变化带来的机遇和挑战，这种战略转型和调整是全面的。而基于业务层次的发展战略往往是针对企业局部的调整方式，通常它不仅仅停留在技术上的开发，而是通过技术和各种资源的灵活运用以新市场不断开拓、产品线不断扩展的形式寻求某一事业领域的持续发展。基于产品层次的发展战略，关注的是运用一定的资源力求在某一产品的生产上取得更高的绩效，或者拓展某一特定的产品市场，从而实现竞争上的优势。

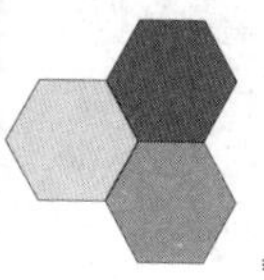

企业寻求战略联盟重新确立战略目标是一种基于公司层次发展的战略调整，需要联盟间的企业全面对自身进行改革调整，以适应战略联盟整体发展的要求，企业间的界限渐渐模糊，信息高效快速在战略联盟间传递。

从战略联盟本身的形成动因看，战略联盟强调的是一种自我实施的协议。这不仅它因为在交易成本上具有较大的优越性，而且因为其灵活性以及对交易各方相互默契、理解与期望的依赖。但是，自我实施机制作为一种有效的轨制形式，因为内部结构的差异，运作机理也不尽相同。战略联盟间的自我维护机制不仅需要联盟间企业投资相应的人力资本或者物质资本等经济上的激励，也需要一种虚拟投资，例如信用投资，在联盟中产生一种信用机制，彼此增加协调性和信任感。

在网络经济条件下，企业战略转型面临着很多风险，主要是政策法律风险、定位风险、转型刚度把握的风险、观念转变的风险、人力资源配置的风险等，能否控制好这些风险在一定程度上决定了企业战略转型能否成功。因此，企业必须加强对这些风险的研究，能够成功预见或者规避影响企业战略转型的风险，并制定相应的保障措施以帮助企业战略转型。

第四节 网络经济条件下企业战略成功转型对策

要保证企业战略目标的顺利实现，就需要企业各部门的通力协作，因此，企业应当将战略目标进行分解，明确各部门的职责，加强信息沟通，强化协作力度，能够及时掌握各部门的实施进度，解决各部门遇到的问题。另外，企业应当由主要领导挂帅，成立专门负责企业战略转型的小组，从而提升企业战略转型的管理水平，同时，

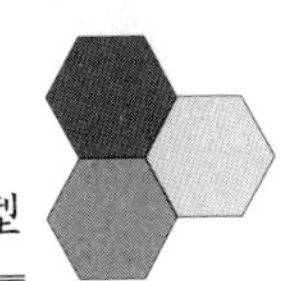

逐渐明确各部门的相应责任，建立相应的追责机制，从而保障企业战略转型的顺利推进。

建立和完善企业战略转型考核监督机制。在明确企业各部门责任后，充分发挥企业监事会的作用，通过监事会定期或不定期对各部门的实施情况进行检查监督，将各部门的实施进度与企业全员的业绩挂钩，对完成企业布置任务的部门进行奖励，对未完成任务的部门进行批评。同时，构建相应的激励约束机制，激发员工的工作热情，促进企业战略转型的顺利实施。

加强对各部门的管理力度，提高工作效率。要想使企业战略转型顺利实施，就必须加大对各部门的管理力度。由于一个企业存在很多部门，加之各部门所承担的责任不同，而且有时有些任务需要不同的部门协作、就可能出现推诿扯皮的现象，严重阻碍战略转型的开展，因此，必须强化各部门之间的协作能力，从而顺利推进战略转型的开展。另外，企业应当做好实现企业战略转型的各项基础性工作，建立企业战略转型的信息收集以及分析机制，加强对企业战略转型所需要的各项信息的收集，并对此进行分析和评估，以帮助企业顺利推进战略转型。另外，要注重对企业战略转型有极大帮助的关键环节和重要因素，对这些环节和要素进行细致地分析和研究，找出关键环节和重要因素中存在的问题和漏洞，结合研究结果制定相应的改进措施，保证战略转型的顺利实现。

建立分离机制，促进平稳转型。企业战略转型的时期，是各项变革措施不断发布的时期，是企业不断探索新的符合企业可持续发展的道路的时期，也是企业容易出现很多错误的时期。在战略转型期间，那些可能有利于企业可持续发展的措施却有可能损害企业的短期利益。另外，战略转型期间的探索可能带来很多不好的后果，有时企

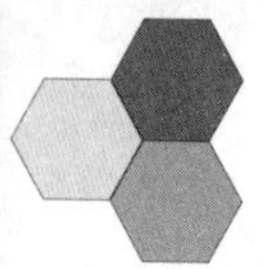

业可能对这些不好的后果反应过度，导致企业的资源全部浪费在这些过度反应之上。在战略转型期间，企业各个部门受到的影响程度可能不尽相同，为了使战略转型带来的损失降到最低程度，企业可以将受到影响较大的部门与受到影响较小的部门分离开来，从而促进企业的平稳转型。

明确企业战略转型方向，提高企业的管理效率。只有明确企业战略转型方向，才能构建相应的组织机构，才能有效改善企业资源的配置效率，才能保证企业战略转型目标的顺利实现。企业战略转型不仅是企业的阶段性工作，也是企业长期面临的问题，更是企业调整内外关系的基准和原则，也是企业组织机构设计的依据。因此，必须明确企业战略转型的方向，依据该方向制定相应的组织结构，这样制定出来的组织结构不仅具有前瞻性，而且具有稳定性和灵活性，从而可以降低企业的管理成本和提高企业的管理效率。

明确各部门的职责，提高部门协作力度。在明确企业战略转型的方向，建立相应的组织机构之后，就需要将任务分配到各个部门，但是当前很多企业都存在部门职责不清的问题，因此，为实现企业战略转型，就需要将职责明确，将任务分配到各个部门，防止出现职能重叠或空白而导致事情无法顺利完成，浪费企业的人力物力，降低企业的工作效率，影响企业战略转型的进行。企业的战略转型需要全体员工的通力协作和有效协作，但是在很多企业中，存在着各部门之间缺乏沟通，出现推诿、扯皮的现象，甚至出现其与企业部门的合作不如与外企业部门合作的情况。这说明企业的管理存在着极大问题，部门之间缺乏有效的沟通。因此，企业可以定期或不定期开展沟通交流会，来增加部门之间的交流，从而提高企业的沟通能力，促进企业战略转型的顺利开展。

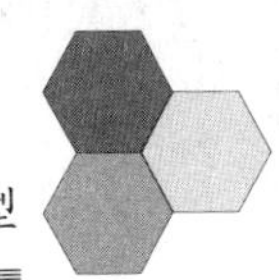

加强人力资源管理适应转型要求。继续坚持人力资源管理的基本原则。大量的实践证明，最优的人力资源管理就是文化管理和价值观管理相统一。因此，企业应当认真分析和研究员工行为背后的价值观以及文化意识，充分认识到人力资源管理对员工潜能的开发和管理是非常重要的。建立人力资源管理的长效机制。首先，要建立一套尊重知识、尊重人才的成长机制；其次，建立公正、公平、公开的选拔机制；再次，建立一套符合企业长期发展的培养机制，对每位员工进行培训，使每位员工都清楚知道自己的岗位、职责以及公司的奖惩制度，更好规范自己的行为；最后，建立一套完善的考核机制，该考核机制要能够充分体现多劳多得，少劳少得的思想。通过建立一套完善的激励机制，使员工的职业生涯管理与其升迁变动结合起来，分权和授权给知识型员工，将会充分调动其工作积极性，并且要积极探索和尝试竞争和淘汰机制，使上岗和退出成为企业的一部分。调整人力资源结构。企业在战略转型期间，会经常面临新的问题和新的情况，原有的人才有可能无法解决新的问题，甚至都没有见过这些新的问题，更不用说解决了，因此，加大引进适应企业战略转型的人才，敢于尝试对知识型人才的管理机制和激励措施，使他们能够充分发挥自己的能力，为企业战略转型打下坚实的基础。

第七章 网络经济下的多元治理

第一节 网络经济下的企业治理理论

一、合作竞争理论

合作竞争理论源于对竞争对抗性本身固有的缺点的认识和适应。面对当今复杂的经营环境，企业经营活动是一种特殊的博弈，是一种可以实现双赢的非零和博弈。企业的经营活动必须进行竞争，也有合作，提出了合作竞争的新理念。它是对网络经济时代企业如何创造价值和获取价值的新思维，强调合作的重要性，有效克服了传统企业战略过分强调竞争的弊端，为企业战略管理理论研究注入了崭新的思想。利用博弈理论和方法来制定企业合作竞争战略，强调了战略制定的互动性和系统性，并通过大量的实际案例进行博弈策略分析，为企业战略管理研究提供新的分析工具。

该理论的代表人物是耶鲁大学管理学教授拜瑞·内勒巴夫和哈佛大学企业管理学教授亚当·布兰登勃格，他们的代表作是合著出版的《合作竞争》。他们认为企业经营活动是一种特殊的博弈，是一种可以实现双赢的非零和博弈。企业环境下，要以博弈思想分析各种商业互动关系，以与商业博弈活动所有参与者建立起公平合理的合作竞争关系为重点。

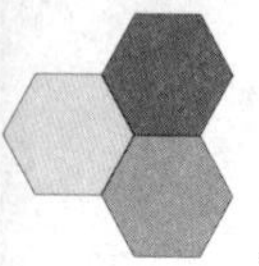

（一）合作竞争理论的逻辑思维

绘制价值链→确定所有商业博弈参与者的竞争合作关系→实施PARTS战略来改变博弈→分析和比较各种商业博弈结果→确定合作竞争战略→扩大商业机会、实现共赢。即首先将商业博弈绘制成一幅可视化的图——价值链，利用价值链定义所有的参与者，分析与竞争者、供应商、顾客和互补者的互动型关系，寻找合作与竞争的机会。在此基础上，改变构成商业博弈的五要素（参与者，Participators；附加值，Added values；规则，Rules；战术，Tactics；范围，Scope，简称PARTS）中的任何一个要素，形成多个不同的博弈，保证了“PARTS不会失去任何机会”“不断产生新战略”，并分析和比较各种博弈的结果，确定适应商业环境的合作竞争战略。通过实施，最终实现扩大商业机会和共同发展的战略目标。

（二）基于合作竞争理论的战略起点

基于合作竞争理论的战略起点，是分析商业博弈活动参与者之间的互动关系。合作竞争理论提出了参与者价值链的新观念，利用价值链来描述所有的参与者的竞争合作的互动关系。价值链的思想强调了企业经营活动中同时存在竞争与合作两种行为，两者的结合意味着一种动态的关系，而不是“竞争”和“合作”的两词所单独表达的意思，有效克服了竞争战略管理理论利用五个力量模型仅从竞争的角度来分析所有参与者竞争态势的弊端。

（三）基于合作竞争理论的战略目标

基于合作竞争理论的战略目标，是建立和保持与所有参与者的一种动态合作竞争关系，最终实现共赢局面。合作竞争理论提出了互补者的新概念，认为商业博弈的参与者除了包括竞争者、供应商、顾客外，还有互补者，强调了博弈的参与者之间的相互依存、互惠互

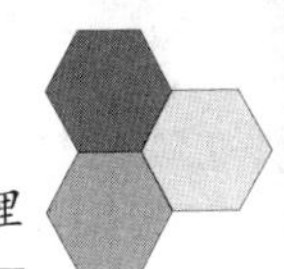

利的关系，要创造价值，就要与顾客、供应商、雇员及其他人密切合作。这是开发新市场和扩大原有市场的途径。因此，企业的生存与发展离不开其他组织的支持和合作，这是对经典竞争战略管理理论的完善和补充。

（四）基于合作竞争理论的战略制定过程

基于合作竞争理论的战略制定过程，贯穿了博弈思想。战略要“从其他参与者的认知角度”来制定战略，克服了传统战略仅从企业本身的利益制定战略的弊端。同时，通过参与者、附加值、规则、战术和范围这五个杠杆对博弈行为和结果的作用分析，选择合适的战略，使企业战略更具有互动性、现实性和可行性。博弈思想是一种结合了合作与竞争思想的革命性战略思维，博弈的理论方法为网络竞争环境下企业战略管理研究提供了新的分析工具。

（五）基于合作竞争理论的战略

基于合作竞争理论的战略，是一种着眼于未来的动态战略。合作竞争理论认为，商业博弈是一种重复博弈，而且构成博弈的五要素 PARTS 会随时间而变化，从而改变每次博弈的行为和结果。因此，企业战略并非都是事先计划好的，而是一种不断调整和变化的动态战略，以适应商业博弈的改变。同时，在商业博弈中，“没有什么东西是固定的”，而且“充满活力，不断进化”，PARTS 模式的变化带来博弈的变化，不断创造新的机会。因此，基于合作竞争的企业战略必须着眼于未来的博弈，才能把握住未来的机遇。

（六）合作竞争理论的不足

第一，从组织的有限理性出发，按理论来考虑企业之间的合作竞争博弈关系，忽略了企业的社会性和复杂性对博弈的影响。

第二，仅研究了参与者两两之间的两元合作竞争关系，没有结

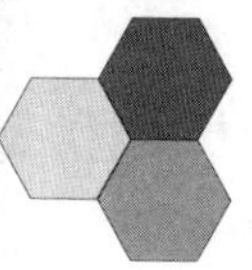

合企业网络理论来研究合作竞争的网络关系。

第三，没有建立一套完整的合作竞争战略管理过程。

合作竞争是一种高层次的竞争，合作竞争并不是意味着消灭了竞争，它只是从企业自身发展的角度和社会资源优化配置的角度出发，促使企业间的关系发生新的调整，从单纯的对抗竞争走向了一定程度的合作。对于合作竞争成功的基本条件，已有很多学者进行了专项研究，合作竞争成功的三大要素，即贡献、亲密和远景：①贡献。贡献是指建立合作竞争关系后能够创造的具体有效的成果，即能够增加的实际生产力和价值。贡献是合作竞争成功要素中最根本的要素，是成功的合作竞争关系可以存在的原因。贡献主要来源于三个方面：一是减少重复与浪费；二是借助彼此的核心能力，并从中受益；三是创造新机会。②亲密。成功的合作竞争关系超越了一般的交易伙伴，具有一定的亲密程度，这种亲密是在传统的交易模式下不存在的。要建立这种亲密的关系，企业必须：一是相互信任，相互信任是建立合作竞争关系的核心；二是信息共享，促使信息和知识的快速流动，降低信息收集和交易成本；三是建立有效的合作团队。③远景。远景是建立合作竞争企业的导向系统，它描绘了合作企业所要共同达到的目标和如何达到目标的方法，激发员工的工作热情和创造性，成为建立合作竞争关系企业的活力源泉。远景要能正确地发挥作用，必须能评估伙伴的潜能、发展伙伴关系、进行可行性分析等。

合作竞争是企业的长期发展战略，它从组织的长远发展角度，通过企业自身资源、核心竞争力的整合，通过组织之间的合作和相互学习，进行产品、服务、技术、经营管理等各方面的创新，从而使企业形成持久的竞争优势。合作竞争有别于传统的零和博弈或负和博弈，它以实现合作竞争双方的共同利益为目标。同时，要建立

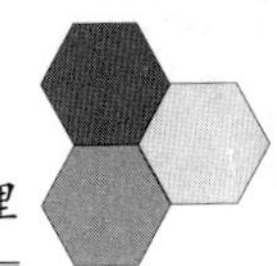

成功的合作竞争关系，还要理性地选择合作伙伴，考察合作伙伴的资源优势、创造贡献的潜能、合作伙伴的长期战略、企业文化、价值观等，从而对合作伙伴进行有效的管理。

企业的合作竞争联合了若干企业的优势，共同开拓市场、参与市场竞争，增强了企业在市场上的竞争力。

1. 规模效应

合作竞争使企业实现了规模经济。首先，单个企业各自的相对优势在合作竞争的条件下得到了更大程度的发挥，降低了企业的单位成本；其次，合作使专业化和分工程度提高，对合作伙伴在零部件生产、成品组装、研发和营销等各个环节的优势进行了优化组合，放大了规模效应；再次，企业通过合作制定行业技术标准，形成了格式系统，增强了网络的外部性。

2. 成本效应

合作竞争降低了企业的外部交易成本和内部组织成本。企业通过相关的契约，建立起稳定的交易关系，降低了因市场的不确定和频繁的交易而导致的较高的交易费用。同时，由于合作企业间要进行信息交流，实现沟通，从而缓解了信息不完全的问题，减少了信息费用。合作企业间的信息共享，也有助于降低内部管理成本，提高组织效率。

3. 协同效应

同一类型的资源在不同企业中表现出很强的异质性，这就为企业资源互补融合提出了要求。合作竞争扩大了企业的资源边界，不仅可以充分利用对方的异质性资源，而且可以提高本企业资源的利用效率。此外，合作竞争节约了企业在资源方面的投入，减少了企业的沉没成本，提高了企业战略的灵活性，通过双方资源和能力的互补，产生了 1+1 ＞ 2 的协同效应，使企业整体的竞争力得到了提升。

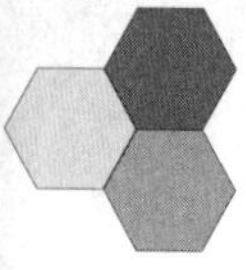

4. 创新效应

合作竞争使企业可以近距离地相互学习，从而有利于合作企业间传播知识、创新知识和应用知识，同时也有利于企业将自身的能力与合作企业的能力相结合创造出新的能力。此外合作组织整体的信息搜集、沟通成本较低，可以更加关注行业竞争对手的动向和产业发展动态、跟踪外部技术、管理创新等，为企业提供了新的思想和活力，大大增强了企业的创新能力和应对外部环境的能力。

二、契约治理理论

契约是交易双方为达成交易而事先签订的合约。契约的履行是有成本的，而契约的履行成本构成了交易费用的主要方面，因而也就决定了企业交易时对不同方式的选择。人是有限理性的，因此，任何契约都是不完全的，存在着漏洞。人又是天生具有机会主义倾向的。当违约能给对方造成重大损失时，他就有可能以此来要挟对方，以谋求更大的利益，而这两点就会导致契约的履行困难。

一般认为，这个问题可以依靠法律来解决。法庭同样也受有限理性和机会主义行为约束。因此，企业必须自己保护自己，通过一定的制度安排来防范机会主义行为，在不同的交易类型中采取不同的治理机制和方式。

判断交易单位特征的维度有三个：资产专用性、不确定性和交易的频率。其中，不确定性和资产专用性是最重要的变量。在连续性交易中，资产的专用性往往在事后使交易转变为备选数目极小的双边垄断关系。在有限理性约束下，交易双方的机会主义倾向将会导致双边垄断条件下持续交易的不确定性，造成交易活动的中断，从而使交易双方丧失专用性投资的潜在收益。

交易的不确定性来源于交易单位所固有的特征，组织交易活动

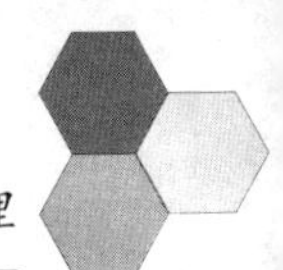

的频率决定于由交易单位的特征还是治理结构的过程选择。事实上，无论是交易单位的特征还是治理结构形式都是外生的。在本质上，交易成本的节约在于交易特征和治理结构的相互照应。

治理结构是要形成一种契约自我实现机制。契约的自我实施来自对违约人进行惩罚，惩罚包括两个方面：一是交易的中止造成的专用性资本的损失；二是交易者在市场上声誉贬值造成的损失。按照“理性契约人”假定，当中止契约时，如果违约人损失收益时，倾向于履行契约；而当收益损失时，则倾向于不履行契约。显然，在不同的交易形式下，契约的自我实施机制的作用强度是不一样的。一般来说，自我实施机制的作用越强，越倾向于多边治理；反之，自我实现机制的作用越弱，越倾向于单边治理。

三、网络治理理论

网络治理是指公司治理中对网络组织的治理。治理行为的主体是合作者，客体是网络组织这一新型组织形式，治理过程是具有自组织特性的自我治理。网络组织要创造的结构或秩序不能由外部强加，网络治理发挥作用要靠多种进行统治的以及相互发生影响的行为者的互动。

传统的公司治理是基于股东与经营者之间委托代理关系的股东至上单边治理模式，公司控制权属于股东，公司的经营目标是股东利益最大化。随着股权的分散、企业之间相互参股的增加、企业战略合作伙伴关系的发展以及人力资本等非财务资本对于企业经营日益重要，产生了基于相关利益者利益的共同治理模式，强调各种利益相关者对公司治理的广泛参与。股东至上的治理模式体现一种追求效率的原则和目标，广泛关注利益相关者利益最大化的共同治理模式则更侧重于企业和社会整体的帕累托最优，强调企业与社会的

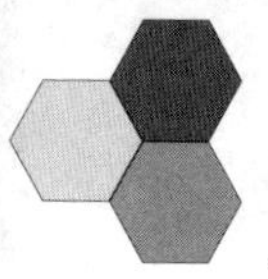

同步协调发展，体现了一种追求公平的原则。在网络经济条件下，治理环境的变化使治理任务所依赖的路径发生改变，引发治理形式的渐变，形成了一种新的治理形式——网络治理。网络治理是正式或非正式的组织和个体通过经济合约的联结与社会关系的嵌入所构成的以企业制度安排为核心的参与者间的关系安排。

网络治理内容包含如下：第一，公司内部网络治理，即公司内部的股东、经理与员工等之间的关系安排。第二，公司外部网络治理，即公司与外部利益相关者通过正式契约和隐含契约所构成的组织模式中的关系安排。

（一）理论基础的趋同性

共同治理的理论基础是利益相关者理论。该理论认为，公司拥有包括股东、顾客、员工、供应商、合作伙伴、社区、舆论影响者和其他人在内的利益相关者群体。所有利益相关者都是拥有专用性资本的主体，他们分别向企业提供自己的专用性资本，拥有企业专用性资本的利益相关者同时也成为企业的所有者，股东不是企业的唯一所有者。企业则是这些提供专用性资本的利益相关者缔结的一种合约，是治理和管理这些专用性资本的一种制度安排。公司的治理和管理应当平衡不同利益相关者的利益，各利益相关者应广泛参与公司的治理。这里的利益相关者是任何影响公司目标的实现或被实现公司目标所影响的集团或个人。利益相关者与公司之间的利益关系，可以是直接的也可以是间接的，可以是显性的也可以是潜在的。利益相关者与企业间是一种影响互动的关系。一方面，企业的行动、决策、政策会影响利益相关者利益；另一方面，利益相关者也会影响企业的行动、决策和政策。

根据这种影响互动，可以将利益相关者分为四类：

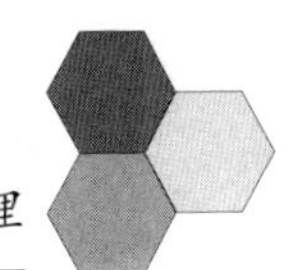

1. 支持型的利益相关者

其特点是合作性强、威胁性低，包括股东、债权人、经营者、员工与顾客等。

2. 边缘性的利益相关者

其特点是对企业的威胁和与企业合作的可能性较低。包括雇员的职业联合会、消费者利益保护组织以及未经组织起来的股东等。

3. 不支持型的利益相关者

其特点是对企业的潜在性威胁较高，而合作的可能性较低，如存在竞争关系的相关企业、工会及新闻媒体等。

4. 混合型的利益相关者

其特点是对企业的潜在性威胁和潜在性合作的可能性都较高。包括紧缺的雇员、顾客。

（二）网络治理的理论基础是企业网络理论

经济学主要从以下两个视角来研究网络的存在性以及网络的功能：一是把网络作为一种分析工具。“网络”概念最初被描绘成组织内部的非正式关系纽带，然后发展为一个表达组织环境是如何被构建起来的术语，最后又成为分析权力与治理关系的研究工具。二是把网络作为一种治理形式。把网络视为一种治理形式，实质是把它当作使单个主体整合为一个连贯体系的社会黏合剂，把网络与市场、科层等并列，视为一种独立的交易活动协调方式。把网络视为治理机制或合作机制离不开网络分析工具，而网络分析的最经典对象就是网络。在企业的网络分析中，不论是社会关系网络结构观、弱关系力量假设与社会资源理论，还是嵌入理论、社会资本理论，研究的都是人与人、组织与组织以及人与组织之间形成的关系网络。企业不是孤立的，会与许多关系主体发生各种交易行为，因此形成

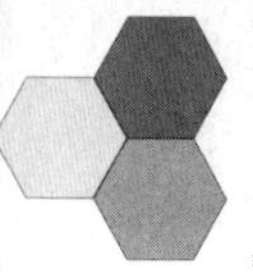

的网络中如何协调各网络主体的利益，如何对企业内部资源与外部网络资源进行有效的组合，成为网络治理的主要内容。

利益相关者理论与企业网络理论虽然是两种不同的理论，但二者具有趋同性。在企业网络体系中，与企业相关的网络主体与企业及网络主体之间存在利益关系。从企业间网络看，企业间基于信任与合作的关系实质上是一种利益关系，通过合作、竞争、控股、集团等形式，借助正式或非正式的契约，获取各自的利益，他们是利益相关者。从企业内部网络看，经营者、内部员工、股东等网络主体与企业之间也是一种利益关系，通过建立内部科层组织结构，以保障各自的利益。因此，利益相关者理论与企业网络理论研究的都是同样的对象，即企业的利益相关者。

（三）治理目标的趋同性

共同治理的目标是合理平衡各利益相关者间的利益，实现利益相关者利益最大化的目标，并以此来安排利益相关者在公司治理中的权力。按照权力制衡权力的逻辑，利益相关者为了维护自己的权利（利益），必然要借助一定的权力，通过行使相应的权力来实现自己的权利。因此，要求在公司治理中根据自己权力的大小分配适应的权力，当公司行为或其他利益相关者侵害自己的权利时可以通过行使权力来保障自己的权利，以此参与公司治理。不仅于此，利益相关者对公司资本的投入要追求最大的回报，即利益相关者利益最大化。利益相关者利益最大化要求各利益相关者作为整体联盟，对投入公司的资本进行有效的整合，通过资本经营方式，实现资本运营的最佳效率与效果。这里的资本不但包括现有的利益相关者投入公司的现实资本，还包括潜在的利益相关者的潜在资本。

而网络治理的目标一方面是各网络主体利益的协调，另一方面

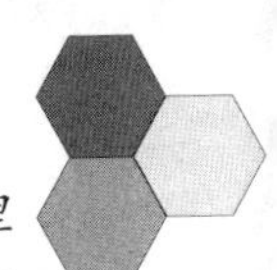

是作为网络组织的企业内部资源与外部网络资源的整合。各网络主体利益的协调实质上就是公司各利益相关者之间的利益合理平衡，同样需要按制衡权力来分配各网络主体之间的权力。按照企业资源基础理论，企业的资源包括有形的资源和无形的资源，资源在企业之间是不可流动的且难以复制，这些独特的资源是企业持久竞争优势的价值。可以认为，所有能促进企业发展的都可以是企业的资源。虽然企业不能通过流动或复制来获取其他企业的内部资源，但可以借助企业间网络来利用网络中其他主体的内部资源。网络治理就是要通过参与企业间网络获取其他网络主体的资源，并将其与企业内部资源进行有效整合，提高经营效率与效果。现代企业的资本经营，就是通过资本的交易或使用追求资本增值的行为，是生产要素综合动力的总概括。企业所拥有的各种社会资源，各种生产要素都以资本的身份加入到经济活动中，通过流通、收购、兼并、重组、参股、控股、交易、转让、租赁等各种途径优化配置，进行有效经营，以最大限度实现增值目标。这里的社会资源，既有企业内部资源，也有企业外部资源。

（四）共同治理与网络治理目标具有趋同性

共同治理与网络治理目标具有趋同性，一是各利益主体之间的利益协调；二是各利益主体利益的最大化。即将各利益主体提供的资本要素综合利用，实现各利益主体综合利益最大化，再按照一定的利益分配机制权衡各利益主体的利益，保障各利益主体的个体利益。

（五）治理机制的趋同性

共同治理的机制主要是科层机制与协调合作机制。共同治理在很大程度上是关于股东和其他利益相关者在公司控制权配置上分权制衡，在公司经营上监督制约的问题。企业科层是指一组规范与法

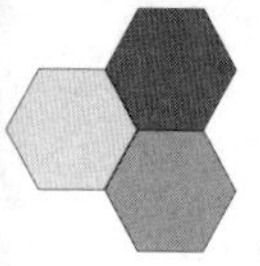

人财产相关各方的责、权、利的制度安排，其中包括股东、董事会、管理者和工人。或者说，它是企业内部不同权力机构之间的相互制衡关系。在科层中，生产和交易活动是在雇佣的背景下进行的，企业家居于核心地位，他与其他要素提供者签订要素契约，契约中所未规定的剩余则由企业家利用自己的权威相机处理。由于难以区分不同成员的贡献，因此它是通过命令机制以及相应的激励约束机制来解决企业内部成员的矛盾并做出必要的行动。在共同治理中，各利益相关者与企业签订详尽的契约，通过正式契约界定自己的权力，通过行使权力保障自己的利益。在企业内部通过正式组织制度，以行政命令进行生产和交易活动。同时，由于各利益相关者的权利有大小之分，以权利分配的公司控制权力也有强弱之分。弱利益相关者在运用弱势权力维护自己权利时，一方面要依赖法律的保护与支持，用法律规范保证权力的正常有效地执行；另一方面还需要借助利益趋同的利益相关者联盟。利益趋同的利益相关者组成的联盟权力高于单个利益相关者，如小股东联盟、债权人联盟、顾客联盟，更能有影响力地行使权力，与大股东、经营者的权力进行抗衡，以达到权力的牵制和制约。利益相关者联盟的形成是基于联盟内各利益相关者的信任合作与协调机制，否则难以形成利益相关者联盟。同时，各联盟之间也需要信任合作与协调，才能促进企业的可持续发展，否则将陷入争权夺利之势。

网络治理的机制同样也是科层机制与信任合作机制。在企业内部网络治理中，各成员之间如员工、部门等，组织网络的信息交流和创新活动往往是由个体完成的，在团队管理和合作开发过程中，很多创新知识的来源依赖于成员的隐性知识和来自个人社会关系网络的信息，以及这些信息和知识与组织网络资源的整合，这更多的

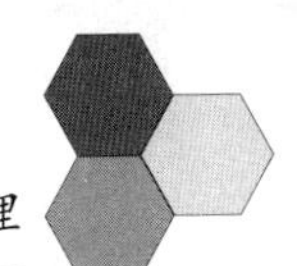

是依靠科层治理机制，通过激励与约束实现整合。信任机制和市场机制的结合常常体现在企业间网络的制度安排，例如与供应商长期性的关系契约和关系融资等。关系契约很大部分是依赖于对合作伙伴的声誉、竞争力、双方在价值和文化上的某种程度一致性，以及组织和个人的社会关系。因此，关系合同具有较大的灵活性和可变性，可以依据市场情况的变化做出相应的调整，减少谈判和执行的成本。

由于不同的治理机制各有利弊，科层机制可以实行统一的集中控制，有效地防止被套牢和信息溢出的风险，但是正式科层权威系统的信息传递慢、损耗大，缺少有效的激励手段；以信任为基础的机制可以促进知识的交流和创新活动，以及参与者对资产的专用性投资，但是由于缺少严格的契约约束和权力保证，存在被套牢和信息溢出的风险。不同的治理机制之间存在互补性，可以采用不同治理机制的组合来有效减少治理成本。因此，不管是共同治理还是网络治理，都不可能是单一的某一种治理机制，任何一种机制都不能解决治理的问题，而应是多种治理机制的有机结合和有效的运用以达到治理目标，只是在具体运用时的范围与侧重点有所不同而已。因此，共同治理与网络治理在治理机制上有趋同性。

第四节　网络经济下的企业治理内容

网络经济指一个经济系统，在这个系统中，数字技术被广泛使用并由此带来了整个经济环境和经济活动的根本变化。网络经济也是一个信息和商务活动都数字化的全新的社会政治和经济系统。企业、消费者和政府之间通过网络进行的交易迅速增加，网络经济主要研究生产、分销和销售都依赖数字技术的商品和服务。网络经济的商业模式本身运转良好，因为它创建了一个企业和消费者双赢的环境。

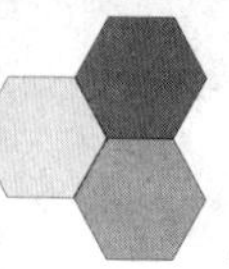

一、网络经济中的企业关系

网络经济，不仅代表未来的潮流，更意味着我们应该利用各种力量发展网络经济，用网络经济解决问题，促进我国经济发展再上一个台阶。制造业是实体经济的本钱，在推动网络经济发展的过程中，用数字技术改造生产、管理和销售流程，降低成本，聚焦品质，同时降低中小企业吸收新技术的门槛，将成为中国制造的新希望。

2016 年，阿里巴巴提出创建 eWTP（世界电子贸易平台）。之后 eWTP 理念被写入 2016 年 G20 杭州峰会公报。按照相关解释，eWTP 是由私营部门发起，各利益方共同参与的世界电子贸易平台，旨在促进公私对话，推动建立相关规则，为跨境电子商务营造政策和商业环境，从而帮助全球发展中国家和最不发达国家、中小企业、年轻人更方便地参与全球经济。互联网经济时代打开了中小企业参与全球化贸易的渠道。

2017 年，中国“互联网 +”数字经济峰会在杭州举办。峰会上还举办了主题为“智慧决策普惠民生”的政务分论坛。论坛上，国务院发展研究中心联合腾讯公司发布《“互联网 +”支撑环境研究》报告，报告全盘阐述了“互联网 +”对各个领域的影响，特别是在政务领域，为国家未来深入推进简政便民改革提供理论支持。“互联网 + 行动”是一个国家战略，是着眼于我们如何推动引导全社会的力量，来抓住信息化带来的机遇。目前，互联网 + 还处于起步阶段，互联网 + 众创、互联网 + 政务民生、互联网 + 开放能力建设等，未来互联网 + 会向更多行业延展，会产生市场和政府前所未见的情况。但是，可以预见的是互联网 + 程度越高，政府资源的配置越科学，社会资源配置到互联网 + 领域的收益就越高。

二、网络经济中的产品管理

互联网产品的概念是从传统意义上的“产品”延伸而来的，是在互联网领域中产出而用于经营的商品，它是满足互联网用户需求和欲望的无形载体。简单来说，互联网产品就是指网站为满足用户需求而创建的用于运营的功能及服务，它是网站功能与服务的集成。例如：新浪的产品是“新闻”，腾讯的产品是“QQ”，博客网的产品是“博客”，网易的产品是“邮件”。

（一）按网站在发展过程中产品所具有的功能和作用，将其分为三类

第一类产品为主要产品，也称大众需求产品，是指网站为满足大众需求而创建的产品，这类产品只为赢得公信力，并非盈利产品。例如：新浪的“新闻”、腾讯的“QQ”、网易的“邮件”、百度的“搜索引擎”，这些都是免费为大众服务，用于增加网站流量，赢得公众信赖。

第二类产品为盈利产品，这部分产品可能只满足一小部分用户的需求，也是为这一小部分用户而创立的，但它却有着很大的盈利空间，是网站的主要盈利产品。例如：腾讯的“宠物”、在线小游戏、百度的“推广”等付费服务。

第三类产品为辅助产品，这类产品能为网站带来少量流量或收入，产品本身的实力相对比较弱，以辅助以上两种产品为主，但却是网站中不可或缺的产品。

这样的划分，可以有效指导我们在网站发展中进行正确的决策，避免走弯路。

（二）互联网产品设计

主要指通过用户研究和分析进行的整套服务体系和价值体系的

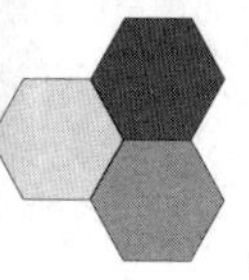

设计过程。整个过程基于用户体验思想的设计过程，伴随着互联网产品周期进行一系列产品设计活动，主要包括：①需求调研：计划、准备与执行，分析与总结。②需求规划：产品概念假设，导入产品设计思想，产品概念整理，概念测试，产品规划。③需求共识：需求开发计划，需求方案，需求协商与确认。④需求管理：需求层次的标识与分类，需求跟踪与变更管理。⑤信息架构：信息架构规划，导航系统设计，搜索系统设计。⑥ UI 设计：界面风格设计，UI 规范。⑦原型设计：低保真，高保真。⑧测试：原型测试，可用性测试，专家评估。⑨开发：后期开发和上市工作中相关的设计工作等。⑩迭代：产品上市，持续获取用户需求，更新迭代产品。

（三）产品管理工作

严格说是产品经理工作的一项重要内容，在有些团队中，也被称为项目管理，国内对这两个概念并不会严格区分，所以有些公司会有项目经理和产品经理，而另外一些公司只有产品经理。

产品管理的概念范围实际上是小于项目管理的，但继承了项目管理的一部分属性，其中有最为关键的三个特点：第一，独特性。有时也被称为一次性，每个项目和项目管理的过程都存在差异性，都不一样。哪怕相同的需求，但是不同的人参与，不同时期的外部环境不同都会带来变化。第二，临时性。项目都有明确的开始时间和结束时间，开始时间和结束时间所持续的时间称为项目的周期或工期，项目的临时性不意味着项目周期短，另外项目是临时的，但是项目的交付成果有的却是永久的。第三，渐进明细。项目相关方对项目的要求、产品特征以及管理要素的认识是一个渐进的过程。产品的管理工作，其定义简单，但由于环境复杂多样，组织的管理意识参差不齐，特别在创业型企业中，想要养成良好的产品管理习惯和成体系的流程

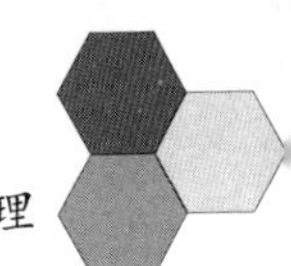

困难重重。这也是许多产品新手经常感到困惑的原因，工作确实繁忙，每天都做了很多事情，但更多的状态是不知道下一步该做什么。

三、网络经济中的渠道管理

网络销售渠道和传统销售渠道各有优劣，而怎样解决二者不足，有效应用二者有利方面，优化二者间存在的矛盾，让企业可以更好地在销售渠道这一环节充分发挥效用，企业还需整合二者具体状况，以便更好地融合发展。本部分主要分析网络经济时代销售渠道的整合发展，具体如下。

（一）整合营销渠道，实现共同发展

把网络销售渠道同传统销售渠道有机结合起来，互相作用，取其精华去其糟粕，全面发挥各自优势，紧密配合，一同发展。以戴尔计算机公司为例，其在该方面做得就非常好，戴尔计算机公司利用网络销售渠道节省了诸多费用，其销售量有百分之四十都源于网络销售，但因网络直销经营成本较少，所创造的利润很高。但戴尔计算机公司并未完全以网络销售为中心，还构建了一支高水平的直销团队，其主要职责是向所有潜在客户发送促销信件，并为销售与服务部门布设专门的电话咨询服务，为网销客户提供更加优质的售后服务，加强客户满意度，促使客户二次回购。

（二）建构合作型营销渠道，改变传统销售渠道的职能

构建新兴的网络销售渠道，给企业传统的营销渠道带来巨大的冲击，可能因日后发展的不确定性，遭受传统营销渠道剧烈抵制。为此，在引入新兴网络销售渠道的同时，需及时完善传统销售渠道内中间商的职能，把中间商的作用转变为直销渠道提供服务性能的中介组织，或是转换成为提供配送服务的运输组织，也能够提供技术指导，

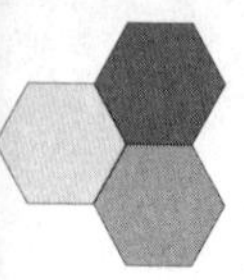

把其转变为网销渠道，统一指挥，一同发展。如此，一方面不但能够保证生产者同最终消费者直接接触，实现减少成本，减少中间环节，提高经济效益，让利给消费者的目的；另一方面也有效优化了传统销售渠道的不足，实现了消费者、传统销售渠道以及网销渠道三者间有机结合，以达到三方共赢这一目标。

（三）建立渠道管理信息系统，有效整合客户资源

不管是网络销售渠道还是传统销售渠道，都需要一套健全的客户资源管理信息系统。在以传统销售渠道为中心的销售时期，客户资料具备较强的松散性，基本就是以各级中间商为主逐渐向下级扩展。而网络营销渠道因初期无法获取健全且准确的客户资料，需要一段时间累积。关系营销在市场营销中占主体地位，传统销售渠道不能有效维护客户关系，还无法有效保证客户资料的准确性，若是可以将二者客户资源整合起来，就能构建一个企业共有的客户资料，实现资源共用，一方面能够把传统营销渠道的客户资料进行系统整合；另一方面又能够把全部客户资料展开有效分类，更好地维护同客户的关系，且能够通过网络营销渠道展开大范围促销宣传，把企业内有价值的资料利用现代化技术第一时间发送给客户，实现传统营销渠道与网络营销渠道有机融合，以提高企业整体效益，保证其在繁杂的经济市场中站稳脚跟。

（四）构建完整的企业供应链，优化物流配送体系

企业初期的物流配送多半是由专业物流公司来完成的，但随着社会经济不断发展，网络营销渠道兴起，原本物流公司的运输能力已无法满足网络营销渠道的需求，为此产品的物流配送便成了企业能够稳定发展的关键点。构建完整的企业供应链，首先需构建供货商同企业分销商间物流配送体系，能够通过网络构建更加健全的物流

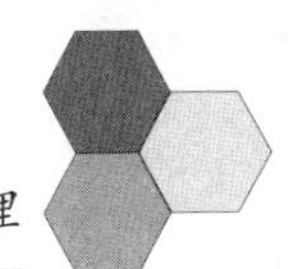

体系，确保物流畅通。另外，企业需构建属于自己的广域网与局域网，实现网络集成化。通过网络增强企业同各成员的关系，保证其紧密联系，构建制造商、消费者以及供应商网上物流体系，通过一条龙的运营方式，来提升企业核心竞争力，促使其在繁杂的经济市场中健康稳定发展。对于企业来讲，构建完整的企业供应链，优化物流配送体系十分重要，不但能够提高客户满意度，还能保证企业经济效益与社会效益，是相关人员需高度重视的方面。

四、网络经济中的价格管理

网络经济是以信息网络作为基础平台，以技术创新驱动经济增长，以电子商务主导商品流通，以互联网联系全球市场，并将信息和知识作为重要生产要素的一种新型经济形态。网络经济的出现对传统的资源配置方式、市场结构、消费方式，以及企业的生产经营都带来了巨大的变革，这种变革必然会通过市场传导给价格。在价格形成方面，数字产品生产的个别劳动时间直接成了社会必要劳动时间，并进一步决定了商品价格形成的量。在价格竞争方面，传统市场和网上市场成为价格竞争的两大平台，不仅卖方之间的价格竞争更为激烈，而且激活了买方之间的价格竞争。此外，在价格运行方面，网上交易的发展形成了新的价格体系，并在一定程度上抑制了传统市场上的通货膨胀，促进了价格总水平趋于稳定。可见，网络经济对价格形成、价格竞争和价格运行都产生了重要的影响，由此也必然对价格竞争和运行所形成的传统价格关系产生冲击，使价格体系呈现出新的发展。

（一）虚拟市场分离出现

互联网实现了全球市场在信息网络平台上的无缝对接，消除了地域界限和地区分割，消除了沟通和互联的时间局限，为价格运行

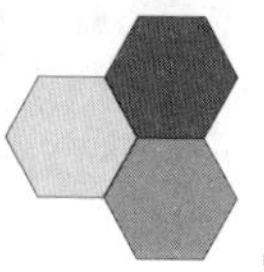

开辟了一个不同于传统市场的新型市场环境。该市场具有虚拟化、全球化、信息化、开放化、高效率和低交易成本等特征。当网络经济足够发达时，可以认为它是平行于真实市场的一个虚拟市场，或者说它是真实市场的一个信息平台。网上市场这个虚拟市场的高效运行正是得益于它与真实市场的分工，即网上市场处理信息流，提供交易磋商的平台，而真实市场处理物质流，提供生产配送和消费的过程。

网上虚拟市场的出现，促成了价格体系的演变。一方面，同一商品的价格出现了在线价格和离线价格的分离，形成了相对独立于传统价格体系的网上在线价格体系。网上商品的价格水平一般要比传统市场的商品低 9% ～ 16%，从一个侧面证明了在线价格体系对商品价值的偏离更小，而且网上市场也相对更有效率。另一方面，在分离出在线价格体系的同时，传统的价格体系也发展成为离线价格体系。并且由于互联网促进了传统市场中交易双方之间的信息对称，离线价格体系也将发生变化：批零差价、地区差价将不断缩小，而国内价格和国际价格也将趋于一致。总之，在这两大价格体系中，在线价格体系是以离线价格体系为基础的，它不能孤立于离线价格体系而存在。同时，在线价格体系具有比离线价格体系更大的价格弹性，使在线交易比离线交易更容易实现灵活定价。

（二）数字产品拓展出现

传统价格体系包括商品、服务和生产要素等价格客体之间的各种价格关系。而在网络经济时代，由于数字产品的大量出现，价格客体的内涵得到了前所未有的扩展。凡在网络经济中交易的可以被编码的，并可以用网络来传播的事物均可以成为数字商品和价格客体，甚至包括注意力，如网络广告就通过付费形式来购买用户的关注。

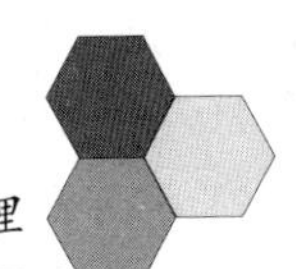

可以说，网络经济已将人类带入了一个数字化的信息时代。数字产品的出现，使传统的定价方式面临着巨大的挑战。因为这类商品在成本构成上具有高固定成本和低变动成本的显著特征。鉴于数字产品的这种成本构成，为避免造成社会效率的损失，就不能依据传统经济学理论边际成本定价方法，而应采用多重价格的定价模式，即对同一数字产品或者相似数字产品制定不同的价格来出售给消费者。对数字产品采用的多重价格实际上是一种价格歧视，但这种价格歧视是被认为的“更为有利”的价格歧视，由此所形成的多重价格体系能够提高产品的社会总产量，减少单一定价时的效率损失。

可见，多重价格体系是价值规律指导下价格体系的一个新发展，它不仅使较低支付意愿的消费者需求得到满足，而且使数字产品生产商获得充分激励。更重要的是，多重价格体系的形成使现有价格体系能够建立在更尊重效率的基础之上。

（三）电子商务支撑起动态价格体系

网上电子商务的发展给全球经济注入了生机，通用电气公司利用网上商务采购仅当年一年就节约了 9 亿美元。电子商务带来了交易效率的大幅提高和交易成本的极大节约，然而更为重要的是电子商务带来了市场交易的根本性改变。便捷的沟通、24 小时的运营，以及极低的搜寻成本和交易费用，电子商务变革了原有的交易模式，并形成一个由网上交易支撑的动态价格体系。

首先，电子商务中价格变动的低菜单成本为价格体系的动态化提供了条件。所谓菜单成本，是指厂商对价格进行调整时所产生的成本负担。传统市场上的菜单成本主要是一些物耗成本。而在网络经济条件下，价格变动通过数据处理程序即可完成，菜单成本已减至最低，这为动态价格体系的建立提供了条件。其次，动态价格体系中的价

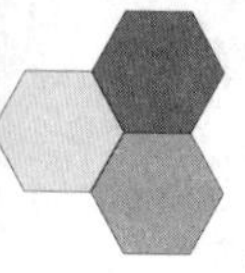

格由交易双方通过双向互动决定。电子商务不仅提供了一个快捷高效的交易磋商平台，而且它还极大增强了消费者的议价能力，通过“逆行拍卖”，可以由消费者出价来购买商品和服务。最后，这种动态价格体系的变动频率较高。这是由于网上商品交易相对于传统市场而言更为分散和频繁，从而导致网上的商品价格体系变动频率较高。

第五节　网络经济下的企业竞合

一、网络经济下的企业行为的博弈分析

网络经济的兴起已经对现代企业的研发、生产、经营和管理的各个环节产生了重大的影响，传统的以低成本、高品质取胜的竞争手段已不再是决定企业生死存亡的最核心因素，标准竞争战略已经成为决定信息经济时代企业竞争胜负的最关键的因素。标准主导权的争夺成为计算机、通信和消费电子等网络经济的代表性行业竞争和发展的核心问题。通常所说的网络经济具有以下几方面的特点。

（一）网络经济是速度型直接经济、数字化虚拟经济

一方面网络经济能够以接近于实时的速度收集、处理和应用大量的信息；另一方面经济的虚拟性源于网络的虚拟性，转移到网上去经营的经济都是虚拟经济，它是与网外物理空间中的现实经济相并存、相促进的。

（二）网络经济是创新型经济，它缩小了市场准入的门槛

因为它源于高技术和互联网，但又超越高技术和互联网。网络技术的发展日新月异，以此为基础的网络经济自然更加强调研究开发和教育培训。在技术创新的同时还需要有制度创新、组织创新、

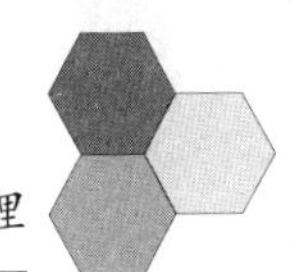

管理创新、观念创新的配合。一般企业只需要建立一个网站便能面向全世界。

（三）网络经济具有外部经济性

梅特卡夫法则的本质是网络外部性：如果一个网络中有n个人，那么网络对每个人的价值与网络中其他人的数量成正比。网络的外部经济性产生的根本原因在于网络本身的系统性、网络内部信息流的交互性和网络基础设施的长期垄断性。网络的正外部性还将产生正反馈。

（四）网络经济具有边际收益递增效应

因为网络产品具有高固定成本、低边际成本的特点，网络信息价值具有累积增值和传递效应。

（五）网络经济具有锁定和路径依赖性

网络经济下的消费者面临的高额的转移成本使得消费者不轻易地采用新的产品或技术，哪怕是新的产品或技术对消费者更有效用。这种现象称之为消费者被一种产品或技术锁定了。路径依赖是指某项技术在偶然因素引导下形成的技术方案会使技术按此方向发展下去或保留下来的现象。

市场竞争经过几百年的演进，逐渐从产量竞争、成本竞争过渡到网络经济时代的标准竞争。标准竞争时代，只有成为标准的产品才能最大限度实现产品的正反馈效应，从而最快达到临界容量进而占领市场。网络经济下标准竞争成为企业竞争的主要形式，因为只有一个赢家。所谓标准，指的是某一产业范围内的所有产品、生产过程、规格或程序等所有要素都必须遵循的一套技术上的规范。一般包括政府标准和企业自发标准。在网络经济下两种标准对于企业都非常重要，只要能够成为事实或形式上的标准都将给企业带来可观的利润。

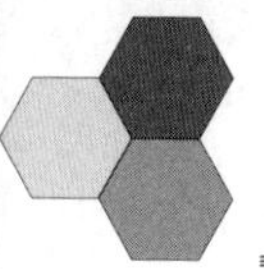

二、企业标准竞争战略选择模型

（一）假设

网络市场中一些公司故意放大自身产品与同类产品的差异，并努力将自己的技术转化成为行业标准，从而获得超额利润并建立起在该市场上不可动摇的统治地位。但是激烈的标准战对市场成长却极为不利，而且也并不是所有的企业都有这样的能力和条件来进行标准争夺战。因此，网络市场中企业标准竞争战略的选择取决于企业对各类战略给企业所带来的利润的权衡比较，即选择标准兼容战略还是选择标准挑战战略，对它们能够给企业带来利润的大小进行权衡比较。可以用二维收益矩阵博弈模型来分析企业根据所获收益大小进行的标准战略选择。模型的基本假设：市场上只有两个企业，企业 A 和企业 B；企业 A 和企业 B 展开对于一个新标准选择的竞争；企业 A 提出标准 1，企业 B 提出标准 2；数值表示企业选择不同的标准所获得的收益。如表 7-1 所示：

表 7—1　两企业标准博弈的支付矩阵模型

企业B / 企业A	标准 1	标准 2
标准 1	A11、B11	A12、B12
标准 2	A21、B21	A22、B22

其中 A11 中的数字表示的是企业 A 选择标准 1，企业 B 也选择标准 1 时企业 A 的收益，以此类推。企业的收益取决于以下两个因素：①企业 A 是垄断者，企业 B 是潜在进入者，显然 A 提出的标准更有可

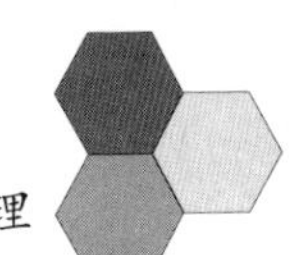

能成为行业的主导标准，企业B更有可能提出一个兼容的标准。企业A的收益将更大，这取决于企业B的技术实力和提出标准的优劣。②企业A和企业B选择不同标准竞争战略会导致企业的不同收益。例如企业B是潜在进入者，进入市场时还是选择了对市场主导者A的挑战策略，那么有可能获得极大的亏损然后退出市场，当然也不排除可能战胜企业A占领全部市场。

（二）各种标准竞争战略下竞争策略选择

1. 标准主导战略

当企业是竞争性垄断市场中的在位企业时，它可以实施标准主导策略，从而利用标准实现价值垄断，获得可持续发展并主导本产业的发展。如表7-2所示：

表7-2　标准挑战战略博弈的支付矩阵

企业B / 企业A	标准1	标准2
标准1	10、0	10、0
标准2		8、2

在这种情况下，企业A主导着整个行业的发展和标准的进步，其最现实的选择往往是选择不向企业B开放其标准，从而获得最大的利润10，企业B最好的选择就是退出市场。如果企业B试图进入市场并提出标准2与企业A进行对抗，其唯一的获利可能在于其标准确实在某部分优于标准1，从而得到被企业A收购的命运，得到利润2，A仍旧获得更大的利润8。在这种情况下不可能存在企业A选择标准

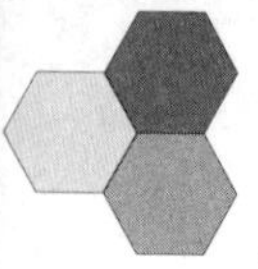

2而企业B去选择标准1的情况。企业A可选择的相应竞争策略有：①构建早期市场领导地位，扩大市场上配套产品的供应。企业会尽力游说互补产品供应商生产和销售与自己产品配套的互补品，显然市场的在位者更具有这方面的优势。②新产品预告。新标准的发动者可以不断使消费者提前了解公司的产品信息，增加其购买的欲望，而且还可以减缓竞争对手用户安装基数的增长。而企业B要不然退出市场，要不然可以选择以低价渗透的方式获得部分市场。

2. 标准挑战战略

当企业作为一个潜在进入者，或者作为希望挑战在位者标准地位的企业时，一般能够应用的是挑战者战略。作为新产品的提供者，挑战者最为明智的决策是推出一个与标准产品相兼容而又有创新的新产品。这种情况下，如果在位者不能及时对这种新产品做出反应，挑战者就很有可能取得成功，成为新的在位者。这种情况下该模型的假设还应该有：企业A虽然作为市场的在位者，但是其地位并不稳固，企业B推出的标准2相对标准1具有相当的优势。如表7-3所示：

表7-3　标准挑战战略博弈的支付矩阵

企业B / 企业A	标准1	标准2
标准1	10.0	2.8/10.0
标准2		0.10

在这种情况下，企业B提倡的标准2相对于在位者企业A具有一定的优势，但是优势并不明显，其成功与否有赖于企业B的市场运作和对标准的完善。当企业B选择标准2时存在两种情况：当企业B

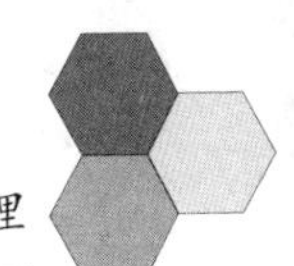

的标准取得成功，则将获得市场的绝大部分份额，获得利润 8；而企业 A 则只能获益于一部分老顾客的“习惯”仅仅获得利润 2。倘若企业 B 的标准失败了，其将彻底退出市场，该市场仍旧由企业 A 的标准 1 把持。当企业 B 的标准获得彻底的胜利，连企业 A 都只好采用其标准时，企业 A 将由于缺乏良好的技术支持，逐渐在标准竞争中败下阵来，退出市场，由企业 B 来占领整个市场，获得全部利润 10。此时作为企业 B 可能选择的竞争策略有：①低价格承诺与渗透定价。公开的长期低价格承诺是使潜在的购买者确信购买某种技术标准的产品将长期获益的一种策略。在标准竞争中，以价格折扣吸引市场上有影响力的顾客也是一种非常重要的策略，因为这有助于使公司的产品迅速地达到良好的市场声誉所需要的临界销量。②基于标准本身的优势，展开各种营销手段，使自己获得一定的安装基数，从而逐渐获得整个市场。企业 A 则可能一方面全力阻击竞争对手的标准，另一方面努力吸收对方标准的优势，进一步巩固本来的优势。

标准建立的过程是网络经济条件下企业制定竞争战略考虑的首要内容。而其中的关键环节就是推动标准形成或者阻止别的公司采用自己的技术标准的过程，以及如何去影响他们将要面临的行业竞争环境。一个公司是否希望将自己的标准建成为仅仅自己使用的标准、选择加入竞争对手的标准，或者选择将其标准提供给竞争对手并使该标准转化为一个普遍接受的行业标准，做出什么样的决策不仅取决于对每种竞争获胜的可能性的评估，还受到行业竞争态势的影响。如果同行业中各个公司规模、技术能力和竞争能力基本类似，那么他们只能选择基本相同的标准推广战略，相应使用各种竞争策略；如果同行业中各个企业的规模、技术能力和竞争能力相差较大的话，各个企业就会根据自己的竞争实力选择不同的标准战略，进而选择

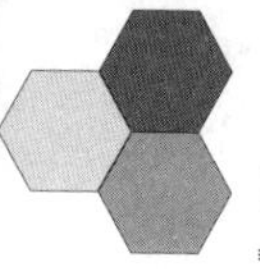

不同的竞争策略。

三、网络经济下的企业的反垄断

垄断问题一直以来都是各国十分关注的问题，为解决市场竞争中出现的垄断问题，各国也积极制定了反垄断法。在信息技术的推动下，网络经济迅速发展，各种网络企业相继出现，网络竞争愈演愈烈，并出现了一系列垄断问题。由于其领域特殊，具有新的经济特征，因此，反垄断法在这一领域的适用性也需要得到进一步的思考。

（一）反垄断法在网络经济中面临的挑战

网络经济具有互联性、网络外部性、网络锁定规律、兼容性需求等经济特征。在网络经济中，技术的更新速度影响着企业的生存发展。这些与传统经济具有较大差异性的特征，也使反垄断法在其中的应用面临着巨大挑战。首先，网络经济的互联性、网络外部性等特征，使反垄断法在一些基本问题的界定上遇到了障碍，例如网络企业市场支配地位的确定、网络经济中相关市场的界定等。其次，在网络经济的正反馈机制作用下，企业所采用的经营策略也会对反垄断法的应用产生影响。例如网络经济的特征导致网络企业通常会采用渗透定价这一竞争方法，在传统经济中，反垄断法会将这一竞争方法直接认定为典型掠夺性定价行为，并对企业竞争行为进行禁止，但是在网络经济中，这一竞争方法是网络企业普遍运用的手段，这便给反垄断法对这一行为的判断带来了难题，无法确定是否应予以禁止。

（二）网络经济的反垄断法规制指南

1. 以技术创新为规制目标

网络经济作为一种新型经济形态，具有低资本、高科技含量、

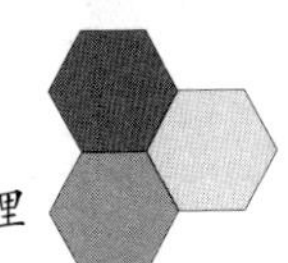

进入市场速度快等特点。网络经济主要以信息产品为支撑，而这一产品实质上为知识产品。众所周知，知识产品只有通过技术的不断创新，才能够实现进一步的发展，因而，在网络经济下，网络企业要想实现市场竞争力的提升和长期健康发展，就必须实现技术的持续创新，这也是网络企业赖以生存的重要方式。例如淘宝、百度、新浪等互联网企业，都是依靠技术创新，才在短时间内实现了成长壮大。互联网发展仅四年，用户便超过了五千万。而达到同样用户规模，电视机所用时间为十三年，电话机所用时间为五十八年。网络经济中的垄断企业，也为了获得更多的消费者群体和经济效益而不断进行技术创新，由此可见技术创新的重要性，应将其定为反垄断法规制的目标。在网络经济中，国家可以将这一目标作为反垄断规制的衡量标准。若是网络企业因自身技术的不断创新而得以壮大发展，则不需要对其进行规制；若是网络企业通过限制其他企业技术创新而进行发展，则需要对其进行反垄断规制。例如在微软公司涉嫌垄断的审判中，因微软公司是基于不断技术创新而占有市场 90% 的份额，所以不予以规制。但是其捆绑 IE 浏览器的行为，限制了其他企业的创新则需要进行规制。

2. 以特定垄断行为作为规制重点

网络经济下反垄断规制应具备与之相对应的规制重点。网络经济具有自身的特点，使网络市场中产品份额和市场支配力不断提升，极易形成较高的市场集中度，市场垄断十分突出，市场竞争异常激烈。在网络市场竞争中，网络企业所采取的一些竞争策略在传统市场上会是典型的掠夺性定价，但是在网络市场中却是网络企业普遍运用的竞争策略。例如微软不会为下游软件企业提供技术信息，以至于其产品与操作系统不兼容等。而在竞争策略的运用中，企业有可能采

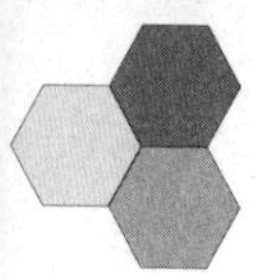

取技术创新、限制竞争等方式，也有可能是限制其他企业创新。因而，在反垄断法规制中，应抓住规制重点，将网络企业特定垄断行为作为重点进行规制，例如捆绑销售、滥用标准等。

3. 遵循跨市场、跨地区规制要求

在经济全球化发展以及互联网的普及下，信息产品能够在全球范围内广泛传递，这样极易导致网络经济垄断的全球化。因而，在反垄断法规制中，应加强对跨市场、跨地区规制要求的重视，通过双边协议或是在国际机构的协调下，进行双边认定，并建立相应的反垄断规制互助执行机制，实现全球规制，以保证规制效果。

第八章 网络经济的市场监管

第一节 监管机构

一、监管概念

（一）网络经济市场监管影响因素分析

对于网络市场经济而言，利用适度有效的监管手段能够更好地维护交易的信息安全，有利于保障网络经济的健康有序运行，能够推动网络经济的持续快速发展。到底是什么因素在影响和决定着网络经济市场的有效监管呢？

1. 研究方法

随着计算机技术的飞速发展，全文检索技术不再只是进行字符串的匹配工作了，它现在能够对超大的语音、文本以及图像资料等非结构化的信息数据进行综合性的管理，这也是其成为搜索引擎核心技术的一大原因。首先，全文检索技术能够保障我们查找到最有用的资料，该系统的查准率较高，它检测出的有用资料占搜索出的资料总量的比例较高；其次，该系统的查找速度以及响应时间已经达到一秒响应千万汉字的地步，很好地节约了查找资料的时间；最后，该系统查出的相关资料占系统数据库中所有相关资料总数的比例高，因此，其查全率也较高。另外，当前的全文数据库能够提供全文内容

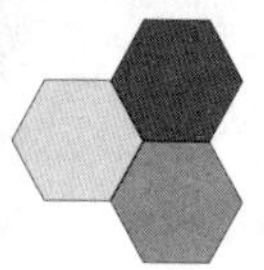

与文献检索等相关信息，减少了读者检索全文字段、获取原文的麻烦，还为读者查询文献提供了方便。因此，通过使用全文检索技术以及全文数据库等工具手段，可以方便地调阅全文内容，还能够对大量数据进行整合、分析和处理。

此外，通过统计调查等方法，可以收集到精确的数据，再在确立研究假设的基础上进行统计分析以及假设检验，完成对数据、主题的定量分析，然后可以利用文献查阅、观察、访问等方法收集到相关资料，再根据自己的主观理解来进行归纳总结以及演绎实验，对所获得的资料信息进行思维的加工，完成定性的分析，定性分析其实就是对研究对象进行质的分析。运用这两种方法，能够从关键词出现频率方面对研究内容进行定量以及定性的分析，加深对研究内容的认识。因此，选择内容分析法作为研究网络经济市场监管的影响因素的主要方法。

内容分析法是一种主要以各种文献为研究对象的方法，通过内容分析法能够透过现象看到研究内容的本质。内容分析法是一种受到自然科学研究方法影响的社会科学研究方法，它具有自己独特的特性，具体体现为客观性、系统性、定量性三个方面。其客观性主要体现为必须按照制定的明确规则进行分析，以保证不同的人都能够从相同的资料中得到相同的结论，即结论不受研究者的主观意识而变化。其系统性主要体现为对内容以及类目录的取舍系统化，避免了规则不清导致的混淆。其定量性是指内容分析的结果都是用数字或图表的形式来进行反映，数据一方面能够对信息进行精确的量化描述，另一方面还有助于进行结论的解释与分析并且能够做到简明扼要。

2. 研究方案与数据分析

网络交易主要是通过网络通信技术、计算机技术来搭建平台，

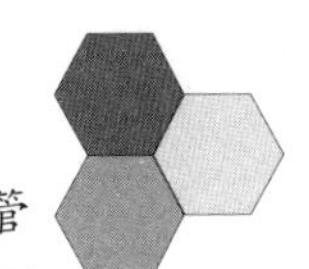

以现代信息技术作为支撑，在网络这个虚拟市场上进行运作，为消费者进行服务的一种交易行为。整个过程呈现出虚拟化、数字化以及网络化的特征。交易双方不再面对面进行实实在在的货物交易，而是通过网络商品信息、资金结算系统、物流配送体系来完成整个交易的环节。首先，交易主体不合法是两者都具有的一个共同点，在传统交易中，不免会存在没有到工商行政部门注册的商户进行违法交易的现象，而这一现象在网络上尤其明显，并且呈现出群体庞大、数量众多的特点，这类行为属于无照经营。其次，无论是传统交易还是网络交易，都存在着销售假冒伪劣产品的问题，这类情况在网络交易中表现为公开销售，部分商家在自己的虚拟商店里面明目张胆地标出“仿品”“高仿品”等字样，利用此类商品便宜的价格来诱导消费者进行消费。另外，网络交易与传统交易相同，都存在大量的虚假宣传信息，有时候消费者买到的商品与网上展示的产品严重不符，虽然网上展示的产品完美无瑕，但是真正到消费者手上的商品在外观以及质量方面都与网上所宣传的大相径庭。最后，网络交易与传统交易最为相似的一点便是违法者都有同样的作案动机，他们大多为了牟取暴利，这样的违法交易都损害了消费者的利益，都对交易有着阻碍的影响。

传统交易与网络交易不仅具有行为上的相似，而且在影响违法行为因素方面都存在着复杂的作用关系。网络交易违法行为是多种因素复杂作用的结果，这些因素与所发生的违法行为有一定的动态、非线性因果关系。为此，建立了网络监管模型，该模型主要涉及综合论述、技术研究、应用等三个领域的问题，通过对这些问题的分析，便于深层次剖析网络交易违法行为的影响因素。通过研究分析，充分了解网络交易监管模型的研究现状，进而探寻不同监管模型之

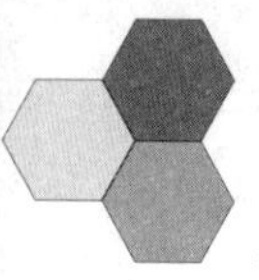

间的共性，提取网络交易监管模型的框架。通过对相关文献的统计，可以从以下几个方面进行分析：

（1）样本的时间分布

二十一世纪初，所发的文章较少，对于网络交易监管模型的研究也就更少。但随着电子商务迅猛发展，网络交易违法行为日益严重，这样的现状引起了大家的普遍关注，加上国家政策的激励（如：国务院颁布的《国家工商行政管理总局主要职责内设机构和人员编制规定》中确立了国家工商行政管理总局负责“监督管理网络商品交易及有关服务的行为”的监管职能，国务院机构改革后，国家工商行政管理总局的职责整合到国家市场监督管理总局，国家工商行政管理总局不再保留），诸多因素的共同作用推动了网络交易监管前进的步伐，同时也促进了大家对网络交易监管的研究，越来越多的学者也都加入研究网络交易监管的队伍中，文章数也有了一个量的提升。

（2）研究领域分布

描述了网络交易监管模型研究领域分布情况，国内网络交易监管模型研究的重点领域主要集中在综合论述，其次是网络交易监管模型应用领域，而技术研究领域是目前网络交易监管模型研究中最为薄弱的环节。

（3）主要要素分布

网络交易监管模型主要因素则是网络监管过程中的主要作用对象。因此，网络交易监管模型的建立必然少不了对模型的主要要素的研究分析。涉及监管要素的因素除了监管主客体、网络交易场所和监管网之外还有其他的各种要素，这些要素不尽相同。技术领域的文献对监管网这一要素提及较多，由此可见，在具体的技术实现上，技术研究领域将重心更多地放在了“以网管网”监管的行为上。

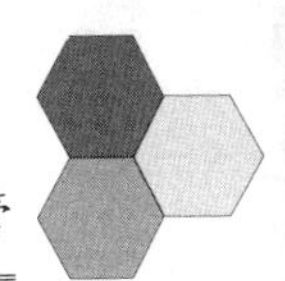

影响网络违法监管的主要要素有：

①政府监管机构

政府监管机构是指根据相关的法律法规，通过相应的标准以及合法的行政程序对市场主体的经济活动以及社会问题进行规范和控制的行政机构，主要监管机构为市场监督管理部门。其中，市场监督管理部门就包括了网络交易监管研究中心、各级的网络交易监管机构等功能科室。市场监督管理部门要对监管客体进行资格审核确认以及对网络交易的行为进行监督、检查，要维护市场的公平竞争环境，其监管的内容较多、范围较广，并且各项工作相互联系，形成一个有机整体，体现了其管理的多样性以及整体统一性。市场监督管理部门的实际工作主要体现在执法过程中，具体行政执法包括确认、许可、处罚等监管行为，这些监管必须体现出程序性，这也是市场监督管理活动的一个特征。

此外，市场监督管理部门还应该体现出其超脱性。由于市场监督管理部门属于监督管理者，不直接参与网络交易活动，与市场交易中的对象没有直接的经济利益关系，它主要是维护市场秩序，保障公平竞争环境，依法对违法行为进行处理。因此，市场监督管理部门不受自身利益的制约，能够超脱于交易中的经济利益，实现真正的公正执法。最后，市场监督管理部门在监管的过程中应该体现出依法原则以及允许公众参与的原则，按照法律法规进行程序执法，鼓励企业以及个人参与到网络监管中，只有市场监督管理部门与网络交易的参与者密切配合，才能构建出一张强有力的监管网，其才能更好地实现网络监管职能，实现保障网络交易公平公正的目标。

网络交易监管主体对于网络监管是十分有影响力的，它的设置状况与实施网络监管的效力直接相关，并且关系到了法人、公民以

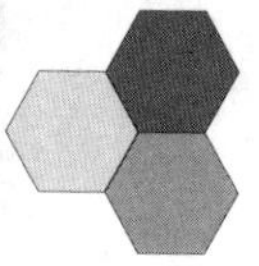

及其他组织的合法权益，这是对网络监管效率的有效保障，是影响网络交易健康平稳发展的重要因素。各地市场监督管理部门对于网络监管的影响是显而易见的，它们扮演着监管主体的重要角色。

②监管客体

在监管主体的基础上来看监管客体，指在电子商务交易平台上从事交易及有关服务活动的自然人、法人和其他组织。一般来说，网络主体经营企业在网络交易中属于产品以及服务提供方，其通过网站展示自己的产品，利用网络交易系统帮助消费者完成消费的过程。在这过程中，部分商家为了牟取暴利，进行欺诈活动，如销售假冒伪劣商品、夸大宣传等，这类行为都是处于被监管的范围内。网络交易中的自然人也被称为消费者，其在网络交易活动中主要属于产品或者服务需求方，表现出购买的行为，当前，消费者的恶意差评、敲诈商户等行为都是属于违法行为，是监管的内容之一。此外，以这两类监管客体为中心，衍生出相关的网站 / 域名、网络交易平台、商品及服务信息等类型交易参与者，这些都是属于监管客体的范畴。称这类型的监管客体为交易中介或者第三方，它们在网络交易中主要属于平台提供、技术支撑的角色，通过解决交易场所、交易方式、安全信任等问题来保障交易双方能够安全有效地完成交易。这类客体主要涉及了资金沉淀、安全信任保障等重要环节，一旦出现问题，对商户、消费者，甚至社会都是具有重大的影响，因此，这类监管客体也是属于主要监管对象之一。监管客体是监管构成的必要要件，监管客体是实施监管的重要条件之一，没有监管客体，就不存在所谓的监管对象，也就不存在网络监管这一名词。因此，划分和确定监管客体对于网络监管的实施是重要的一步。

③监管网

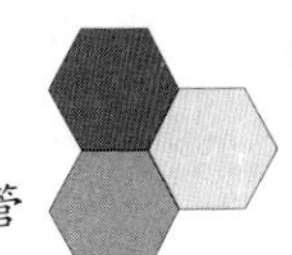

首先，监管网是由市场监督管理部门牵头搭建的网络交易服务监管平台，通过该平台，市场监督管理部门能够有效地开展网络搜查和监管工作。这一平台主要由相应的信息安全系统组成，这里面就主要包括了网络监管指挥调度系统、网络交易监管网等子系统。整个监管网以信息技术为基础，以“网管网”作为目的，以信息技术为手段，对网络交易行为实行全面彻底的监管手段以及措施。届时，由市场监督管理部门牵头实现网络监管信息系统软件的开发和运行，实现系统和平台的建设，建设完成后，将形成统分结合、全国一体、上下联动、功能齐全的监管网，为维护经营者和消费者的合法权益、促进服务网络经济发展、规范网络市场秩序、构建公平公正的竞争环境打下牢固坚实的基础。通过对监管网的建设，实现网络监管的全面化发展，一方面，网络监管能够跃升到信息化的程度，并且能够强化网络交易信用监管，有利于市场监督管理部门的信用档案的建立；另一方面，有利于全国一体化监管的实现，改变以前的以级别管辖、地域监管为主要方式的监管方式，使得网络监管更高效更方便。对于网络监管而言，监管网是有效实施监管的一个重要手段。

④网络交易场所

指在市场监督管理部门登记注册并领取营业执照，从事第三方交易平台运营并为交易双方提供服务的自然人、法人和其他组织。一般来说，网络交易场所主要由信息服务提供商、平台提供商、虚拟零售店、辅助服务提供方等多方共同组成。在网络场所中，信息服务提供商为企业以及消费者提供丰富详细的信息、经验知识、服务内容等系列相关服务。其中，信息服务提供商又主要分为目录服务提供商、卖方代理提供商、智能代理提供商、搜索引擎提供商等。平台提供商则相当于将传统交易市场搬到了网上，为那些想要购买商

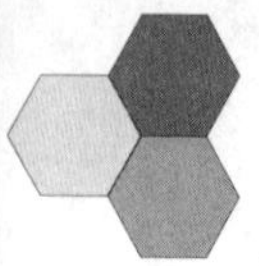

品、销售商品的人群提供了一个虚拟的交易场所。目前，在这个虚拟的交易场所中，符合规范要求的组织以及个人都能够将自己想要销售的物品挂到网站上进行售卖，其他人也可以通过浏览网站选购自己喜欢的商品。虚拟零售店同样是一种交易场所，在虚拟零售店内，消费者与店主进行网上交易，销售商能够通过物品清单清楚地知道自己的货物数量、销售情况，并能够直接向消费者提供产品以及服务。一般来说，虚拟零售店的专业性比较强，在我们生活中，经常都是针对某一种类型产品进行的运营，它的经营方式多为直接从厂家进货，然后打折出售给消费者。当前，虚拟零售店主要有电子购物中心和电子零售商两种形式。辅助服务提供商主要是为了完善网络交易而提供的服务方，它们主要负责监管、信誉评价、金融服务等方面的工作。目前，辅助服务提供商主要有网络金融机构、网络统计机构以及网络评估机构等。

另外，网络交易场所也是研究网络监管的一大重要因素，它是违法行为的实施场所，在诚信度、安全性等方面都得到了高度重视。

⑤其他

还有其他的一些要素对网络交易的监管起着重要的影响作用，如：网络服务提供者、消费者等。

（二）网络交易监管概念模型

通过对网络监管影响因素的分析，根据里面所提的多项要素将网络交易监管进行了系统边界的划分。在此基础上，提取出五个主要影响因素：监管机构、监管信息平台、网络经营者、网络消费者、网络交易平台。五个主要研究因素之间相互作用，通过信息健全、监控检测、违法处理等方式保障了网络经济市场的正常运行。对这五个研究因素的解释：

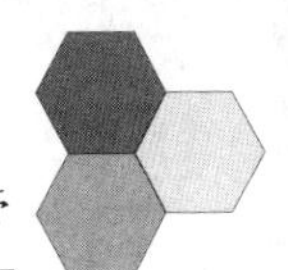

1. 政府监管机构

政府监管机构是指根据相关的法律法规，通过相应的标准以及合法的行政程序对市场主体的经济活动以及社会问题进行规范和控制的行政机构。由于本部门主要研究网络交易中的监管问题，因此，政府监管机构则是主要针对网络交易而言的。

市场监督管理部门在网络交易的监管问题上主要倾向于市场交易主体监管，其职能是负责电子商务监管、网络经济以及规范网络商品交易及服务行为等。这是与本次研究十分相关的，因此，政府监管机构主要是指市场监督管理部门。

2. 网络监管信息平台

网络监管信息平台是一套信息安全系统，它包含网络交易监管网、网络监管指挥调度系统等子系统。该系统依托信息技术来进行网络搜查以及网络监管任务，实现对网络交易的监管以及对违法行为的处理。针对网络监管信息平台的智能广告监测、电子商务搜索监测、电子商务经营主体监管、网络交易违法案件取证、监管服务等方面展开相应的研究。

3. 网络交易平台

网络交易平台是指在网络交易过程中，为交易双方提供商品信息或服务交易的系统，该系统由计算机、互联网以及相关的硬件软件组成，是一个虚拟的系统。

将网络交易平台分为两类：网络商品销售平台和网络服务提供平台。网络商品销售平台是指经营者通过平台向用户直接销售商品，当前的淘宝商店就属于网络商品销售平台；网络服务提供平台则是指经营者通过平台向用户提供商品信息或者商品服务，当前的支付宝、第三方网上商城等就属于网络服务提供者的范畴。

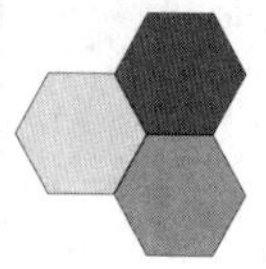

4. 网络经营者

网络经营者是指在网络上以营利为目的而进行商品销售或者商业服务的法人、自然人以及其他组织。

将网络经营者分为两类：网络商品经营者和网络服务经营者。网络商品经营者主要以销售商品为主；网络服务经营者则主要以提供交易平台、商品信息服务为主。

5. 网络消费者

网络消费者是指运用互联网知识，通过网络交易平台进行购物、消费的自然人，属于消费者的一个分支。

（三）网络经济市场监管中各影响因素之间的相互作用关系

监管机构主要是指以市场监督管理部门为代表的监管方，他们对整个网络交易的活动进行监管，营造一个安全的网络；监管客体是指参与交易活动并被监管机构监控管理的对象，在整个网络交易中，处于被监管的一方，在模型中体现为网络经营者、网络消费者。由于两类监管客体的相互作用，产生了诸如各类网络交易信息平台，该平台一般由主体经营企业或是自然人建立，旨在提供商品或服务信息，也是网络监管的一个重要监管对象。网络交易场所主要包括提供交易服务以及信息发布的信息平台以及直接提供商品销售的网络商店以及网络商城。监管网是由市场监督部门牵头搭建的网络交易服务监管平台，通过该平台，市场监督部门能够有效地开展网络搜查和监管工作。这一平台主要由相应的信息安全系统组成，这里面就主要包括了网络监管指挥调度系统、网络交易监管网等子系统。监管机构则主要是指市场监督管理部门，也包括了网络交易监管研究中心、网络交易监管机构等下一级部门科室。除了市场监督管理

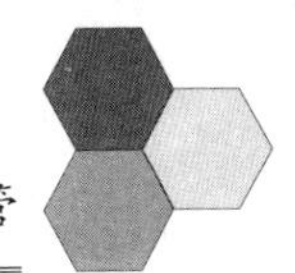

部门，还有工业和信息化部、商务部、财政部、公安部、国家税务总局、国家广播电视总局、中国人民银行等也包含在监管主体的大范畴之内。总的来说，该监管模型总体思路上是依托互联网技术，组建监管网络交易的监管网，通过监管网，实现对网络交易的监控，保证交易的安全性、公平性。

监管客体如果要开办经营活动，则其需要到市场监管部门按照相应的程序进行合法登记，涉及行政许可的情况还要求有主管部门行政许可。也就是说监管客体注册登记时必须同意接受合法的监管，并提供各种真实信息，允许监管机构将其备案在网络监管信息平台上。一方面。市场监督管理部门能够保证交易主体的准入控制，也可以通过给交易双方建立诚信档案等方法保证交易客体的信息准确性，从而使整个网络监管达到“有法可依、有法必依、执法必严、违法必究”的预期目的；另一方面，监管主体要能够完成对监管客体以及交易场所的信息审核，并发放相应的牌照以及电子标识符，监管主体还应该与监管信息平台进行一定的协调，这就要求监管机构能够完成日常的运营维护以及将各经营企业或是自然人的基本信息录入等工作，实现网络监管信息化；此外，网络交易场所需要在监管网以及监管主体处备案，取得合法的经营资质，在经营的过程中，其还要能够审核并记录监管客体所提供的商品服务信息，遇到违法行为时主动向监管方举报，并配合其调查取证，保障交易场所健康有序的交易环境。监管信息平台还要通过人员的操作对监管客体的交易行为、网络交易场所、交易数据记录、信息发布等方面进行监控，全方位地从各种信息源记录、固定、取证可疑的数据流，为监管主体进行日后的调查取证做支撑。这一环节为网络巡查，该环节需要及时有效地开展数据发现、准确定位、实时拦截、有效固定等工作。最后，网络

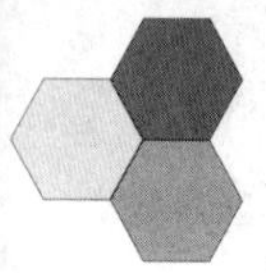

监管信息平台按周期审核监管客体的注册登记信息，遇到私自更改基本信息的情况要能够及时向工作人员反馈，以便其采取后续工作。

网络经济市场监管中的各参与对象间存在信息健全与资质发放、实时监控与配合监管、违法调查与违法处理、培训指导与平台维护四种相互作用关系。

1. 信息健全与资质发放

由于网络交易的虚拟性，交易的双方在参与交易时不会发生面对面的交流，因而，对于对方身份信息的获知方面，无论是消费者还是商家，都是不能获取全面的信息。一旦发生网络交易的违法行为，双方必然发生纠纷，由于交易双方身份信息难以确认，也就导致消费者以及商家的权益不能够很好地得到保护。为了更好地保护消费者以及商家，该监管模型提及了信息健全与资质发放方面的要求。模型要求各参与对象在进行相互的活动之前完善经营信息以及个人信息，并通过信息的审核对合法的对象发放资质证明。这其中主要涉及监管机构与网络经营者、网络监管信息平台与网络经营者、网络监管信息平台与网络交易平台、网络监管信息平台与网络消费者以及网络交易平台与网络经营者和网络消费者之间的信息监管机制。

（1）监管机构与网络经营者

网络经营者向监管机构提供真实的营业信息并申请获得合法的经营凭证，监管机构收到网络经营者发来申请以及相应的信息之后对网络经营者的经营信息进行审核，如果经营者的经营信息与其实际的经营情况相符并具有获得网络经营资质的条件时，监管机构批准网络经营者的申请请求并向其发放合法的经营凭证；如果经营者的信息与实际情况存在很大的差异或者其不具备获得合法的经营资质的条件时，监管机构不批准网络经营者的申请请求，同时也不向

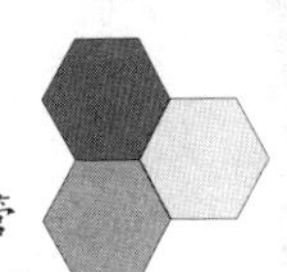

其发放合法的经营凭证。

（2）网络监管信息平台与网络经营者

在网络经济市场监管中，网络经营者需要配合网络监管信息平台进行信息的采集备案。网络经营者将其合法的经营资质凭证、具体经营信息以及真实身份等信息提交给网络监管信息平台，网络监管信息平台对网络经营者的信息进行登记备案。此外，网络经营者还需要在其网站主页面或者所经营的网站上面的醒目位置提供其营业执照信息以及电子标识符链接，方便网络监管信息平台的监管。

（3）网络监管信息平台与网络交易平台

同样，网络交易平台也需要配合网络监管信息平台进行信息的采集备案。网络交易平台向网络监管信息平台提供其准确的商品信息或者服务信息以及合法的经营资质凭证。在确认网络交易平台提供的信息与实际情况相符后，网络监管信息平台对网络交易平台的信息进行登记备案。

（4）网络监管信息平台与网络消费者

当网络消费者通过网络监管信息平台进行违法行为投诉的时候，其应当在该平台上进行登记注册。网络消费者将需要投诉的事情叙述清楚并按照相应的要求留下正确的联系方式，以便调查机构核实事情的真伪。网络监管信息平台收到消费者的投诉信息后及时核实，核实后在监管信息平台上对案件进行备案。

（5）网络交易平台与网络商品经营者

网络商品经营者在网络交易平台上进行交易活动之前，需向平台提出进驻的申请并提供真实的商品服务信息以及准确的经营资质凭证。网络交易平台在收到申请后，对经营者的资质进行登记、审查、公示，并审核经营者所提供的商品服务信息是否属实。在审核合格

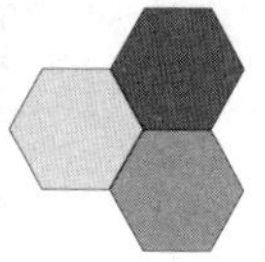

之后，网络交易平台同意网络商品经营者的请求，并将其身份信息以及经营信息登记备案。

通过各参与对象之间的信息登记备案，为日后发生纠纷或者违法行为时的调查取证奠定了基础，监管者能够根据交易场所登记的产品服务信息来与经营者所实际经营的产品或者服务进行对比，在责任划分方面减少了相应的工作量，为执法部门带来了方便。此外，通过这些措施，该监管模型将交易双方身份的虚拟性还原为实实在在的社会身份，也能够在纠纷或违法行为出现时第一时间找到相应的责任人与相关参与者，不仅对消费者权益的维护有一定的好处，在执法工作方面也带来了方便。

2. 实时监控与配合监管

监管主体通过监管网对整个网络经济市场的活动进行实时的监控，被监管的对象应该尽力配合监管机构的监管活动。监管机构要通过监管网完成对搜索监测数据排查、建库建档、实施巡查监管，以及受理和审核电子图标申请等工作内容，监管网在其中起到了平台的作用，方便了监管主体监管网络交易违法行为。此外，监管网要有一定的技术监管模式，该模型的具体监管模式是：通过建立网络广告智能搜索系统，对互联网中巨量的网页内容进行智能搜索，并能够依托网页分析技术，根据广告信息的表现形式（以图片、文档、多媒体、视频为主）来对其进行分析取样，并做有效的存储。市场监督管理部门融合现有企业数据库、企业网站域名信息资源、互联网信息资源以及各大搜索引擎，建立网络交易搜索监测平台，该平台主要对辖区范围内的基本信息和网站网址进行全面整理收集。通过这些措施，监管机构能够实时地监控网络市场经济参与者的交易行为，记录、取证可疑的信息流以及数据流。与此同时，被监管

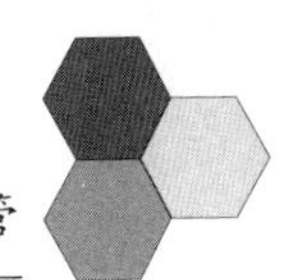

的对象必须要配合监管机构的工作，一方面，被监管的对象需要向监管机构提供正确的商品服务信息、合法经营许可证以及网络标识符等详细信息，在监管机构进行违法行为调查取证的时候，被监管对象应该向监管机构提供相应的数据信息以及违法证据；另一方面，被监管对象还应该主动向监管机构反映在交易活动中出现的可疑行为、违法活动，主动地配合监管。

3. 违法调查与违法处理

在实际的监管活动中，一旦发生网络交易违法事件，一方面应该做好违法活动的调查取证工作，另一方面也需要对违法活动中的责任人进行相应的处罚。

在调查取证阶段，监管机构主要通过实地走访、笔录备案、调取交易活动监控数据等方式来进行调查活动。在了解案情的基础上，监管方通过证据获取、证据分析、证据鉴定三个环节来完成对违法活动的电子数据取证。首先，监管者通过硬盘克隆机或者数据获取软件方法来获得相应的数据证据。由于电子数据容易被修改，所以在取证的时候，取证方会首先将证据进行固定以防止有用证据的丢失。其次，在获取到相应的电子数据后，监管机构对其进行相应的分析活动，主要分析所取得的电子证据与所调查的案件是否有一定的关联性。为了解决电子证据包含的数据量大且数据类型杂乱无章的现实问题，监管机构利用删除数据的恢复和加密文档的解密方法在进一步提取整理后的数据基础上进行全面的分析。最后，根据分析结果鉴定取得的证据是否与案件具有一定的关联性，并做出最后的陈述。

调查取证后，市场监督管理部门等单位根据相应的法律法规打击网络违法行为。发现宣传与实际产品质量不符的情况时，进行批评教育等处罚，发现售假的情况，将该经营者以及该商品的虚假信

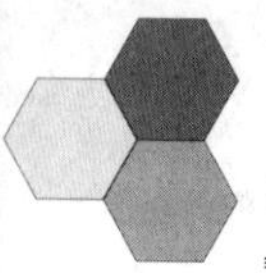

息从网站上删除，并对售假者进行相应的处罚。此外，市场监督管理部门还应该与公安管理部门加强联系，将情节严重的违法犯罪人员移送公安机关，利用国家法律惩处违法者。

4. 培训指导与平台维护

对网络经济市场活动的参与者进行培训教育是防止网络违法行为发生的有效途径，当更多的人意识到网络违法行为有可能对他们产生严重损害时，更能够激励大家采取措施阻止它。例如，政府监管机构可以通过在网站上发布通知、有针对性地发放预防违法行为的小册子、对网络经济市场从业人员进行法律培训、鼓励网络用户对网络违法行为举报等方式来告知网络经济市场的参与者网络交易违法行为潜在的危害以及合法交易的重要性，让网络公众都参与到网络监管的行列中来。

此外，对网络监管信息平台以及网络交易平台进行相应的维护也对整个监管活动有着重要意义，良好的平台维护能够保证平台的正常运行。对于网络监管信息平台，监管机构应该采取必要的管理措施以及利用技术手段来维护平台，让平台能够高效运行。对于网络交易平台，有专门的网络管理办法对平台提供方提出了明确的要求。一方面，平台提供方应该提供完整可靠、良好必要的交易服务环境，通过平台提供方来维护网络交易的健康有序。在不违反国家法律的基础上，可以利用设置系统消息的方式将相关信息告知交易参与者；对于交易当事人所提交的信息资料，平台提供方应该妥善保管，遵守约定保护交易参与者的商业秘密，使其不泄露；另外，还应该通过技术层面、管理层面、法律层面的努力来制止违法行为的发生，在监测到有违法行为发生的第一时刻向相关部门进行反映，如果情况比较紧急，可以根据自身系统情况采取措施最大程度地挽回损失。

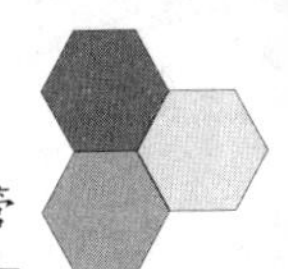

另一方面，平台提供方应该遵守相应的法律法规，不得利用信息技术以及其他手段来妨碍交易参与者的商品交易、信息提供与查询等行为，更不能联合其中一方对另外一方进行胁迫欺诈、促成交易或者阻止交易。

各参与对象相互作用，最终实现监管机构对网络经济市场的实时监管，归根结底这些活动主要可以分为三类：预防、检测、打击违法行为。通过培训指导以及健全信息机制等方式能够做到预防违法行为发生；通过一系列的监控、调查取证手段，能够做到对交易的有效检测；通过相应的法律法规打击违法行为，有利于构建健康有序的交易环境。

二、监管机构

为了净化网络环境、维护公平公正的网络经济秩序，切实保障消费者的合法权益，从国家到地方各层政府监管部门在网络交易监管领域采取“摸着石头过河”的原则进行着一系列积极的尝试。我国网络监管模式由政府强制性控制模式逐渐向以市场机制调控为基础的政府控制模式与行业自律模式有机结合转变，促进网络经济产业自律和广大网民的自我管理与约束，从而降低监管成本以提高政府监管效率。在这个过程中不仅制定了一些相关的法律法规、规章制度，使得电子商务监管工作有法可依、有章可循，极大地促进了我国电子商务立法进程，而且还建设了一批电子商务监管平台和系统，在理论和实践方面探索出适合我国电子商务监管的模式和思路，为保障网络经济的健康发展作出巨大贡献。

（一）国家层面的监管模式

经过多年的不断研究探讨、不断积累经验，我国已经基本建立了较为完善的电子商务监管体制，监管主体由政府机构与社会组织

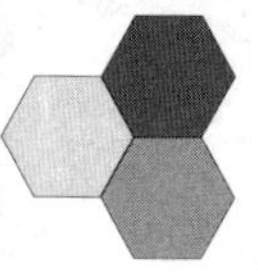

组成。我国的政府监管体系相对比较完整，从中央到地方，有不同的相关部门在负责监管网络交易的不同环节，这些部门包括国家市场监督管理总局、商务部、公安部、工业和信息化部、财政部、国家广播电视、中国人民银行、国家税务总局等。

国家市场监督管理总局对网络环境下各种交易行为的监督管理是工商部门传统工商行政管理职责的自然延伸，主要涉及其中的企业市场准入、信用管理、非法经营和网络仲裁等方面。目前市场监督管理部门对电子商务的监管主要集中在对网络虚假广告、网络诈骗、版权等方面的非法经营行为进行打击，对各类网络经营主体资格的确认和各种非法网络经营行为的网络经济监管进行了初步尝试等。工业和信息化部主要负责对重点行业的重要信息系统、政府部门基础信息网络的安全保障等工作进行监督、指导。商务部主要负责制定相关领域的规则、标准，组织以及参与相关标准和规则的对外磋商、谈判以及交流，并不断推动电子商务在实际生活中的运用。公安部将其维护社会治安的职责在网络经济中进行体现，其主要负责查处电子商务中各种扰乱社会秩序以及危害网络安全的违法犯罪行为。中国人民银行对电子商务交易支付进行监管。

（二）地方层面的监管模式

地方政府在应对网络交易监管上主要从技术创新方面进行了一系列的实践和创新，如浙江、重庆等地市场监督部门从自身实际出发，对监测电子商务违法行为做出了积极的探索。

1. 浙江——“一网三平台”监管模式

浙江是我国电子商务发展较为繁荣的省份之一，全国3000家行业网站中浙江占1/5，例如淘宝网、天猫网等全球知名企业均来自浙江。

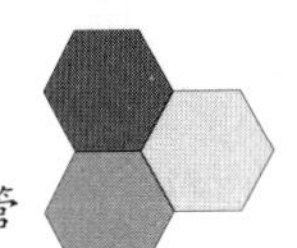

对于电子商务的监管，当时的浙江工商局早在二十一世纪初就对网络经营活动建立了“准入”制度，建立了省市县三级信息管理办公室，研究网站管理的“备案制”，并草拟了相关监管办法。之后陆续启用了“网络经济监管职能搜索平台”“企业营业执照网上标识办理平台”“网络经济服务监管网”以及“网络经济监管日常巡查平台”，通过“一网三平台”来对网络交易进行监管，并统一建立了企业网站数据库，作为解决网络经营主体身份不明，加强网络信用体系建设的重要手段。为给网络经济发展营造宽松的环境，原浙江工商局出台了《关于大力推进网上市场快速健康发展的若干意见》，推出鼓励电子商务发展的12条新举措。浙江省出台了网站信用的相应规范指引，并于同年建立了网站信用联盟。浙江省建设的“一网三平台”，对于完善网络工商平台有进一步的促进作用，它实现了上下联动、部门协同、指挥调度分流的功能，同时，“电子商务取证中心”也处于建设当。

2. 重庆——“一网两系统”监管模式

重庆对电子商务的监管起步相对较晚，二十一世纪初期成立重庆市工商行政管理局电子商务监管处，同时，重庆市自主研发建设的“电子商务监管服务平台”正式建成启用，这一平台的建成启用标志着重庆市在西部省市率先实现并建成电子商务经营活动“一网两系统”的监管模式。

重庆工商系统为能够更好地履行网络经济监管职能和服务重庆的电子商务产业的发展，以互联网的智能搜索引擎为技术支撑，有效整合工商业务管理系统、全国工商系统“金信工程”企业信息、企业联合征信系统等各种资源，构建了电子商务监管服务平台。该平台主要由“重庆市工商局电子商务监管服务网”（一网）、“电

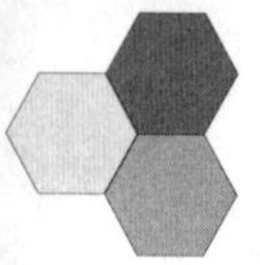

子商务经营主体监测及监管系统”和“网络广告监测系统”（两系统）构成。工商行政管理人员可以运用该系统对重庆网络经营主体、网络广告进行定向化、智能化、自动化搜索监测，并对其进行在线排查、巡查。同时建立重庆市电子商务经营主体经济户口和信用档案，对重庆市电子商务经营主体实施信用分类监管与服务，查处电子商务违法经营活动，保护消费者合法权益。重庆市工商部门建成电子商务搜索监测中心及电子证据实验室并投入使用。电子商务搜索监测中心和电子证据实验室是在有机整合了原有的信息化平台的基础上，通过配备先进的网络装备及相关应用软件，充分运用“三网”融合技术，着力提高对电子商务经营主体及经营行为的精准化、智能化、隐蔽化的搜索、监控、取证能力，进一步增强了对网络交易网站违法经营线索的侦测、排查、锁定以及对影响网络经营秩序重要环节的监控和预警水平，实现对电子商务经营主体及经营行为“搜得准、找得到、查得了”的目标，也标志着重庆市工商系统“以网管网”的电子商务监管模式进入了全国先进行列。

第二节 网络交易平台

在网络交易平台的理论研究中，众多学者已经对此内容进行研究，但是对于网络交易平台的定义众多学者仍没达成统一，他们从不同角度提出不同定义和自己的见解，用不同的名称对这一全新的市场机制加以描述。

一、网络交易平台的范畴

平台是一个新的产业经济学概念，最早对的平台描述是一种以导致或促进双方或多方客户之间的交易为目的的现实或虚拟空间。

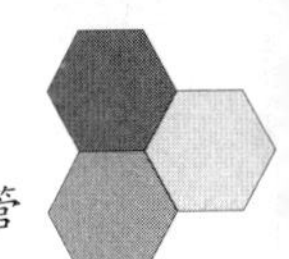

随着互联网的发展，凭借其巨大的资源空间和惊人的通信效率，使得各种互联网用户乐此不疲地将传统的信息交流、货币流通、物品运输等活动搬到了虚拟的网络上来，逐渐形成了一种由一方或多方提供信息技术支撑的虚拟空间，以此汇聚了大量的买卖双方，并按照一定规则，提供各种产品、价格或是服务促成买卖双方交易，并完成交易后的资金流、物流等服务，逐渐形成了现在的网络交易平台。

对于网络交易平台的定义，众多学者有不同解释。有学者认为网络交易平台是交易双方的媒介，这种媒介的作用贯穿于企业经营活动的所有阶段包括支持市场交易的信息阶段，是进行商品和信息市场交易的一种协调机制，反映了市场主体之间某一方面或是全部的交换协调机制。也有学者认为网络交易平台是由交易处理者、买方和卖方构成的一个交互式运作与关系交接的虚拟市场，在这个市场内各个主体可以交换信息、服务、产品甚至支持资金流动与相关的物流活动。网络交易平台是专门提供网络服务以方便双方进行交流、联系的机构，它是信息交流的支撑主体，在网络交易中只为交易双方提供一个交易平台，本身并不是网络交易的当事人。电子商务协会制定的《网络交易平台服务规范》定义网络交易平台是为各类网络交易（包括 B2B、B2C 和 C2C 交易）提供网络空间以及技术和交易服务的计算机网络系统。商务部颁布的《第三方电子商务交易平台服务规范》将第三方网络交易平台定义为：电子商务活动中为交易双方或多方提供交易撮合及相关服务的信息网络系统总和。第三方网络交易平台提供商是为个人或商家提供通过网络销售和购买商品的信息网络服务及相配套的其他服务的中介服务商，它不直接参与交易，网络交易的任何后果由交易方自行承担。

通过对网络交易平台的定义分析研究，可以发现网络交易平台

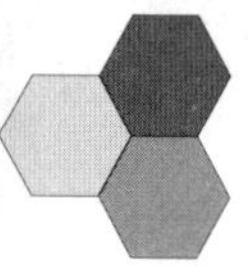

与传统的交易场所有很大区别。所以网络交易平台的范畴可以归纳为以下几点：①以信息技术作为支撑。网络交易平台上发生的交易活动包括信息搜索、双方协议、协议签署甚至商品交割和售后服务都是依托于计算机、网络技术和远程信息技术进行的，存在着许多网络技术的设计、组织、实施和管理工作，可谓网络技术与传统交易活动的有机结合。②以交易活动为主要内容。在网络交易平台上的交易不仅仅局限于物与物的交易，而是双方利益上的变化，例如买卖协议签署就意味着商品或是服务所有权的转移，此时双方彼此拥有了相应货币和商品的所有权，利益也发生了变化。同时交易必须有交易的主客体和交易的内容。没有交易的主客体即没有交易的执行者。交易的内容不仅仅局限于传统的可以看得见的商品，还包括新兴的信息产品。③以虚拟的平台为场所。网络交易必须是以虚拟的交易平台为依托，交易场所建设在网络上，依附其虚拟的形态，提供相应的具体功能。人们更多看到的是由感官、视觉、信息等多方面因素综合呈现的一个可视化界面而不是物理上的装修、店面等。

网络交易平台是指在网络交易过程中，为交易双方提供商品信息或服务交易的系统，该系统由计算机、互联网以及相关的硬件软件组成，是一个虚拟的系统。

二、网络交易平台的分类

按照网络交易平台是否参与经营、控制主体、结构、价格形成机制等不同标准，网络交易平台可以分为不同的类型。

（一）根据网络交易平台是否参与交易分类

1. 网络交易复合平台

网络交易复合平台既是平台提供商又是网络交易经营者，在平

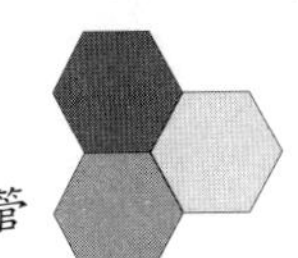

台上主要有单一的供应商和众多消费者两方。这种模式下，平台提供商或是扮演买方角色或是卖方角色。目前已有众多企业建立了自己的B2C交易平台，如华为、小米等IT企业。

2. 网络交易单一平台

平台提供商为没有能力自建网络交易平台的企业或是个人提供一个交易或发布信息的平台，按照买卖双方的协议向他们提供相应的信息与服务，而并不参与平台上买卖双方的实际交易。这种模式的平台有买卖双方和平台提供商三个主体。这类平台较为著名的有淘宝、当当等。

（二）根据网络交易平台的控制主体分类

根据网络交易平台控制主体的不同可以把网络交易平台分为买方主导的网络交易平台、卖方主导的网络交易平台、中立的网络交易平台。

1. 买方主导的网络交易平台

由一个或多个购买方设立的，也称电子采购平台，该平台主要向买方倾斜，买方一般拥有更多的市场权力和价值。在这类市场中，一般都有相应的中介，也不排除少数个别买主单独创立平台，例如政府采购平台等。一般情况下由多个公司整合经营以增加这些公司的集体购买力。

2. 卖方主导的网络交易平台

这类平台一般都是由卖方建立，通过该平台拉拢消费者进行消费，平台的目的在于占据市场主动权以及创造保留商品价值。例如万维网站，购买者能够通过设置路由器来查看交货期、装运和订货等状况，同时能够与相关技术专家交流意见。

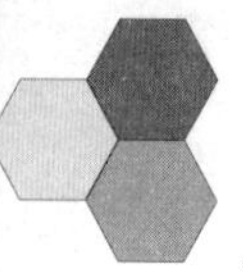

3. 中立主导的网络交易平台

该类交易平台一般由第三方中介创立，是一个中立的市场，它建立的目的是协调网络购买者以及网络销售者。在交易的过程中，各方参与者都可获利，购买者能够拿到更便宜的商品，销售者也会因为少去部分经营成本而获得更高的利润。

（三）根据网络交易平台的结构分类

网络交易平台按照结构的不同可以划分为垂直型和水平型两种：垂直型网络交易平台是为某个特定的行业服务的，目的是汇集行业内部的供给与需求，其优势在于产品的专业性和互补性；水平型网络交易平台是为不同行业和不同类型的企业进行产品或服务的交易服务的，其优势在于产品的宽带。

（四）根据网络交易平台的价格形成机制分类

将网络交易平台的价格形成机制分为两类：拍卖模式和目录模式。

拍卖模式中，价格的决定是一个动态的竞价过程。以反向拍卖为例，当买方与卖方进行要约竞争时，这一过程通常会使得产品价格朝更低的方向发展。这一过程的效率更高，价格合理，并且能够节约交易双方复杂的交易谈判。

目录模式则和拍卖模式有一定的不同，目录模式也是目前运用得最广泛、最简单的一种交易模式。该模式运用于各类型电子商务交易中，它能够通过自身的目录系统向消费者提供一站式服务。消费者能够运用网站的搜索栏进行产品搜索以及价格对比，进而清晰明了地获取商品以及服务的信息。但是，这种模式也有其局限性，那就是采购时间紧迫、价格相对稳定、搜索成本高。

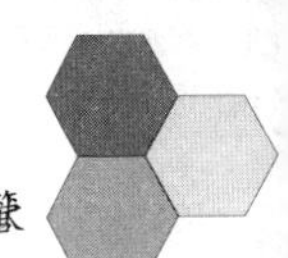

第三节　网络经营者

一、网络交易监管的对象

电子商务监管对象是各类网络交易市场、从事经营活动的各类网络交易市场参与主体及其市场行为与市场客体。顾名思义，电子商务监管的对象就是电子商务所依托的网络交易市场，从其构成要素来看，就是网络交易市场中的各类虚拟的交易场所、参与网络交易市场的各类市场经营主体及其市场进入、交易行为、竞争行为以及包括作为交易对象的交易客体。

网络商品经营者和网络服务经营者在中华人民共和国境内从事网络商品交易及有关服务行为，应当遵守中华人民共和国法律、法规的规定。监管对象则为各个省市范围内从事网络商品交易及有关服务行为的经营主体。主要是指通过网络销售商品的网络商品经营者和通过网络提供相关经营性服务的网络服务经营者，比如，提供网络交易平台服务的平台服务商。

二、网络商店经营者的种类与责任

（一）网络商店经营者的主体资格和法律地位

当前，我国网络商店、网络商城总体来说可以分为两类：一类主要提供商业和信息服务，它不提供任何商品，而是建立交易平台帮助买家与卖家进行交易，这一类网络商店的代表有淘宝等。另一类则是直接销售商品，这一类商店通过搭建平台来销售自己的商品，这一类网络商店的代表有当当网、京东网等。其中，第一类网络商

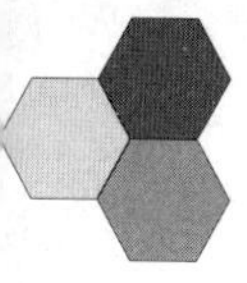

店的法律地位可以判断为提供服务的中介者，而第二类则属于真正的商品销售者。

当前，我国的各条法律法规都没有对网络经营者给出比较权威的定义，结合《消费者权益保护法》《产品质量法》以及《反不正当竞争法》等法规，根据实际情况，我们认定经营者是指在网络上以营利为目的而进行商品销售或者商业服务的法人、自然人以及其他组织。从这个定义不难看出，在网络上开设网店的经营者也是属于这个范畴的。在地位上，网络经营者与消费者都属于市场的主体，都具有法律主体资格。

（二）网络商店经营者的责任

目前，我国的网络商店经营者主要承担了产品质量、售后服务等责任。

《消费者权益保护法》作为维护消费者权益的一部法规，它也相应地规定了经营者的义务。该法规指出，对于直接在线销售商品的商家来说，当产品质量出现问题时，经营者应该依法处理消费者的退货、换货等问题，并适当赔偿消费者所遭受的损失。如果网站仅仅是提供交易平台，不直接参与到交易活动中，则只需要对自己所发布的信息负责，而不用对商品出现的问题负责。网络经营者分为两类：网络商品经营者和网络服务经营者。网络商品经营者主要以销售商品为主；网络服务经营者则主要以提供交易平台、商品信息服务为主。

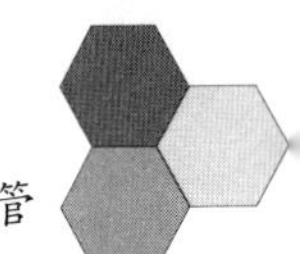

第四节　监管信息平台

随着互联网应用普及，网络交易作为互联网产业中重要的组成部分，也在不断地完善与发展。基于互联网的网络交易在发展中也呈现出与传统经济不同的特性，如广域性、时空分离性、虚拟性、瞬时性、及时性、共享性、稳定性、开放性、安全性、交互性等。同时，网络交易的优势也一样显而易见，它不但便于操作，没有时间、空间的限制，并且交易活动方便、快速等，但网络交易的这些特点也为不法分子所利用，使他们寻求到了新的作案途径与作案手段。网络交易违法行为普遍存在违法成本低、隐蔽性强、传播迅速、涉案地域广等特点，传统的监管手段很难对其进行有效的监管，如虚假广告、网络诈骗、域名争议等网络交易问题已经成了当下市场监督管理部门监管的重点和难点，不断增加的网络交易违法案件严重阻碍了网络交易的持续健康发展。

鉴于当下严峻的网络交易监管形势，全国一体的网络商品交易监管信息化平台的规划和筹建已经提上日程，该规划的主体思想是：建立国家的一体化网络监管系统，有针对性地解决网络交易违法行为技术含量高、隐蔽性强、查处难度大等特点，其中还提到了该项目的主要负责对象为国家市场监管总局，根据这个中心向各省级市场监督局进行平台的扩展，通过这些行动实现“以网管网”的目的，使得政府部门的监管效用大幅度提升。

在该项规划出来后不久，国家市场监管总局便开始进行网络商品交易监管信息化平台的建设工作。该系统平台的基本功能已经能够实现，并在多个省市开展了试点工作。与此同时，各市场监督局也

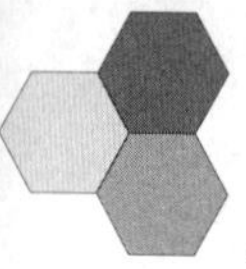

开发了各自的监管平台，积极有效地推进信息监管平台的建设。但是，要达到国家层面的平台与各地方平台之间的配合更加流畅，互动更具效率，则需要继续推进网络经营主体数据库的建设，只有通过数据库的完善，才能够更好地实现对网络商户以及消费者的有效监管，完成各项业务的互联互通以及数据交换任务。在建设的过程中，可以将重点聚集到大型购物网站，借助信息监管平台，加强对其的常规检查，消除不规范的条约，运用相应的法律法规对该类型网站进行相应的约束，防止违法行为的滋生。

第五节 市场主体监管效率及改进

一、信息共享对监管的效率分析

（一）监管主体间信息共享的价值

1. 网络经济市场监管主体的“多头”性要求信息共享

网络经济市场监管的主体是中央政府和行业协会，其中针对电子商务活动、互联网出版等网络经济活动进行监管的政府部门则涉及公安部、市场监督管理总局、国家广电总局等，而行业协会方面则涉及中国电子商务协会和中国互联网协会等，如此庞大的监管主体，对它们间行动的协调配合、共同实施监管的有效性和效率都提出了很高的要求。此外，我国政府针对互联网治理，也确立了政府主导、多方参与、高度协调、有效反馈的规制原则，进一步体现了监管过程中信息共享的价值。

信息共享是多部门主体间行动协调配合的前提，也是效率的保障。信息的有效沟通是保证多决策主体行动统一的基本要求，只有确保多主体间相关信息及时传递和反馈，才能使不同的决策主体依

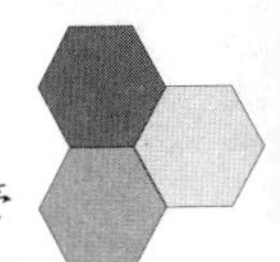

据其他主体的行为，在共同决策目标指引下，做出各自相应科学合理的决策调整，共同实现多主体间行动的协调和高效率。

此外，网络经济市场监管过程中，参与主体的各部门在不同领域，针对各自的监管对象行使各自的监管职能。虽然各个不同监管主体都有其自身的独特性，但也有一定的相关性和监管职能的交叉性，因此它们间信息的共享，可以让相关监管部门了解更多的监管信息，及时调整各自的行动，把握各自监管的核心，提高协同减少交叉重复工作，降低监管成本，提高监管效率。基于这一点考虑，多部门间信息的共享具有很高的价值。

2. 网络经济市场监管的复杂性和动态性要求信息共享

网络经济市场具有明显区别于传统经济市场的特点。一方面，由于互联网自身的特性，使得网络经济市场具有开放性、虚拟性、多样性和多元化的特征；另一方面，由于对网络经济市场监管的主体涉及多个部门，使得监管的复杂性进一步提升。因此，针对网络经济市场监管的特点，监管的有效性和效率成为网络经济市场监管的首要要求。

网络经济市场监管决策部门所面临的环境不是静态确定的环境，而是动态变化的不确定环境，这就给网络经济市场的监管主体部门带来了很大的挑战性，对监管主体的监管效率也提出了越来越高的要求。多个监管部门如何做到在动态的监管环境性下，及时调整并作出各自合理的监管决策，成为每一个网络经济市场监管部门所面临的问题。然而，我们都知道，信息是决策的基础，通过增加决策者信息的拥有量，可以有效改善决策主体的信息环境，从而提高决策主体的决策质量和效率。

因此，针对网络经济市场监管的复杂性和动态性，提高多个监

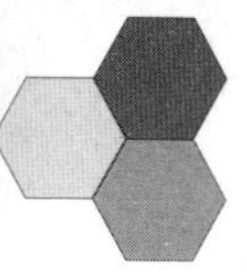

管部门间的信息共享，能够为监管部门及时发现问题、明确职责、准确把握并快速决策提供保证。

（二）激励主体间信息共享的分析

对网络经济市场监管现状的分析，得出信息共享对当前“多头”监管模式效率具有重要意义。为此，重点对影响当前网络经济市场“多头”监管信息共享的因素进行分析，构建我国网络经济市场监管多部门间信息共享的激励机制。

通过对当前网络经济市场监管各部门间监管信息共享现状的研究，我们可以归纳总结出五类制约部门间信息共享的因素。

1. 部门部分职责不清

由于网络经济市场的特殊性，使得对网络经济市场实施监管的部门众多，尤其是某些部门的监管领域又存在着交叉。因此，当某些新出现的问题不能被单独归为某一部门时，或者某些问题难以解决时，就会出现各部门之间都不愿意进行监管的情况。而这些部门职责不清的问题又往往与各部门间利益紧密联系，部门利益思想驱使，使得部门间缺乏合作文化，这些都给监管部门间信息共享造成了困难。因此，明确各监管部门的职责是实现部门间信息共享的前提和基础。

2. 信息共享平台和数据标准不统一

监管主体间实现信息有效高效共享的前提是信息共享平台和数据标准的统一。当前我国各政府部门和行业协会大多都建立有自己的信息数据库，但是由于许多政府部门在不同时期分散实施系统建设，导致系统在运行环境和数据标准等方面不一致，部门间有效信息共享受阻；而且又由于政府部门监管信息存在着不同等级的加密，使得其与行业协会之间的共享更加困难。

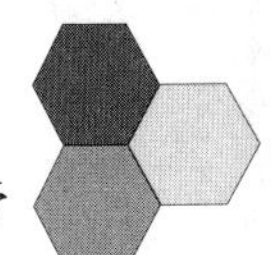

3. 部门利益化和功利主义

从本质上讲，监管信息的共享是对信息资源这一特殊无形物品产权的重新配置，而且任何监管信息共享都是有成本和收益的。因此，在理性人的假设下，实际上各部门也都是符合理性人假设的，那么各部门利益的冲突，就阻碍了信息在它们之间充分有效的共享。

4. 信息的成本和补偿标准及方式的确定

在信息时代，信息的收集、处理、存储和共享都是有成本的，然而这种成本的度量标准却很难确定。基于部门本身利益的考虑，当各部门预期到自己提供信息的努力无法得到应有的补偿时，便失去了提供信息共享的动力。

5. 法律因素

法律上的规定也具有较强的强制性和一定的稳定性，因而可以使得各主体间持续进行有效的信息共享，减少其他外在因素对其的干扰。因此，有必要从法律层面对相关监管共享信息给予明确的界定，有效推动网络经济市场监管各主体间监管信息的有效共享。

二、网络经济市场主体监管机制改进

网络经济市场“多头”监管模式最重要的两个变化就是，在政府部门间和行业协会之间都建立了信息共享平台，而且在两平台之间激励它们实现监管信息共享；同时对政府监管过程中存在职责交叉的监管领域进行职责明确，这个主要依靠法律法规等的强制力量来实现，尤其是相关政府部门出台的“定机构、定职能、定编制”方案也都反映了这一点，它们大多都对部门机构进行了整合，同时对相关职责等也做了更多的明确说明，机构设置合理性和职责确立更上了一个台阶。

网络经济市场监管“多头”监管模式的改进，主要是基于对监

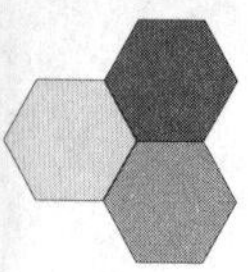

管效率有重要影响的两个因素来进行的，因此，通过这种改进可以有效解决网络经济市场监管过程中“多头”监管存在的监管效率不高的问题，对于创新网络经济监管方式，提升网络经济市场监管效率具有重要的价值和意义。

第九章　网络经济与企业税收法律制度的完善

第一节　网络经济对税收理论与税收实务的挑战

网络应用于商业之初，仅仅是电子技术的应用，缺少现代元素。真正意义上的网络经济的出现，则是二十世纪九十年代的事情。计算机与网络技术广泛应用于商业之中，并迅速向各非商业领域渗透，如政务、教学和医疗活动当中。

网络经济活动给现行税收法律带来诸多影响，产生一些传统税收法制不能解决的难题。网络交易完全通过虚拟的网络环境进行，其交易对象和交易模式的变化使其课税对象无法按传统税收界定，传统税法理论及其原则已无法适用。在网络经济中，由于课税对象的不确定性，势必导致纳税人、纳税地点、纳税环节等税法要素也具有了相应的不确定性。如在虚拟的网络交易当中，任何人都可以成为网络交易的主体，但是这些交易主体在网络中可以隐匿自己的姓名、身份、居住地等，使税务部门无从确定纳税人。再如传统的税法当中所界定的税收属地管辖，由于网络无国界，所以无法判断和确认交易者该在哪个国家纳税。

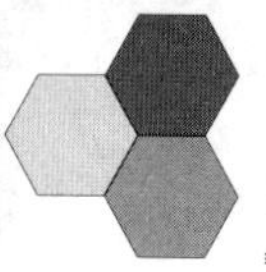

一、网络经济对传统税法理论的挑战

（一）网络经济对税法原则的影响

税法原则是制定税收政策和设计税收制度的指导思想，一经确定，就成为一定时期内一个国家据以制定、修改和贯彻执行税收法令制度的准则。通行观点认为，我国现行税法的基本原则包括税收中性原则、税收法定原则、税收公平原则和税收效率原则。而网络交易的虚拟性、高技术性动摇了传统税法存在的实践基础，使税法原则受到不同程度的冲击。

首先是网络交易对税收法定原则的冲击。税收法定是税法的最高法律原则，它是民主和法治原则等现代宪法原则在税法上的体现。税收法定原则一般包括：税收要素法定原则、税收要素明确原则、征税合法性原则。税收法定原则的基本要求就是税收的征纳必须有法律明确的规定，没有法律的明确规定不得进行征纳。在我国，无论理论界还是实务界，都认为必须对网络交易征税。我国的网络交易税收问题处于一种积极探索和完善中。

其次是网络交易对税收公平原则的冲击。税收公平原则包括普遍征税和平等征税两个方面。普遍征税要求在税收管辖权之内的所有具有纳税能力的人都应毫无例外地纳税；平等征税要求国家征税的比例或数额与纳税人的负担能力相称。网络交易作为一种商业贸易形式，与传统贸易没有本质的区别。但现行税制是以有形贸易为基础的，税法中对网络交易征税的内容有待完善，一些从事网络交易的纳税人可以找到一些逃避纳税义务的途径，所以，现行税制往往会因没有对网络交易征税的合法依据和有效手段而出现税负不公的问题。

再次是对税收效率原则的冲击。税收效率原则要求在税务行政方面减少费用支出，尽可能减少税务支出占税收收入的比重。而在

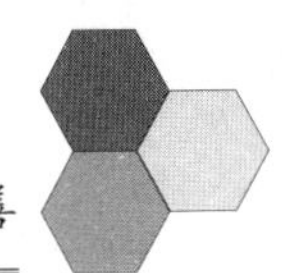

网络交易中，交易结构性的变化会使原来面对这些中间环节征税的税收征管格局发生结构性的变化，使得原来从中间商及代扣代缴人取得的税收，变成要向广大的网上交易者及消费者征收税金，目前的税收征管手段还无法实现这一要求，必须建立基于互联网的新征管体系。这一体系的建立需要大量人力、物力、财力的支持以及各个政府部门的统筹合作，税收成本的提高是不可避免的，从而影响了税收征收效率和增加了税收征收成本。

（二）网络交易对税法要素的影响

由于网络交易是以无形方式在虚拟市场中进行的交易活动，其无纸化操作的快捷性、交易参与者的流动性等特点，使纳税主体、客体、纳税环节以及纳税地点等按照传统税法进行界定存在困难。

1. 网络交易带来纳税主体的不确定性

纳税人又称纳税义务人，是指税法上规定的负有直接纳税义务的单位和个人，包括自然人和法人。传统税制规定，凡从事商务活动的单位和个人，都要办理税务登记。税法要解决对谁征税的问题，也就是纳税义务由谁来完成的问题。我国的增值税、所得税等各税种，都对纳税主体的范围进行规定，确定纳税主体比较容易。而网络交易中，由于网络对所有交易主体都是开放的，任何人都可以成为交易主体；传统的中介人、中介环节不复存在，交易双方可以隐匿姓名、居住地等，造成网络交易下的纳税主体呈现多样化、模糊化和边缘化，具有不确定性。

2. 网络交易中课税对象的变化

课税对象又称税收客体，它是指税法规定的征税的目的物，是征税的根据，也是一种税区别于另一种税的主要标志。所以，在税收制度的构成要素中，课税对象是一个核心问题。

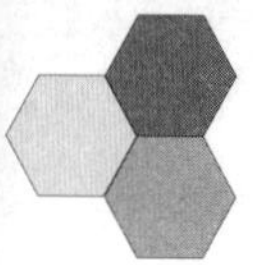

现有国际税收协定和多数国家税法以课税对象性质不同，分别进行不同种类、不同类型的税收。网络交易由于交易形式与交易内容的变化，使网络交易中有形商品交易与无形商品交易的性质按现行标准来衡量很难界定，进而导致网络交易中的课税对象性质难以划分。因为网络交易中，交易商可以将原先以有形资产形式表现的商品转变为以数字形式来提供，从而规避所得税的缴纳。面对这种以数字形式提供的数据和信息的交易，税务部门无法准确按原有税法将其作为提供劳务还是销售产品确定其所得适用的税种和税率。

3. 网络交易使纳税地点的确认失去基础

纳税义务发生地的确定，是实施税收管辖的重要前提。现行税法规定的纳税地点主要包括机构所在地、经济活动发生地、财产所在地、报关地等。在目前网络交易中主要涉及买方所在地、服务器所在地、网络服务商所在地、卖方所在地等，它们一般都处在不同的地方，而且行政划分很可能也不同。网络交易的无国界性和无地域性特点，导致无法确定贸易的供应地和消费地，常设机构的概念变得模糊，从而无法正确行使税收管辖权，使传统纳税地点变得难以确定，从而使偷漏税及重复征税行为的发生难以避免。

4. 网络交易中传统纳税环节难以适用

现行税法对纳税环节的规定是基于有形商品流通过程和经营业务活动，主要适用于对流转税的征税，而在网络交易中，由于对交易对象不易认定，因而原有的纳税环节难以适用。

在传统交易中，商品要经历生产、批发、零售和进出口等环节才能从生产者到消费者手中，纳税环节就是要解决在哪些环节征税的问题。它关系到税收由谁负担，税款是否及时足额入库以及纳税是否便利等问题。网络交易简化了传统商品流转过程的多个环节，

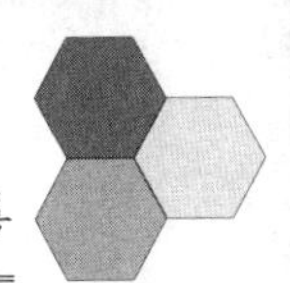

往往是从生产者直接到消费者，中介环节的消失导致相应的课税点消失，加重了税收流失的现象，其中以流转税为甚。

课税对象，指征税的目的物，规定对什么征税。课税对象作为税收法律制度的核心构成要素，表明国家征税的具体界限，是区分不同税种的主要标志，也是决定税收属性的主要依据。网络经济中，虚拟的数字化产品与服务对传统课税对象划分方式提出挑战，并对税收征管产生影响。

因此，由于网络经济环境下的交易对象的数字化，导致了征税对象性质认定上的困难，并进一步引发了税法使用上的不确定性。在网络经济中，增值税、关税和印花税课税对象与征收方式的变化极具代表性。

二、网络经济对我国现行增值税的影响

增值税是以商品和劳务价值中的增值额为课税对象而征收的一种流转税，为世界各国普遍采用，也是我国税制结构中居首位的主体税种。二十一世纪初期，经国务院批准，财政部、国家税务总局联合下发营业税改增值税试点方案，之后“营改增”范围推广到全国试行。

《中华人民共和国增值税暂行条例》规定，在我国境内销售货物或者提供加工、修理修配劳务，以及进口货物的单位和个人为增值税的纳税义务人，其课税对象为销售货物或者提供加工、修理修配劳务而产生的增值额。在间接网络经济交易情况下，使用现时增值税规定毫无疑问，而在直接网络经济交易情况下，对无形的数字化商品是否征收增值税以及如何征收却难以套用现行税法。这样，纳税人在网络经济情况下销售产品和提供劳务的界限就变得十分模糊。而在税务处理中，交易性质的不同，适用的税种和税率也会不同，

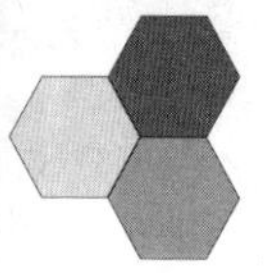

对交易性质的认定更是直接影响到税种的应用及税负的大小。

三、网络经济对我国现行关税的影响

关税本是指进出口商品经过一国关境时，由政府所设置的海关向进出口商所征收的一种流转税。简而言之，关税是对进出口一国边境的货物和物品征税，属于间接税。

传统的关税制度是以属地原则和属人原则为基础建立起来的，征税和行使征税管理的传统依据是通过能够控制的要素来确定的。但在网络经济中，由于虚拟化的交易方式和数字化、无形性产品的出现，使纳税主体复杂化、边缘化和模糊化，具有不确定性。网络经济中跨地区、跨国界交易的发生概率加大，数字化产品无须经过传统国界，即可进入他国，所有这些，最终弱化了属地管辖权。如果全球网上贸易实行零关税，那么发展中国家的关税堤防将不攻自破。随着在线交易数量逐年增大，大量数字化产品会以在线交易方式通过网络从国外进入国内，目前，尽管国际上普遍认同对在互联网上完成的在线交易免征关税，但网络经济对我国现行关税课税对象的影响将使网络经济对我国关税税收的影响逐步增大。

四、网络经济对我国现行印花税的影响

印花税是以经济活动中签立的各种合同、产权转移书据、营业账簿、权利许可证照等应税凭证文件为对象所课征的税。这里的应税凭证文件原指书面文件，但在网络经济中，由于数据电文与电子签名被承认与书面文件功能等同，所以，导致许多新形式应税凭证文件的产生。

（一）电子合同

网络经济中由于交易方式的变化，导致人们的行为发生变化，

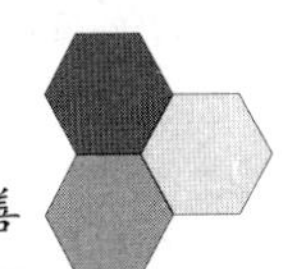

企业在和客户建立了稳定关系的基础上，为提高业务洽谈的效率，并应客户的要求，在经济活动中改变了传统做法，不再和绝大部分客户签订书面购销合同，而是以互联网为平台，通过数据电文来订立合同。电子合同因其载体和操作过程与传统书面合同不同，具有以下特点：一是书立合同的双方或多方在网络上运作，可以互不见面。合同内容等信息记录在计算机或磁盘中介载体中，其修改、流转、存储等过程均在计算机内进行。二是表示合同生效的传统签字盖章方式被数字签名（即电子签名）所代替。三是电子合同的生效地点为收件人的主营业地；没有营业地的，其经常居住地为合同成立的地点。四是电子合同所依靠的电子数据具有易消失性和易改动性。电子数据以磁性介质保存，是无形物，改动、伪造不易留痕迹。电子合同虽然形式上具有不同于传统纸质书面合同的特点，但其性质和意义并没有发生改变，仍然是为了规范交易，确定交易方各自的权利和义务，以保证经济交往迅捷正常地进行，功能仍等同于书面凭证，因此，电子合同仍然是印花税的课税对象。

（二）电子营业账簿

随着企业中ERP（企业资源计划）的不断推进和会计电算化的日益成熟，财务网上处理已经成为必然趋势。在网络经济中主要采取的是会计软件记账、核算收入，产生的账簿和凭证是以网络数字信息的形式存在的，没有传统的纸质账本。

（三）网络营业执照、许可证

随着网络经济的不断发展，网上开店已经成为商家首选。为了保证交易的真实性与合法性，网上经营者必须取得由市场监督管理部门颁发的营业执照或经营特许权证照。而这些网上商店多数不具有实体性，且多数网络消费者也不可能再沿用传统的方式鉴定网店

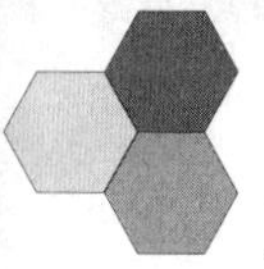

或经营许可的真实性与合法性，所以其工商执照只能采用数字方式或电子方式，悬挂于网上商店之中。

网络经济的数字化、无纸化交易将传统交易方式下的合同、凭证隐匿于无形，印花税原有的课税对象——合同、账簿、产权转移书据、结算凭证等的存在形式发生改变。网络经济的出现使印花税的征收由于法律的缺失，造成税款的大量流失。

第二节 网络经济课税对象概述与界定

由于交易模式与交易环境的巨大变化，在网络经济中出现了新型的交易对象，对这些新型的交易对象是否课税，如何课税，都需要从法律角度对网络经济的课税对象予以重新解释与界定。

一、网络经济中新型的交易对象

（一）传统税法中课税对象的表现方式

其一，以流转额为课税对象。这类税法的特点是与商品生产、流通、消费有密切联系。对什么商品征税和税率的具体适用对商品经济活动都有直接的影响。传统税法中以流转额为课税对象的主要包括增值税、营业税、消费税、关税等税法。

其二，以所得额为课税对象。以所得额为课税对象的特点是可以直接调节纳税人收入，发挥其公平税负、调整分配关系的作用，在传统税法中主要包括企业所得税、个人所得税等。

其三，以财产和行为为课税对象。其主要是对财产的价值或某种行为课税。传统税法中主要包括房产税、印花税等税法。

其四，以自然资源为课税对象。主要是为保护和合理使用国家自然资源而课征的税。我国现行的资源税、城镇土地使用税等税种

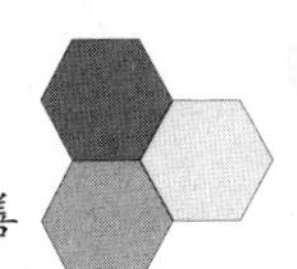

均属于对资源课税的范畴。

（二）网络经济改变了原有课税对象的形态

网络经济交易内容的变化主要表现在网络经济商品的表现形态、网络经济的交易模式和网络经济中的财产方面。网络经济具有的数字化特征，使得许多传统的商品交易变成了数字化信息的交易，这在一定程度上改变了产品的性质，使商品、劳务和特许权难以区分；网络经济交易活动不是在传统的物理交易场所进行的，而是在虚拟的交易场所（网上商店）进行，买者与卖者互不谋面直接进行交易，减少了商务活动的中间环节，提高了交易效率；虚拟财产作为网络空间中虚拟社会的产物，产生于网络空间却已蔓延进入真实社会层面，不仅在整个现实社会具有不容忽视的重要地位，而且已经成为一类全新的财产，已无法纳入传统财产的范畴。

网络经济改变了原有课税对象的形态，使现行税法的相关内容受到冲击。网络经济的出现，改变了产品的流转方式，使以有形货物方式存在的商品可以转化为以数字形式存在，使交易商品与劳务转化为信息流，并通过网络来传递，这就改变了传统所得、传统财产的形式，而且网络经济产生了新的信息资源，这些都导致传统的税法以不敷使用。例如，原来以有形商品形式出现的书籍、报刊和软件等，现在都可以数字化的信息形式从互联网上直接下载使用，还可以通过复制方式进行传播，其性质是提供商品还是提供服务或特许权使用，界限模糊。由此而获得的所得缴纳的所得税，应视为生产经营所得，还是提供劳务或特许权使用费所得，其标准也很难确定。

二、网络经济交易模式与网络经济课税对象界定的关系

网络经济的出现改变了传统商品交易模式中物流、资金流与信

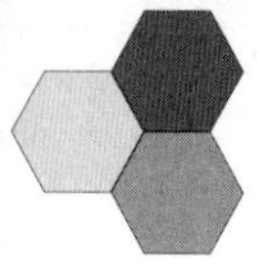

息流之间的关系，形成了新的交易模式，是界定网络经济课税对象，进而确定对网络经济的交易行为是否征税、如何征税的前提。所以，按照物流、资金流与信息流在网络中完成环节的不同，网络经济可以分为直接网络经济和间接网络经济。

在直接网络经济状况下，交易过程全部实现了网络化，使物流、资金流与信息流合为一体，同步在网络中完成。其交易的产品具有数字化、无形性的特征。所以在课税对象的认定上无法再采用传统的方法进行。直接网络经济中出现了新的课税对象。

而间接网络经济则无法完成物流、资金流与信息流同步化，其具体包括两种情形：一是只有资金流与信息流在网络中交易完成，而物流活动则必须通过传统的物流渠道来完成，在网络中只有商品信息的传递与资金的传递；二是只有信息流在网络中传递，网络只起到了宣传作用。从中不难看出，间接网络经济未脱离传统的交易模式，通过网络只能完成部分交易过程，其课税对象仍是物与行为。

直接网络经济改变了传统的交易模式，尤其是物流传递方式发生改变，使物流（含服务与劳务）与信息流合为一体。但是，是否应该对网络中所有信息都应该课税呢？网络是信息的海洋，并非所有的信息都与商业有关。即便是与商业有关，也不应不加区分地定为交易对象与课税对象。所以，在研究网络经济课税对象时应只将有价值的商业信息列入其中，即网络商品和网络商品信息。

网络商品是指网络上用于交换的劳动产品，既包括实物商品、劳务，也包括网络信息商品，网络信息商品是指依托网络所进行的各种信息商品和服务，包括网络信息商品、在线服务和其他网络劳务；而网络商品信息是指所有在网络空间传递的商品信息，即包括网络信息商品信息，又包括传统商品信息，还包括其他网络商品信息，

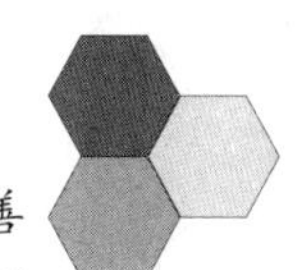

其只是信息的传递方式之一。

三、现行网络经济模式征税方案及评价

为了解决网络经济给税收带来的难题，各国纷纷提出自己的网络经济税收解决方案，大致分为以下几种类型：免税型、征税型和“比特税”方案。

为了保护这一新兴商务交易模式，以美国为代表的一些发达国家认为现在对网络经济征税时机尚未成熟，免税是最佳方案。网络经济最初源于美国，早在二十世纪末期美国政府就在《全球网络经济框架》报告中，明确表示对网络经济免税，宣布在互联网为免税区，对于诸如软件、网络信息服务和其他服务及以电子出版物无实体物品流动的商品，以网络经济模式通过网络完成交易的，一律免税。这主要是针对无形商品而言的。对于传统的完成商品交易的，但实体商品必须依赖于传统物流渠道的，仍按传统的方式进行征税。

以经济合作与发展组织（OECD）和欧盟为代表的组织多次讨论了对网络经济征税的方案。经济合作与发展组织在二十世纪末期于加拿大的渥太华讨论并签署《网络经济税收框架条件》等网络经济涉税问题的文件，其后，又陆续制定颁布了《网络经济税收框架》《网络经济税收框架执行报告》等文件。OECD 充分考虑了对网络经济免税的不利因素，提出在保证税收中性的前提下，区分数字化产品与传统商品，在现行税制下对网络经济征税，并不考虑对网络经济新设税种。由于网上交易的日益频繁，网络经济已成为获利最快，成本最低的商业模式。由于新的课税对象的出现，严重干扰了欧盟原有增值税税收，欧盟通过并在成员国实施征收网络经济增值税的法令。这是在全球范围内首次课征网络经济增值税的法令，该法令明确提出网络经济增值税课税对象为非欧盟企业面向欧盟个人消费者

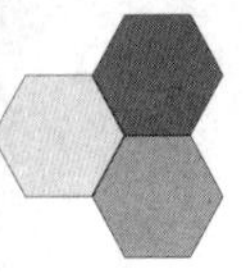

提供的直接网络经济所取得的收入。征税范围涉及信息、文化、艺术、体育、科学、教育、娱乐领域，包括软件、计算机游戏和计算机服务（包括网络集成、网络设计和类似服务）和电子方式提供的服务两大类。纳税人为向欧盟个人消费者提供直接网络经济的非欧盟企业。

严格地说，“比特税”也是征税型的一种，但由于它突破传统课税对象的模式，故而将其单独列示。“比特”即字节，是信息传输的基本计量单位。“比特税”方案是对网络经济交易中的无形商品，按照比特进行计量，并征收相应税收的一种方法。如对数据网络传输、网络收集、下载等，其中也包括音频和视频及图像的传输。因为，网络中数据海量，是庞大的、稳固的课税源泉。

“比特税”是针对网络商业而提出的，其目的在于增加政府的课税源泉，否则将有人借此方法进行避税，造成税源的流失。但该方案一经提出，就备受争议。

“比特税”方案的优点：它是一种新的税收解决方案，为网络经济征税提出了有益的、建设性的方案，同时规避了借网络经济进行避税的可能性。

对“比特税”方案持赞同态度的人认为：“比特税”方案符合信息时代税基的基本特征。在网络经济模式下，传统的税收基础已无法适应征税客体的变化，为此，必须对传统的税收基础加以改变，“比特税”方案提出的按“字节”课税是最简洁和最符合逻辑的。“比特税”方案符合数据信息的传输特性。“比特税”是通过对网络中数据信息的传递进行征税。与传统税法中按商品的流转、所得、行为和财产进行征税相比，“比特税”则是对传统税收的彻底改变，这符合信息流的本质，即符合数据信息的传输特性。“比特税”方案符合信息时代集约型网络发展的需要。“比特税”方案的实施，

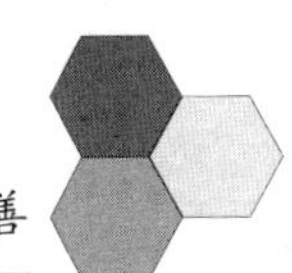

必将改变人们浪费网络资源的现状，如无节制地上传、下载各类信息，造成的网络污染与信息拥堵。为此，作为网络经济的税基“比特税”具有合理性。此外，“比特税”方案简便易行，操作简单，适用广泛，为此，得到很多人的拥护。

但是，人们更多的注意力在于它的缺点。反对“比特税”方案的人多持以下观点：①未区分商业与非商业信息。由于比特税根据的是网络中数据信息的流量来进行课征，但在线交易数据流量与其他数字通信数据信息是无差别的，所以“比特税”方案对信息的性质没有做出、也不可能做出必要的区分，这就导致对非商业数据信息的不公平征税，特别是对数字通信业的打击将是毁灭性的。“比特税”方案没有考虑到数据信息的商业性与非商业性的区别对待问题。②未按照网络经济中数据信息价值征税。即便是对所有的商业数据信息征税，“比特税”方案也难以实施，因为商品的价值高低各有不同，对各种商业数据信息均采用统一标准征税也是不科学的。比如，有的软件产品可能只有几十兆字节，但是其具有专门的实用性，单位价值极高；而有的软件有几千兆字节，但价格极低。对二者均按字节征税显然没有道理，这违背了税法中的实质课税原则。所以，“比特税”方案没有考虑到网络经济中无形商品的价值并对其按价格征税问题。

未考虑到对数据信息征税的技术性难题。在现行数据流量计量的技术手段下，商业数据信息的计量已成为新难题。如软件或其他数据的下载遭遇诸如断电、下载后数据信息不可用、下载错误等问题，应如何计费。数据信息量的统计应考虑该问题。如果不计费，可能就会导致有人借此来偷逃税款；如果计税，则对消费者显属不公平。

人们对“比特税”方案颇有争议。鉴于此，应充分考虑“比特

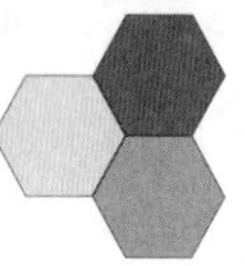

税”方案的优点，借鉴其合理成分，并考虑到批评者的意见，对“比特税”方案加以适当改造，如提高技术手段，准确计量数据信息流量，区分商业数据信息和非商业数据信息，并考虑数据信息的价值等，以实现网络时代数据信息商品的可税性。

第三节 网络经济涉税者权利的法律保护

网络经济作为一种新型的交易模式，改变了传统税法界定纳税主体的标准，使网络经济纳税主体的权利保护出现困境。网络经济纳税主体的合理界定需要以网络经济征税客体的明确化、网络经济纳税主体的法定化和网络经济课征新税的合理化为基本前提。网络经济纳税主体应享有依法纳税的权利、平等权、知情权与隐私保护权以及获得技术支持的权利。

一、网络经济纳税主体的界定与权利保护的现状及原因

网络经济是依托网络进行货物贸易和服务交易，并提供相关服务的商业形态。由于立法的滞后性及税收实践中缺乏有效的保护手段，网络经济纳税主体的认定及其权利保护陷入困境。

网络经济纳税主体在认定及权利保护方面出现困境主要是因为在网络状态下，原有税法以收入、行为和财产为征收客体的认定标准已无法适用，一是现行税制对商品、劳务、特许权等概念的界定已不适用于网络经济，无法对网络经济中新出现的数字化信息产品与劳务进行课税，原有各税种的征税客体也发生变化；二是由于网络经济交易的虚拟性，对网络经济交易额进行征税无法适用现行的税务征收管理手段和方法；三是网络中出现了数字化、非物化形式

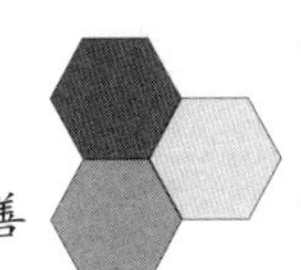

的虚拟财产。这些新的变化都使网络经济的征税客体出现不确定性，从而直接导致了纳税主体界定的困难。而且，在网络经济中，由于网络对所有交易主体都是开放的，任何人都可以成为交易主体，传统的中介人、中介环节不复存在，交易双方可以隐匿姓名、居住地等，也造成网络经济下的纳税主体呈现多样化、模糊化和边缘化，具有不确定性。

二、网络经济纳税主体的界定

网络经济纳税主体的不确定性使企业不愿意冒风险进行网络经济活动，也影响了国家的税收管理，所以，界定网络经济纳税主体是建立完善的网络经济税收法律制度和理顺整个税收体制的关键。

（一）网络经济纳税主体界定的基本前提

网络经济纳税主体的合理界定需要以明确网络经济征税客体、实现网络经济纳税主体的法定化和对网络经济合理课征新税为基本前提。

1. 网络经济征税客体的明确化

征税客体是税法的最基本要素，也是确定纳税主体的前提。网络经济按物流、资金流与信息流在网络中完成环节的不同，可以分为间接网络经济和直接网络经济。

在间接网络经济模式下，由于未脱离传统的交易模式，通过网络只能完成部分交易过程，其课税对象仍是传统的物与行为，因此，纳税主体与传统税法对纳税主体的界定相同。

在直接网络经济模式下，由于交易过程全部实现了网络化，物流、资金流与信息流合为一体，同步在网络中完成，交易的商品具有数字化、无形性的性质，出现了新的课税对象，即网络信息商品已成为新的征税客体。在这种情况下，纳税主体的范围发生了变化。所以，网络经济征税客体的明确化是科学界定网络经济纳税主体的重要前提。

2. 网络经济纳税主体的法定化

现代社会是法治社会，网络经济纳税主体的界定需要以法律为依据。目前，需要根据网络经济发展的程度，首先制定行政法规、规章或地方性法规，对网络经济纳税主体进行初步界定，待条件成熟后制定全国通行的网络经济税收法律，合理界定在法律上具有纳税义务的单位和个人，将法律意义上的纳税义务人与实际负担纳税义务但不直接承担法定的纳税义务的负税人进行科学划分。

3. 网络经济课征新税的合理化

由于网络经济中网络信息商品的出现，使计税计量单位发生了变化，从而也使课税对象发生变化，进而影响到纳税主体的界定，所以，应将网络信息商品交易主体纳入纳税主体范围。此时既要考虑到网络信息商品的价值性，同时也要考虑到比特税的合理性。如果只对网络信息商品征收比特税，无法体现出网络信息商品的价值；如果只对其征收从价税，则无法体现出税收的公平性。所以，为了既符合税收原则，同时又能解决网络经济造成国家税收的大量流失问题，建议采取既征比特税又征从价税的方式来解决网络信息商品的征税问题。但是，毕竟网络经济是新生事物，在现阶段双重征税的前提是采用较轻的税率，比特税只是按照信息流量进行象征性征收，以便体现网络商品交易的可税性。

（二）网络经济纳税主体类型的界定

在网络经济交易模式下，纳税主体应划分为从事间接网络经济活动的纳税主体和从事直接网络经济活动的纳税主体。

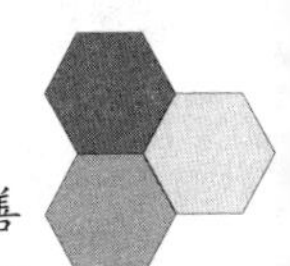

1. 从事间接网络经济活动的纳税主体

由于间接网络经济活动只是借助于网络完成信息流与资金流，而其物流活动仍需传统模式，即间接网络经济活动的网上交易与传统的交易只是在交易的形式上存在不同，其课税对象仍是传统的物与行为，因此，间接网络经济纳税主体与传统税法的规定相同。

2. 从事直接网络经济活动的纳税主体

直接网络经济模式下，出现了新的征税客体即网络信息商品，与网络信息商品交易相关人应为网络经济中出现的新纳税主体。由于网络信息商品的出现既征比特税又征从价税的双重征收，产生两个基本纳税主体：一是在网络经济交易中直接负有纳税义务的单位和个人即纳税人；二是在网络经济交易中负有代扣代缴、代收代缴税款义务的单位和个人即扣缴义务人，也就是直接网络经济模式中的网络信息平台。

三、网络经济纳税主体的权利范围

由于从事间接网络经济活动的纳税主体未脱离传统税法对其权利的界定，为此，网络经济纳税主体的权利是指从事直接网络经济活动的纳税主体的权利。具体包括：

（一）依法纳税的权利

网络经济中新的交易商品即网络信息商品以其无形性、数字化等特征而异于传统税法对征税客体的界定，所以无法适用于传统税法进行税收征收。按照税收法定主义原则，网络经济纳税主体行使缴纳义务只能在法律框架范围内进行，为了保证网络经济纳税主体的权利，凡法律未明确规定的纳税义务，网络经济纳税主体无纳税义务。如印花税，直到二十一世纪初财政部和国家税务总局才出台《关

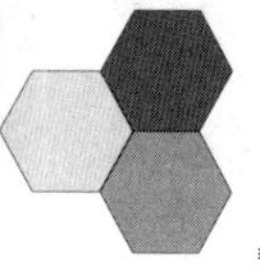

于印花税若干政策的通知》，明确了“对纳税人以电子形式签订的各类应税凭证按规定征收印花税”，在此之前发生的网上签订电子合同等行为，不缴纳印花税。

（二）平等权

网络经济纳税主体平等权包含两层含义：一是网络经济纳税主体应与传统纳税主体平等纳税；二是网络经济纳税主体之间平等纳税。

传统意义上的平等权即税法学中所说的税收公平原则，指具有相等纳税能力者应负担相等的税收，不同纳税能力者应负担不同的税收。在网络经济中应特别强调纳税主体的平等权。网络经济是新型的交易模式，其交易的无形性与无纸化给税收征管带来一定的难度，为此，在税法的制定与税收征管实践时，不应因为网络经济交易的征税客体难于确定和征收难度较大而对纳税主体给予歧视。网络经济纳税人享有与传统纳税人相同的权利，如享有申请减税及申请免税等权利，并与传统纳税人承担同样的税负负担。这是网络经济纳税主体平等享有纳税权利与履行相应义务的前提。同时，网络经济纳税主体还应与传统税法界定的纳税主体平等地享有生存权、参与权、监督权、救济权等。

另外，对于网络经济纳税主体之间税收负担分配必须以纳税主体的负担能力为基准，负担能力相同，税负相同，负担能力不同则税负不同。

（三）知情权与隐私保护权

税法中的知情权包含纳税主体享有主动全面了解、知晓所有税法相关规定的知情权和被告知与自身纳税义务有关的一切信息的告知权。在网络经济中，纳税主体有权以合法的技术手段或其他方式

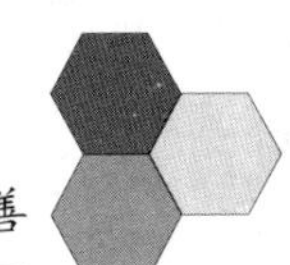

向税务机关了解国家税收法律、行政法规的规定以及与纳税程序有关的情况。

网络世界是信息开放的世界，为此，保护其纳税主体的隐私权不受侵犯显得尤为重要。在网络经济中，纳税主体在纳税相关信息中属于个人隐私和商业秘密范畴的部分，应该依法获得保护，纳税主体也有权要求税务机关采用相应的技术手段为其个人隐私和商业秘密予以合法保护，免受不法侵犯；同时，税务机关也有义务依法保护网络经济纳税主体的个人隐私和商业秘密，并在法律规定的范围内使用纳税主体的相关信息。

（四）获得技术支持的权利

网络经济是建立在以高科技为支撑的互联网基础之上，技术性为其主要特征。纳税主体在进行纳税处理时，不可避免地涉及技术问题。所以，在网络经济模式下，网络经济纳税主体有权要求税务部门保障自己相关技术设备的正常运行，并获得税务部门的技术支持与保障；税务机关也有义务确保网络系统的安全和稳定，并对网络纳税主体提供相应的培训与技术支持，以达到方便纳税主体纳税申报和缴纳税款，减轻纳税人负担，提高税收征管效率的目的。

四、网络经济中消费者涉税权利研究

网络经济的消费者是商品及服务税赋的主要承担者，因此，确立网络经济消费者在税收中的地位及保护其合法权利成为扩大税源、保障国家税收的重要前提。

（一）我国网络经济中消费者的涉税状况

按征税客体进行划分，我国现行税收包括所得税、流转税、财产行为税和资源税等。其中，直接向消费个体征收的只有个人所得税，

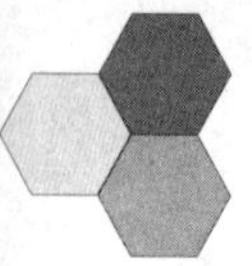

但是，其他税收无论由谁缴纳、如何缴纳，最终的主要承担者仍然是消费者。以商品消费为例，虽然消费者购买商品或接受服务时支付的价款并未显现出税收的内容，但是价款中的税收却是切实存在的。也就是说，价款中的增值税、消费税、印花税、资源税等近二十种税虽然并非由消费者直接缴纳，但最后这些税款纳入成本后也都是由消费者来承担的。可以说在我们的日常生活消费中，税收无时不有、无处不在。而且，在网络经济中，消费者除了负担传统税收以外，更有学者提出按网络流量征收的“比特税”。如果此方案一经采用，消费者使用网络购买数字化商品还需额外支付一笔税款。

因此，网络经济消费者为主要负税人是一个不争的事实。然而，作为主要负税人的网络经济消费者却未享有应有的纳税人权利，在诸多学者纷纷倡导保护纳税人的权利时，鲜有人提及作为负税人的消费者的权利。

（二）我国网络经济中的消费者与纳税人

按照现行税法，不论是传统交易还是网络经济交易，消费者都是主要的赋税承担者。传统税收囿于技术手段、人力和财力的限制，税收多采用间接征收的办法，税务部门多不与作为负税人的消费者发生联系，而由商品生产企业或服务提供单位缴纳，对于消费者的税收缴纳由其他单位进行代扣代缴，造成负税人和纳税人不一致的情况。但是，在网络经济时代，无论从理论层面还是技术层面，税务部门直接面对负税人征税已经成为可能。

从网络经济消费者涉税角度来看，我国网络经济税收可以分成两种。一种为所有交易过程均在互联网上完成，即信息流、物流和资金流等均通过互联网实现。该税收形态下，商品和劳务的计量是客观可靠的，网络经济消费者可以直接负担相应税收，并完成缴纳过程，

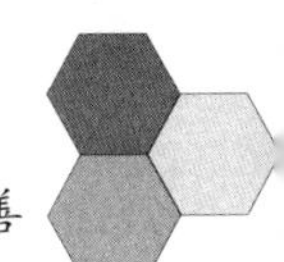

我们称为完全网络经济税收状态。另一种为信息流部分通过互联网进行，而资金或实物的传递必须借助于传统的渠道完成。该税收形态下，商品和劳务的计量必须依赖于传统税法，网络经济消费者负担的相应税收不可以直接缴纳，而仍需传统的税收模式完成缴纳过程，我们称为不完全网络经济税收状态。

在网络经济时代，以往的税收企业缴纳制和代扣代缴制将成为历史，由消费者直接通过网络进行完税已经成为可能。特别是有学者建议对原有的“比特税”方案加以适当改造，如提高技术手段，准确计量数据信息流量，区分商业数据信息和非商业数据信息，并考虑数据信息的价值等，实现网络时代数据信息商品的可税性。那么以后，网络经济中的消费者实际上就是网络经济交易的纳税人。

在完全网络经济与不完全网络经济两种不同的税收状态下，纳税人与负税人是不统一的，但是将来的发展趋势是不完全网络经济税收状态下的消费者也将成为纳税人，所以，网络经济时代的纳税人不仅仅包括直接缴纳税款的公民、法人或其他组织，还包括其他实际承担税赋的人（负税人）。

（三）网络经济中消费者涉税权利的内容及法律保护

正是基于对网络经济税收形态的划分，网络经济中的消费者实际就是网络经济交易的纳税人，因而，网络经济中消费者的涉税权利就是网络经济纳税人权利，具体包括：平等对待权、知情权、保密权、自主选择权、税收监督权和税收法律救济权。

平等对待权是由宪法所赋予的平等权延伸而来的。在完全网络经济税收状态下，所有消费者均为纳税人，那么，作为网络经济交易赋税的主要承担者，其平等权主要为：普遍适用税法，应对作为纳税人的网络经济消费者与传统交易方式的纳税人适用相同税法，

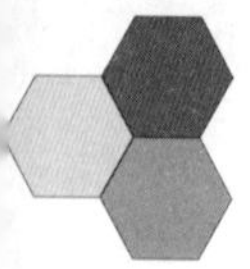

不能因消费者采用网络经济方式消费或传统方式消费而采取不同的税收法律进行税收征收，也不能因为消费者纳税数量的多少而进行区别对待；量能负担，所谓量能负担是指根据税收负担能力和从国家享有的服务的多少来进行税赋负担的核算，不能单纯考虑网络经济中消费者作为纳税人对商品的购买数量如何和购买规模的大小而决定承担的税收额度。

知情权是网络消费者重要权利之一。税收是公开化、透明化的，在完全网络经济税收状态下，因为网络经济消费者直接承担并缴纳赋税，网络经济消费者通过互联网购买物品时，知晓商品税赋情况后，才能做出购买决定，做出有利于自身的选择，这也是尊重纳税人的一种表现。因此，应当让纳税人知晓商品所承担的税赋是什么，是多少，并由谁缴纳等信息。具体应包括：该商品或服务的计税法律依据和计量标准、计算方法以及发生纳税纠纷的解决方法和救济途径等。

在网络交易中，消费者应该享有保密权。在网络经济时代，消费者作为纳税主体，其个人的私密材料应当作为隐私而受到保护。如果不是国家法律强制规定，这些信息一律不得对外公布。由于在网络时代，消费者的个人信息一旦泄露，将给网络经济消费者带来诸多不利影响。而在网络经济时代，纳税人是所有的消费者，其资料的保密任务尤为艰巨。除不进行公开外，税务部门还应当利用技术手段保障作为纳税人的消费者的数据安全，保证数据库数据安全，使其隐私不被泄露。

网络经济消费者有权自行选择纳税方式，既可以自行纳税，也可由商家进行代理纳税；既可以采用传统的纸质材料报税，也可以采用数据电文方式进行纳税申报。同时，网络经济消费者纳税时也享有申请延期申报权和申请延期缴纳税款权。网络经济消费者如选

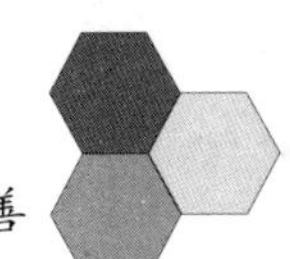

择由商家代为完税的，有权向网络商品经营者和网络服务经营者索要购货凭证或者服务单据，这些凭证或单据可以以电子化形式出具。法律应承认电子化的购物凭证或者服务单据，可以作为处理消费投诉的依据。同时，这些凭证和单据也是证明商家代网络经济消费者完税的凭证。所以，自主选择权是网络消费者的重要权利。

作为纳税人，网络经济中的消费者有税收监督权。在完全网络经济税收状态下，所有消费者都是纳税主体，直接面对税收的征收和缴纳，这对税务部门是一个严峻的挑战。为了减少错误和误差，网络经济消费者应对每一涉及自身的或他人的税收进行核查和监督。如果发现错弊及时举报和纠正。

在完全网络经济税收状态下，如果网络经济消费者与税务部门或商家发生纳税争议时，必须有寻求救济的途径，即法律救济权。如果是和商家发生纳税纠纷，如商家未履行税赋由谁来负担的告知义务而产生的争议，应由税务部门裁定，当事人对裁定不服的，有权到法院进行民事诉讼。如与税务部门发生争议，可按照相关法律规定，有权要求进行行政复议，对于复议结果不满意的，有权向人民法院提起行政诉讼。

基于消费者在网络经济中的重要地位，对其权利的保护是至关重要的。由于对作为赋税人的网络经济消费者的保护程度直接关系我国网络经济的发展，所以，我国应该建立完善的网络经济消费者的权利保护法律体系，切实保护网络经济中消费者作为纳税人的权利。

五、网络经济纳税主体权利保护的法律建议

由于网络经济是新兴行业，法律的制定具有一定的滞后性，国内外鲜有专门法规对网络经济纳税主体进行界定并对其合法权益加以保护。但随着网络经济的发展，对网络经济纳税主体进行合理界

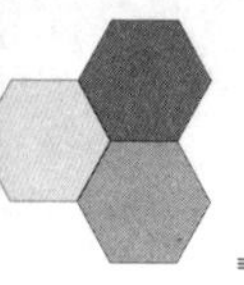

定并对其权利进行保护已显得尤为紧迫。建议从以下几方面完善相应的税收法律制度：

（一）加快制定和完善税收基本法

应以税收基本法的形式明确保障网络经济纳税主体的合法权益，并将网络经济纳税主体依法纳税的平等权等一系列基本权利予以细化。

（二）制定网络经济纳税人权利的专门法律

由于网络经济的特殊性，在网络经济税收立法中，应制定专门的“纳税人权利”方面的法规，明确网络经济纳税人应享有的权利。

（三）增强纳税人的权利意识

通过司法手段加强对网络经济纳税人权利的保护是法治社会的基本手段，但从目前我国的税务司法实践看，在这方面还有所欠缺，如网络经济纳税人的权利意识差，对税务纠纷提起诉讼的比例很低，并且我国还没有建立专门的网络经济税务司法机制等，这对网络经济纳税人的权利保护非常不利，所以，应增强纳税人的权利意识，在网络经济纳税征管中切实落实纳税人权利保护机制，进而促进网络经济的健康发展。

第四节　网络交易税收法律体系的建立与完善

对于网络经济税收立法，许多国家在立法过程中都曾经出现过激烈的争论。甚至有人认为，对网络经济税收立法就是对网络经济发展的束缚。但多数学者认为，网络经济税收立法的根本目的不是约束网络经济，而是保障网络经济的发展，让所有网络交易的纳税人能够预见其交易行为的法律后果，使合法的交易行为得到法律的

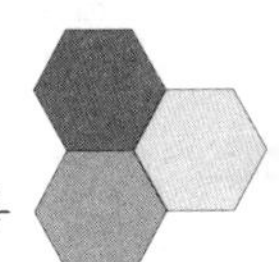

保护。

为此，国家税务总局明确表示，拟从确立完整的纳税人权利体系建立网络经济的税收征管法律框架、健全法律责任制度、完善税收征管程序制度设计、对行政协助设置相应的法律责任规定以及科学界定税收管辖权等方面入手，争取立法机关和有关部门的支持，积极推进税收征管法的修订与完善。

随着网络经济活动的发展，网络经济税收法制必然成为税法中的重要组成部分，制定新的与网络经济相适应的税法已经势在必行。并且网络经济中出现新的网络信息商品，再采用传统的税收法律法规，显然已是不适用的，为此应制定新的网络经济网络信息商品税，并制定相关实施细则。

在网络经济交易中，原有税法的部分内容已不能满足需要，为此，对该部分应加以修订，增加涉税网络经济部分，完善网络经济涉税程序法与实体法，使网络经济主体的权利得以充分保障，其义务得以顺利完成。

一、网络交易税收基本法的制定

税收基本法作为统帅各单行税收法律、法规的母法，是介于宪法和各单行税法之间的一部法律，主要规定税收的基本法律制度和原则，是税收法律中的上位法，对各单行税法的制定具有统领和指导作用。

我国的税收基本法尚未出台，所以，在制定税收基本法时，应考虑网络经济税收的定义、功能、税收法律制度的基本原则、税收法律关系中当事人的权利义务等内容，使税收基本法适应网络经济这一新兴经济形式的需要。

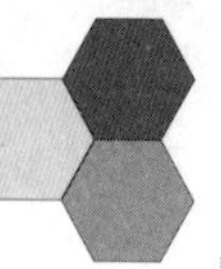

二、网络交易税收实体法的修订与制定

根据网络经济税收的基本原则和网络经济发展的实际情况，应对网络经济开征新税，并对原有实体税法加以调整、改造，修订与网络经济有关的税法，如增值税、关税和印花税等，重新构建适应网络经济发展需要的全新税法体系。

（一）开征网络经济新税——网络信息商品税

在网络经济飞速发展的今天，对网络经济是否征税仍存在两种截然不同的认识，即对网络经济不应开征新税和对网络经济必须开征新税。

对网络经济应否开征新税，其中一种观点是不开征网络经济新税，其依据是：经济发展是税制变化的决定性因素，开征新税的前提应是经济基础发生实质性的变革。从税收发展史上看，经济基础的变化会带来税基的变化，继而使税种发生变化。因此，开征新税的前提是经济基础发生实质性的变革。网络经济属于商品经济范畴，其交易内容与传统贸易并无实质性差别，只是交易形式有所创新。简单来说，网络经济的交易在本质上同传统的交易相同，只是形式随着科技的发展改变了，但并没有改变买卖本身的性质，从交易内容上并无差异，甚至可以说网络经济只是分割了商业企业和服务业的某些业务。因此可以认定网络经济的经济基础仍然是商品经济，网络经济并未使经济基础发生实质性变革，不应当对其开征新税。

持相反观点的则认为对网络经济必须开征新税，理由是：反对开征网络经济新税的理由过于片面，对网络经济认识不足。这是因为，网上交易的税种是由交易的内容即课税对象来决定的，而不是由网络经济的形式来决定的。网络经济是建立在计算机和互联网技术基础之上的，该种经济模式应当一分为二的来进行剖析。一是网络经济是

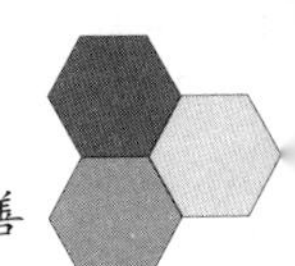

传统商业贸易与交易行为在网络中的延续，交易商品与服务仍为传统的产品与服务，未发生本质性的变化，计算机与互联网络对传统产品只起到宣传和销售功能，持反对开征网络经济新税观点的人的认识仅限于此；二是网络经济中产生了数字化、电子化的新型商品与服务，该商品具有虚拟化与无形化的特性，其生成、销售、传递等所有过程完全依赖于计算机与互联网，网络经济以其虚拟化市场、个性化产品定制等新特点冲击了传统的经济基础，带来税基的变化，继而使税种发生变化，因此，必须开征新税。

对网络经济开征新税，只是对直接网络经济中产生的新型的网络信息商品、在线服务和其他网络劳务征收，而不是对所有通过网络经济交易的产品全部征收。

直接网络经济中，物流、资金流与信息流均在网络中实现，特别是物流与信息流趋于相同状态，一并在网上进行传递。而这种所谓的物又与传统物的概念完全不同，再按照传统税制收税确定课税对象显然是不适宜的。由于交易对象的变化，必然导致课税对象的变化。

国际流行观点认为，“比特税”是网络经济开征新税种的倾向性选择。但该方案受到大多数人的反对，主要原因是比特税难于区分信息流的性质，从而不符合税收的公平原则。比特税的征收也没有考虑到网络信息商品的价值问题，网络中传递的相同流量的信息，其价格可能是完全不同的。这样就违背了税收的实质课税原则。

由于在网络经济中网络信息商品的出现，使计税计量单位发生了变化，从而也使课税对象发生变化，此时既要考虑到网络信息商品的价值性，同时也要考虑到比特税的合理性。如果只对其征收比特税无法体现出网络信息商品的价值，如果只对其征收从价税则无法体现出税收的公平性。所以，为了既符合税收原则，同时又能解

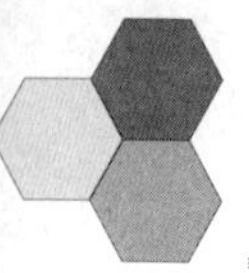

决网络经济造成国家税收的大量流失问题，建议采取既征比特税又征从价税的方式来解决该问题。但是，毕竟网络经济是新生事物，在现阶段双重征税的前提是采用较轻的税率，比特税只是按照信息流量进行象征性征收，以便体现网络商品交易的可税性。

另外，对于注册地在我国的公司，无论其服务器或网址注册地是否在本国，进行网络信息商品销售的，均由其自行缴纳网络信息商品税。对于注册地在外国的公司，无论其服务器或网址注册地是否在本国，对我国进行网络信息商品销售时，由消费者缴纳网络信息商品税和关税。

开征网络经济新税后，对于传统税种受到网络经济的冲击可以不予考虑，只对其从征收内容和征收管理手段上进行调整，现仅以增值税、印花税和关税为例。

（二）增值税

对于网络经济中增值税税制的设计，应当借鉴欧盟的成功经验，并结合我国的实际情况来进行。

1. 应重新划分增值税的课税对象并确定增值税的纳税人

对于间接网络经济进行的货物交易，现行增值税法应继续有效。间接网络经济未改变传统交易的实质，仅是交易方式借助于互联网完成，为此无须改动，保持现行增值税法应继续有效即可。

对于数字化商品，也就是利用互联网为媒介将实体商品如图书、报纸、音像制品等直接转化成数字形式的销售，不征收增值税，而征收网络经济税。

在网络经济环境中，如果交易双方都在我国境内，纳税义务人可直接适用我国现行的增值税法律规定，以销售劳务、提供应税劳务的单位和个人为增值税纳税义务人。如果是位于境外的供应商，

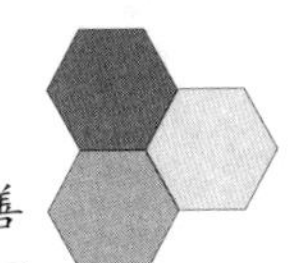

将实体商品进口到我国，以海关开具的完税凭证上的纳税人为缴纳增值税的纳税人。

2. 应采用电子发票并加强增值税管理

电子发票是指纸质发票的电子化形式，也就是电子记录。借鉴法国经验，制定完善的电子发票制度应当着重注意以下几个方面：一是企业必须按照税务部门提供的几种技术标准之一完成电子发票的制作、开具；二是电子发票的开具必须通过认证中心，以便于认证中心确定双方的不可抵赖及发票的合法性，同时有利于税务部门在稽查过程中从认证中心调取有关的电子证据；三是只有本国公司之间开展的企业对企业业务才能使用电子发票。

（三）关税

对于间接网络经济进行的货物交易，现行法律政策应延续适用。对于涉及关税的在线交易，考虑到网络经济的发展前景，中国当前应积极组织有关力量来研究制定全面的网络经济关税政策，根据关税主权原则和便利征收原则，科学制定既符合我国利益又不违反目前国际通行作法的网络经济关税法律政策。

首先，应反对零关税。中国的网络经济尚处于初级发展阶段，在很长一段时间内仍将是数字化商品净进口国，不对网络经济征收关税的零关税政策必将造成进口关税的大量损失，适度的保护性关税政策是带动和促进中国经济发展的必然选择。因此，在解决网络经济关税征收问题时，要注意公平原则的问题，也就是说应保持网络经济与传统贸易的税负一致。比较好的方法是“发展优先，兼顾公平”，既要发展又要纳税，既要扶持又要征税。

其次，应完善网络经济的税收征管体系。第一，加快税收部门自身的网络建设，尽早实现与国际互联网、网上用户、银行、海关

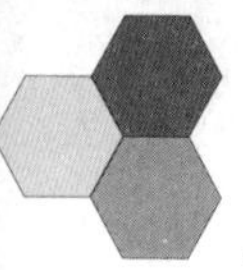

等相关部门的连接，从支付体系入手解决网上交易是否实现及交易内容、数量的确认问题，实现真正的网上监控和稽查，并加强与各国网上合作，防止税款流失，打击偷税、逃税现象；第二，组织技术力量与金融机构、网络技术部门及公证部门紧密配合，开发出统一、实用、高效的自动征税软件和稽核软件；第三，对开展网络经济的公司、企业进行网络经济状况登记，海关对其申报交易进行准确、及时地审查和稽核。

（四）印花税

目前，应修订印花税相关法律，强化印花税电子完税凭证的法律效力。

首先，强调印花税电子完税凭证与传统的书面完税凭证“功能等同”。凡符合书面形式要求的数据电文及电子签名，如果能够可靠地保证所载信息自首次以最终形式生成时起，始终保持了完整、未作改变，该数据电文与电子签名即具有法律规定的原件效力。同时，借鉴国外成功经验，修改印花税条例和合同法，强调规定未完税的电子凭证不具有法律效力，不能在法庭、公证等政府部门、社团、企业的有关环节使用。这样可提高纳税人遵从度，降低征收成本。

其次，扩大印花税完税凭证的范围。在《印花税法》原有应税合同、产权转移书据、营业账簿和证券交易征税基础上，加入近年来出现不断涌现新形式完税凭证范围，同时承认其电子形式。

再次，改进税收征收模式，设计“电子印花税”系统，以应对网络经济模式产生的印花税。“电子印花税”系统主要集数据库、销售、备份、证明于一身，由交易双方登录指定系统，选择相应的凭证列举类型，可利用指定模板制定电子合同，并由签订各方进行电子签名，也可将双方已签订好的合同以数据电文形式传递到指定系统。系统

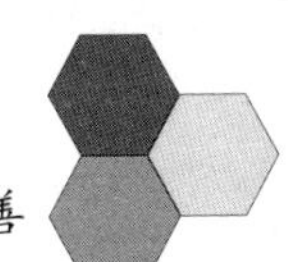

根据合同类型、合同金额计算出应纳金额，由纳税人进行网上支付后，系统自动在合同指定位置处生成电子印花，该印花是由合同编号、合同名称、签订日期、图案、序号和密码组成的数据电文；或在现行税制中补充有关电子记录的保存和加密的条款，要求纳税人必须保证以可阅读方式保存记录一段时间，并将加密密码报送税务机关的密码库备案，使税务机关可追踪、验证纳税人的交易性质、金额，确定计税依据。

三、网络交易税收程序法的完善

网络经济是以无形的方式在虚拟的市场中进行的商务交易活动，其交易的无纸化、虚拟化、高科技性等使建立在传统税收征收和缴纳行为基础之上的《中华人民共和国税收征收管理法》的实施出现很大的困难。

为了应对网络经济对税收征收的挑战，在坚持网络经济可税性的前提下，在遵循税收征管“法治、公平、效率”原则基础上，结合网络经济交易的新特点，对《中华人民共和国税收征收管理法》予以适当修订，设计一整套具有前瞻性、可行性、针对性、可操作性的网络经济税收征管程序法律制度，以处理网络经济所引发的税收征管问题。

参考文献

[1] 黄璐．网络经济中的消费行为发展、演化与企业对策 [M]. 成都：四川大学出版社，2018.

[2] 黄卓．网络经济时代企业战略管理新思路 [M]. 北京：北京理工大学出版社，2018.

[3] 杨静，鄢飞．企业管理与技术经济分析 [M]. 天津：天津大学出版社，2018.

[4] 邹瑛．网络信息安全及管理研究 [M]. 北京：北京理工大学出版社，2018.

[5] 王关义．经济管理理论与中国经济发展研究 [M]. 北京：中央编译出版社，2018.

[6] 范雅楠．国际化过程中企业网络、知识搜寻双元均衡对创新绩效的影响机制研究 [M]. 北京：中国经济出版社，2018.

[7] 李宏，孙道军．平台经济新战略 [M]. 北京：中国经济出版社，2018.

[8] 黄秀清，吴洪，任乐毅．通信经济学 [M]. 北京：北京邮电大学出版社，2018.

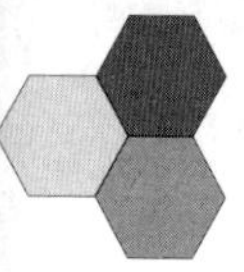

[9] 张建朋 . 全新经营网络经济时代的顶层商业逻辑 [M]. 北京：中国商业出版社，2018.

[10] 欧俊 . 经济学一本全 [M]. 南昌：江西美术出版社，2018.

[11] 陈逢文 . 企业家精神、社会网络与中国经济增长路径 [M]. 北京：经济管理出版社，2019.

[12] 孙世芳，周超男 .2018 数字经济大会报告 [M]. 北京：经济日报出版社，2019.

[13] 王宛濮，韩红蕾 . 国际贸易与经济管理 [M]. 北京：航空工业出版社，2019.

[14] 温博慧，袁铭 . 经济增速、信贷资产质量与银行体系网络优化 [M]. 沈阳：东北财经大学出版社，2019.

[15] 王聪 . 基于人才聚集效应的区域协同创新网络研究 [M]. 北京：知识产权出版社，2019.

[16] 雷蕾 . 经济社会学视域下的互联网广告市场研究 [M]. 北京：中国传媒大学出版社，2019.

[17] 吴维海 . 新时代企业竞争战略 [M]. 北京：中国城市出版社，2019.

[18] 方玲 . 新网络环境下企业信息系统安全技术运用能力提升策略研究 [M]. 镇江：江苏大学出版社，2019

[19] 张靖笙 . 大数据革命 [M]. 北京：中国友谊出版公司，2019.

[20] 王战，成素梅 . 信息文明时代的社会转型 [M]. 上海：上海人民出版社，2019.

[21] 刘国梁 . 网络经济与企业经营研究 [M]. 哈尔滨：哈尔滨出版社，2020.

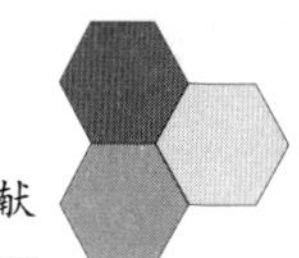

[22] 李萌昕．信息时代的经济变革 网络经济与管理研究 [M]. 昆明：云南人民出版社，2020.

[23] 王成亮．服务创新与服务价值网络研究 [M]. 北京：企业管理出版社，2020.

[24] 王东．020 商业模式接受行为及决策博弈研究 [M]. 北京：九州出版社，2020.

[25] 张波，朱艳娜．电子商务安全 [M]. 北京：机械工业出版社，2020.

[26] 李琰．网络环境与企业网络营销决策研究 [M]. 长春：吉林科学技术出版社，2020.

[27] 邢宏建．网络经济中的竞争行为与竞争策略 [M]. 北京：经济科学出版社，2020.

[28] 刘新燕，陈志浩．网络营销 [M]. 武汉：华中科技大学出版社，2020.

[29] 由雷．创新网络中非核心企业技术创新能力评价研究 [M]. 北京：经济科学出版社，2020.

[30] 徐利敏．网络支付与安全 [M]. 北京：清华大学出版社，2020.